続 未来からの警告

ジュセリーノ予言集II

ジュセリーノ・ノーブレガ・ダ・ルース
サンドラ・マイア◎共著
韮澤潤一郎◎監修
山川栄一◎訳

たま出版

賞状
政府間組織「世界安全平和評議会」（本部イタリア・パレルモ）の最高会議は憲章の協定にのっとり、セルジオ・ヴィエイラ・デ・メーロ大使勲章を、ブラジル外交代表団の評価に基づき、世界平和と人類の富へのあなたの理想と尽力に対し、教師で予知能力者、そして環境保護者であるジュセリーノ・ノーブレガ・ダ・ルース教授に授与する。2006年10月10日
（注：この勲章はバグダッドで殉死したブラジルの国連大使を記念して設けられた。「予言集Ｉ」文書21－Ｅ項参照）

献辞盾
世界安全平和評議会は、国連平和特使セルジオ・ヴィエイラ・デ・メーロより、気高き教師で予知能力者、そして環境保護論者ジュセリーノ・ノーブレガ・ダ・ルース教授にこれを授与する

家族全員

自宅のあるアレグレ市近郊

ジュセリーノ氏の自宅

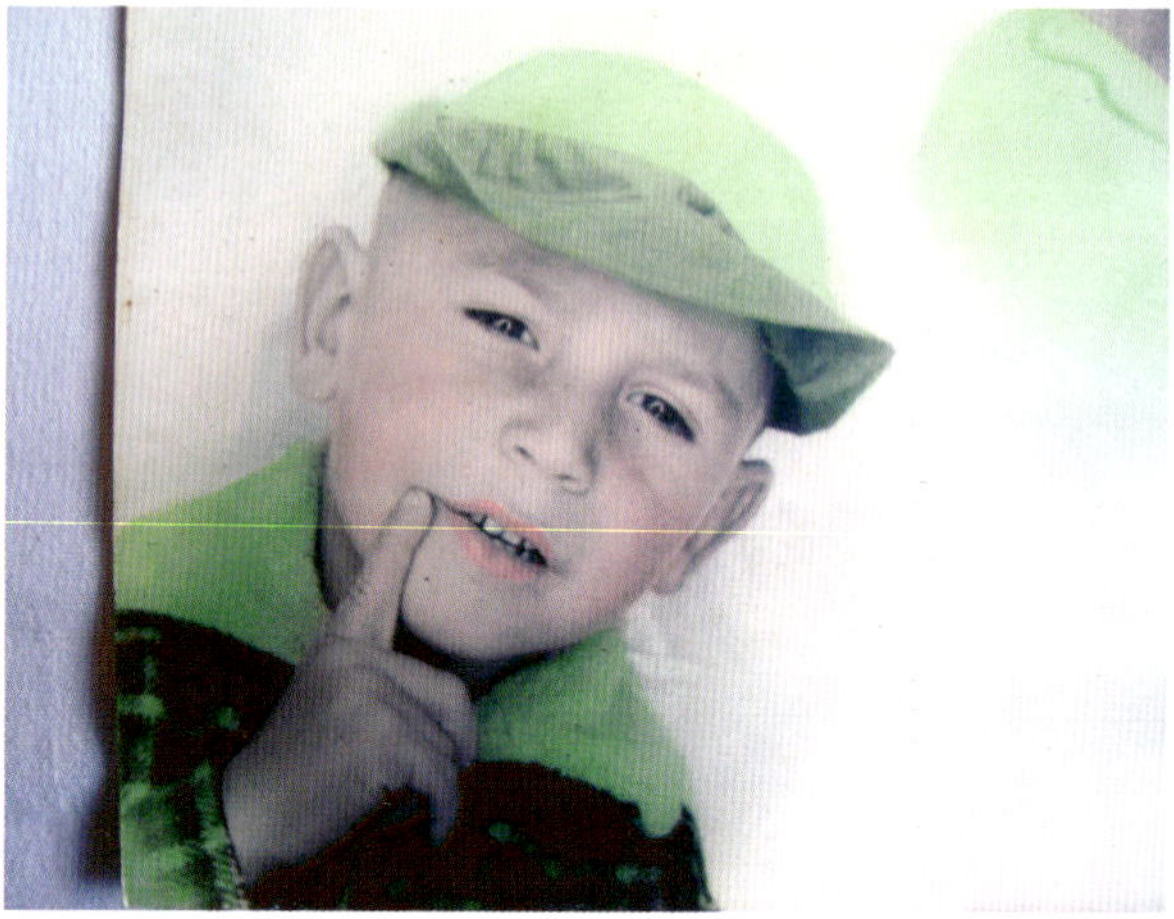

6歳のころのジュセリーノ氏

予知力が期待される次男ルーカス君を抱き上げる

予知文書類が山積みになっている書斎にて

予知が生み出される自宅の寝室

予知文書が打ち出されるタイプライター

まえがき

ジュセリーノ・ノーブレガ・ダ・ルース

この本に掲載されている手紙類や記載された考え方は、いま人類がどのような方向に進もうとしているのかを、風にそよぐ葦の揺らぎのごとく、皆様の前に映し出しているものだといえます。

それは最後通告ではありませんが、問題が解決されるとはいい難いテーマです。私は揺るぎない確信のもとに、それらを提示しています。

人類はこの上もなく深刻な状況にあります。極度に悲惨な戦争から抜け出したあと、まだ十回以上も、とてつもない戦争を繰り返すことができるほどの、破壊力の脅威の下に置かれているのです。

そしてさらに、私たちの文明の終わりを招きかねない、重大な要素が横たわっています。

しかしこの暗い地平線の展望の中にも、もし私たちが望むなら、この悪の雲をぬぐい去る希望は存在しています。

いまや私たちの文明は、かつて想像すらできないほどの進歩を勝ち得ています。飛行機によって大陸間の距離を克服し、電波や光通信で時間を短縮し、機械の効率化によって大量生産を可能にして、誰もが便利な日用品を手に入れられるようになりました。またＤＮＡの解明によって遺伝子さえ操作し、原子核から驚くべきエネルギーを取り出しています。

ですが、物質と精神を分割してしまい、人としてあるべき善良さと、本当の平和と幸福をもたらす見識が存在していません。

ですから、ここに至って、私たちは「愛」の大きな価値を学ぶことが大切なのです。

目次

第一部　未来へのガイド

サンドラ・マイア

第一章　予言は生き物

最初の衝撃

二〇〇五年九月のある日、私の自宅の居間に、ジュセリーノ氏の話を聞くため、医師、弁護士、ジャーナリストなど十七人ほどの人が集まっていました。

その会談の場で、ジュセリーノ氏は非常に興味深い予言をされました。

「……来年のワールドカップは、イタリアが優勝します！」

この内容については、当日付の予言として、私たち全員が証人となります。

翌月に、ジュセリーノ氏は、同大会の四位までの順位と、ベスト・エイトまでの対戦スコアの詳細を手紙にして、ブラジル・サッカー連盟に送りました（第二部**文書30**参照）。

もちろん、翌年の二〇〇六年ワールドカップは、すべてその予言どおりの試合運びで決着したのです。なんと、ＰＫ戦の点数まで一致しているではありませんか！

さらに驚くべきは、このときサッカー連盟に送った手紙には、二〇一〇年のワールドカップの順位まで書かれていたのです。

そのころ、ジュセリーノ氏に「予言集Ⅱ」の編纂を依頼され、簡単に引き受けてしまい、やり出してみたのですが、多くの困難に直面していました。

日ごろは、雑誌の編集や科学論文の整理などをやっているのですが、今回の予言集の仕事は、それらとまったく異なっており、パソコンを使うというより、ノートと消しゴムの世界に戻ってしまいました。予言は「生き物」だったからです。日時の経過によって、〝警告〟として存在していたものが、今度は〝事実〟としての調査に変わるのです。さらに資料がどんどん追加されると、件数が増えるとともに、誰にどの予知文書が送付されていたかなど、調査内容も複雑になっていきます。事前に公表すると危険な場合もあれば、その人の立場上、事後の確認が困難な場合もあります。

予言は生きており、関係者の生死を支配しているといっても過言ではなく、それでいて当事者は、意外にそれを無視したり、拒否をしたりするという事実はいったいどう説明すればいいのか戸惑います。

未来を築くための警告

いずれにしても、ジュセリーノ氏の予言集をまとめていくという作業は、一つのチャレンジでした。なぜならそれは、私にとっても新しい世界観を形成していくことになったからです。

ここではっきりさせておきたいことは、そのようにしてまとめられるこの著作においては、どのような思想的強要もなく、信教の自由を侵したりするものでもありませんし、ましてや本書の内容を信じさせようという意図もないということです。

本書はスピリチュアルな内容ではありますが、皆さんは、一般に出回っている癒し系の本ではないことにすぐ気付かれると思います。そしてむやみに恐怖を煽るものでもありませんし、新しいノストラダムスを自認しようとしたり、新たな黙示録を提示するものでもないと私は考えます。

ありふれた一人の男の人生から生まれた出来事にすぎません。氏は私たちと同じように、結婚していて、子供もいて、職もあって、そしてとりわけ予言を販売したりしない、とても人間的な人物です。

ですから、その姿というのは、予知夢という艱難を背負い、一人の人間として、まったくといっていいほど信じようとしない当局者に、警告を試み続ける奉仕者にほかならないのです。

何のために予言するのか

過去三十年以上にわたって出された予言の大半は、自然災害、あるいは不慮の事故などと関係しているにもかかわらず、ジュセリーノ氏の基本的な姿勢は、救済の希望が含まれているということです。氏は、自分が出した警告に対し、まだその災難の拡大を防ぐことができると信じているのです。

ですから、予知された災害に関わる政府や行政当局者などが、予言というものに懐疑的でなければ、多くの災害は避けられたか、被害を最小にすることができたはずだと、ジュセリーノ氏は考えています。

氏は「生命のために働いている」と説明します。そしてすべては宿命ではないのだから、予言に対して何らかの行動を起こすことに、消極的であってはならないと訴えます。

実際にジュセリーノ氏も、現在、森林伐採が政治家や行政当局内部の汚職によって、不法に行われていることを告発するとともに、当事者の罷免を可能にするための法整備に向け、署名運動を起こすなどの、環境破壊問題に対する本格的な改革運動を展開しています。

さらに社会の安全を守る手段として、日常発生する犯罪の予知を積極的に行い、警察や裁判所と連携を取っています。現在、捜査や裁判が進行中のブラジル国内の案件だけでも百五十件に上ります。

（**監修者注**――日本の警察や行政当局にも送られており、その一部を本書に収録した。特に犯罪に関わるものは、個人のプライバシーの上からも、また捜査の進展を阻害しないためにも、ほとんど公表されていない。また災害に関するものは、まずそれらを防止する立場の当局に送られ、一般にはむやみに不安を掻き立てるような公表のしかたは避けられている。したがって書籍やネットなどに公表されている予知は、ジュセリーノ氏の予知文書の一パーセントにも満たないとされる）

第二章　ジュセリーノ予言の理論的分析

時空を超えることの可能性

ドイツ出身の物理学者アルバート・アインシュタインは、相対性理論によって近代科学に革命を起こしました。彼は「時間と空間は、速度によって変化する」という考えを論証したのです。

時の流れが一定に見えるのは、この地球上で生活しているからにすぎず、光の速度に近いような尺度の中では、時間と空間は変化するというのです。

分かりやすくいえば、時間とは映画フィルムのように、出来事の順序で構成されており、その現れる速さは観察者の移動速度によって変わってくることになります。

また空間も、距離的な壁というものが変化してくるでしょうし、二点間の進路は伝達手段の振動数によって、変わってしまいます。

このような科学的な推理による新しい視野が開けていけば、時間旅行はフィクションの範《はん》疇《ちゅう》から次第に現実味を帯びてくることになります。

しかし物質的なこの三次元世界にあるもので、時空の制限を無効にするような速度に耐えられる物質は存在しないでしょう。ところが精神的世界ではそのような制限はありません。

時空の歪みを追究する最先端の物理学や、生化学の細胞現象に及ぶフィールド理論だけでなく、精神世界における予知や、科学的遠隔透視（ＳＲＶ）と呼ばれている現象は、論理的で現実味を持つ一つのコンセプトとなり、ただのばかげた概念ではなくなりつつあります。

そうすると、もし精神的に、あるいは霊魂による時空の超越が、物理的に制限されることなく最終的に起きたとすれば、過去や未来の出来事を現時点で意識することができるということを否定する必要はなくなるでしょう。

さらに、あたかもテレビの画像や音声が空間を電波で移動し、遠隔地の受像機に届いて映像化され、視覚や聴覚に認識できるのと同様、細胞や原子の振動数を変調し、はるか遠方に瞬時に移動することが可能になるかもしれません。

（**監修者注**――二〇三九年に、ここで述べられているようなテレポーテーションといわれる物体の瞬間移動の技術が現実になるという氏の予知がある）

歴史的にも、神秘主義や密教の奥義では、常に人間の魂が人体から離脱して時空を旅するものだと信じられてきました。この可能性によって、人間の心に現れる多くの事象を説明できるのです。

おそらくは理解不足のために、過去や未来、あるいは遠方へ、魂が意識を持って旅をしたと表明する人に対し、精神的な異常者だとか、単なる幻覚によるたわごとだと決め付けてきたのではないでしょうか。

ジュセリーノ氏の能力特性

時空を超える予知的現象には、二段階の様相があると考えられます。

最初の第一段階とは、一般の人でもよくあるような精神的な感受力によって予知的な情報を受け取る場合です。これは魂による映像の投影といえるかもしれません。

次の二段階目になると、体外離脱体験のように、事件の現場に自分が行っているという生々しい具体的な認識になります。このような二段階目の体験というのは、歴史の年代記の中に宗教体験や予言者の特殊体験として多くの記録が残されています。

そこで、現代におけるジュセリーノ氏の予知の場合はどうかといいますと、この二つの段階以外に、さらに別の要素が加わっていると考えられます。

まずジュセリーノ氏は、第一段階の状況のように、日常的に心の中に映像が投影されるような予知情報を感受する体験が多々あることを自覚しています。

さらに夢の中では、第二段階で示されたように、何らかの力によって自動的に、臨場感あふれる未来の出来事の現場に連れて行かれます。

そして注目すべき属性として、その第二段階の際には意識があり、自分が行きたい場所や時代に思うまま方向を定めていくことができるのです。

（**監修者注**――ブラジルのラジオ番組で、ジュセリーノ氏は、９・１１事件を予知した際、自分がワールド・トレード・センター・ビルに突っ込んでいく旅客機の中にいたが、それを誰にも説明できないことに苦しみを感じたと話している）

際立つ予知の正確さ

最先端物理学による時空の理論や、超心理学的仮説による解明がなされてはいますが、ジュセリーノ氏の能力においては、異常ともいえるほど洗練された特徴が存在しています。例えば、その現象の発生プロセスにおいて、壮観ともいえるコントロールが行使されており、精度と明快さにおいて特に際立っているのです。

氏のところには、文章化され、確証された数千枚の予知文書が保存されていますが、その中の数点を見るだけでも、未来の出来事が起きる前に、前もって表明されていたことを証明できます。

さらに未来をあらかじめ見ていたと同様に、明らかにされない過去の出来事をジュセリーノ氏は見通しています。この特性が最も反映されているのが、内外の警察捜査に対する協力です。

実はジュセリーノ氏の予知や透視文書の大半は、犯罪事件の詳細なデータなのです。さまざまな事件が起きた、あるいは起きるであろう場所と、発生する年月日が記されています。

しかしこれらの事例には、たいてい次のような問題が発生します。笑い話のようなことなのですが、何人かの人たちが、事件が起きた後に次のような手紙を送ってくるのです。

「誰にもこのことは話さないでください。私は皆に手紙のことは知らないと言いたいからです……」という文面が含まれているのです。

どういうことかといいますと、たいていの場合、高位の職責にある人や名誉ある公的立場の人たちが、手紙によって、ジュセリーノ氏からあらかじめ事件が起きることを知らされていながら、何も手を打たなかったのはなぜかというそしりを受けるのを避けるためや、予知というものを認めたくないからなのです。

しかし、こうした場合、ジュセリーノ氏は手紙を公表することを強く要求します。なぜなら、氏がその能力を発揮する目的は、被害を受ける庶民を保護するためであって、エリートたちの立場を擁護するためではないと考えているからです。

（**監修者注**――同様のケースが日本でも発生しており、テレビ番組のために、手紙の受け取りについて取材を申し込んだ場合、配達証明があっても、取材を拒否するという状況が多々ある）

体外離脱や明晰夢との違い

人は睡眠中に、時として「体外離脱」を起こしていることは、近年、心理学的にも一つの研究対象になってきています。

その典型的な状況は以下のようなものです。

まず眠りに落ち、心身ともにリラックスしてくると、自分が肉体から抜け出し、空中に浮いているのに気付きます。しかし、肉体は下のベッドに横たわったままです。つまり、意識が体の外にあるのです。

やがて、周囲の環境が把握できるようになって、家の中をさまよったりします。と、思うと、瞬時に風景が変わって、星空の宇宙空間に自分がいるのです。そして、地球や惑星、巨大な銀河などを眺めたりします。

そのうちいきなり知覚が変わって、体外トラベラーは自分の身体に戻り、目を覚まします。

そして覚醒したあとも、その体験内容をはっきり覚えており、自分が単に夢を見ただけではないということを認識します。

そのときの体験は完全に記憶されており、その映像は、目覚めている状態よりもリアルであり、はっきりしているのです。これらは心理学的に「明晰夢《めいせき》」と呼ばれています。普通の夢とは明らかに違い、はっきりとした意識性を持って、空間認識と論理性を伴う実体験以上の認識があります。

しかし、ジュセリーノ氏の場合は、いちがいにこれらの一般的現象の範疇に入りえない要素が存在しているのです。

まず、一週間のうち一日の休みを置いて、毎日数件の予知的明晰夢が繰り返されるという、定期的な繰り返しが起きていること。

第二に、それぞれの予知夢の中で、自分がいる場所はどこの国の、何という場所なのかを、はっきり明示されるということ。

第三に、体験した風景の発生時期が明確にされるということ。つまり、その事件が起きている年月日と時間が特定されるということです。

第一のような定期性は周到なコントロール下にあるといえるでしょう。

また第二、第三の際には、同じ音声で場所や日時が聞こえてきます。

さらにその音声は、体験した内容を警告するために、作成した文書を送る相手の住所と名前を伝えます。

このようなことは極めてまれであり、異常なことです。普通そのようなことを体験の中で追究しようとしても、非常に困難なことなのです。

歴史上、もっとも偉大な予言者だといわれるノストラダムスでさえ、予言詩の一節一節が非常に曖昧であり、集大成としての「諸世紀」の中で、正確な日付を見分けることができません。

哲学者プラトンが暗示した人間の視点

古代ギリシャにおいて、ソクラテスの弟子であった偉大な哲学者プラトンは、多くの著作を残していますが、その中に「国家」という作品があります。この本に出てくる「洞窟の比喩」は、多くの哲学論議を巻き起こしたことで有名です。

偉大な賢人が、この例え話によって言い表そうとしたのは、大半の人類には知られていない、特別な秘密のように思われます。

「人間とは、洞窟の壁に映し出される影を見ているにすぎず、その光源であるイデア（想念）を見ていない……。さらに、その洞穴を抜け出して、外に出るならば、太陽が燦然と輝いていることを知るだろう。それが善のイデアである……」

この比喩でプラトンは、人間はまるで洞窟の中に生まれたかのように生活しており、その外の真実の世界をまったく知らないと断言しているのです。そのため人々は、映し出された影絵が本当の世界で、それが現実の世界を構成しているのだと信じているにすぎず、影を作り出している本源を知らないというのです。

この例え話によって、プラトンは、人類には知られていない精神的な世界を明らかにすることを試みたと信じられています。

しかし、その精神的な永遠の生命が真実だとしても、一時的な物質世界に浸り込んでしまっている私たちには、リアルで無限の世界の存在を味わうことはできないのでしょう。

そのような無窮の世界の実在性については、哲学だけでなく、さまざまな形而上学や神智学において、完全に論理的なことだといわれています。そしてジュセリーノ氏のような超能力的な才能は、可能なことだと解釈されているのです。

例えば、人間には霊的な身体が存在していて、自由に空間を移動できるということは、可能なこととして受け入れられています。そして、それらはきちんとした法則性のもとに研究されており、実践することもできるのです。

そうした現象や才能は、光であり有用な知識だと認識すべきです。単なる迷信や狂信的なものとして、軽蔑やさげすみ、疑惑などで濁してはなりません。論理性に基づいて理解され、社会のために信頼されるものにする必要があります。

ジュセリーノ氏の才能を形而上学的に説明するならば、まさしく肉体という物質の自分から離れ、霊的、精神的な意識的自己が、自由に時空を旅することができるのです。その姿は宇宙の真実という生花を表す、花瓶に挿されたレプリカの花に例えられるのではないでしょうか。

その人が別の場所、過去、現在、または未来に移動したいと望めば、そこへ意識を移し、身体がそこにいるかのように出来事を体験することができるのです。これは現在の人間には失われた能力ですが、人類がこの才能を過去に完全に働かせていたと信じている研究者もいます。

おそらく遺伝的理由で、何人かはこの力の痕跡を持って生まれ、ふたたび精神的向上を得られれば、それを取り戻すことが可能になるのだと思われます。そのためにはまず、精神的にも肉体的にも、そしてさらに道徳的改善の学習プロセスを通過する必要があります。その後初めて特別な実体に変容し、物理的世界の制限から解放され、物質次元を超えた世界に突入する権利を得るのです。

夢は何のために見るのか

最近の大脳生理学の研究では、新たないくつかの脳の仕組みで、夢を経験する機能に関し解明が進んできました。例えば夜寝ている間に夢を見ることによって、記憶が補強されることが明らかになっています。

フロイトも夢の分析において、古代ギリシャの伝説に登場する夢予知の実例を引用したうえで、睡眠中に心を通り過ぎる、思わぬ情報類が、夢を見ることによって、より鮮明な感覚に変えられると指摘しています。

ギリシャ神話で夢をつかさどる神は、タナトスと双子の兄弟であるヒュプノスでした。人々は、眠りは神々の支配の下にあると考えていたのです。

また五世紀ころのラテンの思想家マクロビウスは、人々の体験を分析し、夢には二つの面があるととなえました。一つは日々の事実を複製したものであり、もう一つは未来に関する何らかのメッセージだというのです。

十九世紀までは、夢を見ることは超自然的なことで、神聖な領域に踏み込むことだとみなされていました。夢の神秘的解釈について、今なお多くの部族の文化に根強く残っています。そうした文化的背景の中でなら、ジュセリーノ氏の体験は、もう少しすなおに人々に受け入れられたことと思います。

現代に至り、ようやく夢の効用について研究が進んできています。睡眠中に夢を見ることは、体内にセラピストがいるかのように、日々の困難を解きほぐす助けになるということが分かってきたのです。

ピッツバーグ大学のノフジンガー博士は、コンピューター化した断層撮影機を使い、夢の深層に挑んでいます。それは感情をコントロールする脳の原始的な大脳辺縁系に及ぶ夢の起源を追跡するもので、夢を見ている間、そこでは神経の爆発的な活動が起き、劇的な負荷でみなぎると報告しています。感情的状況を経験することで、悩みに直面し、それを回避するのだというのです。夢をコントロールする脳のこの部分は、その人の状況に対する反応や、性的な行動、実行力、そして本能をも支配すると博士は述べています。

実に興味深いことは、その活動が、大脳の前頭葉における論理的神経回路をコントロールしており、そのため夢の中では、登場人物や出来事の不可思議な組み合わせが起きますが、それには前記のような理由があったのです。

夢はまるで個人が撮影する映画ドラマのようです。そこでは自分がスターであり、脚本家であり、監督でもあります。そして最近の研究が示すように、あなた自身が有能な評論家でもあるのです。心理分析のための寝椅子は必要ありません。夢の最もよい解釈者はあなた自身なのです。

第三章　予言に見られる気候変動の行方

文明はなぜ滅びるのか

これまでに作られたパニック映画やサイエンス・シリーズ番組の中に、大規模な気候変動や天変地異によって、不意打ち的に世界を悲劇が襲うという内容があります。そんな映画で、孤立した数百万人もの人々が、他の場所に避難しようとする場面を見たことはないでしょうか。

（**監修者注**――海流の変化で突然寒冷化していく気候変動を描いた映画「デイ・アフター・トゥモロー」、環境破壊による種の絶滅と急激な水不足を警告した「映像詩　プラネット」、イエローストンの大爆発による寒冷化を描いた「スーパー・ボルケーノ」、巨大ハリケーンの発生を扱った「スーパー・ストーム」などを指すと思われる）

そうした映像を上回るようなことが、近い未来に起きるだろうと、ジュセリーノ氏は断言しているのです。そうした科学的シミュレーションは、実際に過去に何度か起きたことが調査で分かっていることですから、またこれから起きる可能性は十分ありますし、本当のところ、おそらく不可避であり、それらがもたらす試練は避けられないと思われます。

予知から予想される熱波は、場所によってはしのげるレベルかもしれません。しかしすでに、暑さで息詰まるような所も出ていますから、さらに気温が上昇すれば生きていけない所もあるでしょう。

ジュセリーノ氏は、二〇二三年から二〇三一年の間に、気温はセ氏六三度にまで達するとはっきり言っています。

干ばつはブラジル南部をはじめ、多くの大陸を襲います。そして肥沃な大地が不毛な土地に変わる可能性があります。

これによる結末は耐えられないほどになるでしょう。

というのは、その後に起きる突然の寒冷化で始まる氷河期への気候変化は、まったく突発的に始まってから、通常、数世紀から数千年も持続するからです。

事実、いくつかの古代文明の崩壊は、政治や経済的事情とか、他民族の襲来などによって引き起こされたといわれていましたが、最新の調査では、急速な気候変動が主な原因と考えられるケースが増えてきています。

当初から予言は気候変動を警告した

気候変化が突然起きるかもしれないという予測は、十年ほど前から真剣な科学的研究の対象となってきました。そして最近になってようやく、映画製作者や、経済学者、あるいは政治家たちも関心を示し出したのです。

しかし、これらの発想の陰に、一九七三年から予知文書を送付し、有能な当局者の迅速な行動を要求し続けてきた、ジュセリーノ氏のたゆみない努力が影響していたという可能性を否定できません。

例えば近年製作された、いくつかのサイエンス・レポート（前出タイトルなど）の基礎データとなっている、グリーンランド極地地方で採取された万年雪のボーリング・サンプルは、おそらく、ジュセリーノ氏が世界の科学者に粘り強く配布した、数百枚の予知警告文がなければ、誰も本格的に確かめようとはしなかったはずなのです。

掘り出された膨大な氷の円柱は何本にも分けられましたが、総延長四キロメートルにも及ぶ長さになりました。それは過去十一万年間の、明確な気候の推移を示す記録でした。積み上げられた層を見分けることで、年代を割り当て、各年の気温を明らかにできるのです。

グリーンランドにおける、この期間の長い寒冷期が示されましたが、最後の氷河期のピークの終わりに、たった十年間でセ氏一二度以上も気温が上昇した時期がありました。

このような現象から、現在の地球温暖化についても、気象の突然の変化を否定できないということになるのです（**文書16**参照）。

氷柱サンプルには、グリーンランドの地に、この間二十三回の気候変動が起きていたことが記録されていました。そのパターンは、数百年から数千年の温暖化の後、百年ほどで急冷化し、氷河期に戻っていました。この激しい気候の変化は、世界中に別のかたちで波及し、グリーンランドが寒いときは、ヨーロッパと北アメリカも同時に寒冷化され、干ばつと強風が吹きすさびました。しかし、南極と南大西洋は異常な温暖期にありました。

では現在の地球温暖化現象は、何が引き金になっているのか、そしてどのような結果をもたらすかの結論については、まだ試行錯誤が続いています。


最近の文明がもたらしたことなのだから、ちょっと注意すれば、温暖化の勢いは減少すると思っている人も多いようですが、次々と出てくる温暖化の証拠類に基づけば、いまや人類の最も重視すべき事項の筆頭に位置することが分かるでしょう。そしてやがてこの温暖化は、ある日突然、地球の気象に重大な影響を与える恐れがあるのです。

北太平洋のエルニーニョ現象は、黄砂のような干ばつをもたらす気象の変化を起こします。

一九三〇年代には、北アメリカで広範囲の砂嵐がたびたび起きて、土地の上層土壌が失われ深刻な干ばつの時代があったことが知られています。

ジュセリーノ氏は、これと同じ現象がブラジルの南部や東北部の地域で起きると警告しています。

このように気候のバランスが崩れ出すと、荒波に揺られるカヌーのように地球は翻弄されていきます。歴史上の極端な気象の変化は、このバランスの限界を超えたときに起きています。

このような状況が非常に憂慮される点です。

温暖化により、極地の氷床が解け出したり、氷河の融解で淡水が多量に北大西洋の海に流れ出し、塩分が将来的に失われることによって、極度の干ばつや寒さから人々の生活が困難になる可能性があります。

この予測は、アメリカの国防省が、グローバル・ビジネス・ネットワークというコンサルティング会社に、国家の安全に対する脅威を分析させた結果、北大西洋の熱塩循環機能に変化が起きて、大洋循環のパターンが変わると結論付けられたためです。

氷河湖決壊洪水がアジアを破壊する

「これからは、世界のいたる所で夏の高温期が長くなり、より乾燥が進むために、干ばつを悪化させる」ということを、ジュセリーノ氏は一九七八年から今日まで、世界の各国政府に警告し続けています。

まず、植物地帯の減少が始まります。

樹林は雨水の循環に依存しており、環境全体から独立して存在するものではありません。雨水が地面に吸い込まれて、海へ流れ去る途中で、植物の根はその水分を地域一帯に留めることができるのです。

水分の一部は、植物の葉から空気中に蒸発していきます。あまりにも乾燥が続くと、植物は弱って死んでしまいます。そして、ゆるやかに大気を湿らせていた植物がなくなることによって、地域の砂漠化が進んでいきます。このようにしてサハラは砂漠になってしまいました。こうした温室化効果による悪循環が、現在の文明によって大規模に進行していると思われます。

一方、極地の氷床融解の早さは、海面上昇の主要因であり、世界中の海岸地帯から人々の居住権を奪いつつあります。この崩壊のリズムを何が起こしているのか、今や世界の科学者は、はっきりと認識しようとしているのです。

また温暖化による豪雨の多発は、洪水を発生させるとともに、高地からの水路の破壊を引き起こしています。

最も激しいのはヒマラヤの山岳地帯で、けた外れの持続的危機をもたらしています。その原因は高地から岩や砂利が流れ落ち、水路と結合する所で、氷堆石となって積み上がり、自然のダムとなり流れをせき止めます。そして限界点に達した時に爆発的な洪水になるのです。

学術用語でGLOF（Glacial Lake Outburst Flood 氷河湖決壊洪水）と呼ばれる現象がこれで、土石流を伴った破壊的激流が流域を襲い、甚大な被害をもたらします。現在このような時限爆弾を地球は数千も抱えています。

ジュセリーノ氏は幾度となくこの危険性を見させられており、その予言の一つが、二〇〇五年八月四日にディグ湖で起きました。

湖の淵が決壊し、洪水がランモチェ流域に流れ下りました。この時は、流域にあった十四の橋、小さな水力発電所、そして多くの住宅が破壊されました。農業への損失も大きく、また広い森林地帯が全滅しました。

ジュセリーノ氏が最も危険だと警告しているのは、ネパールの首都カトマンズの北東百十キロメートルにあるツォーロルパ氷河湖です。標高四千五百八十メートルにあり、百五十メートルの氷堆石でせき止められていて、上流のトラカルディング氷河水路の急速な融氷により、一億立方メートルの水で満たされています。

近年、この湖の上流の解氷速度が、これまでの百倍に達していると、科学者は報告しているのです。

　この地帯は、夏には湖面温度はセ氏一〇度になり、十一月から四月まではセ氏〇度近くになるのが標準ですが、このところの気温上昇で山の積雪の融解が多く、水量を増大させています。もし氷堆石のダムがそれに耐え切れずに決壊すると、流域に三千万立方メートル以上の土砂が流れ、一〇八キロメートル離れた一万人が居住する町まで被害が及ぶ可能性が十分あります。

　それが起きるのは、二〇一一年七月五日から九月の間であることが、ジュセリーノ氏によって予知されています。


　思い出すべきは、ジュセリーノ氏が、最初に氷河湖決壊洪水を警告したのが一九七八年だったことです。それは予知されたとおり、七年後に起きましたが、これがディク湖決壊の最初の予言だったのです。この時も多くの村を破壊しました。

　もう一つ危険なのは、イムジャ氷河の端にある湖で、一九六〇年に出来て以来拡大しています。この地帯には比較的多くの住民が住んでいますし、エベレスト登山の経路として、多くのアルピニストやトレッカーが通り、もし決壊洪水が起きると、大惨事になりかねません。

　ジュセリーノ氏によれば、それは二〇一四年の夏に起きると言っています。

　氷河湖破壊の危険性は、あまりにも巨大であるにもかかわらず、長い期間をかけ暫時加速していくため、判断を不明瞭にし、流域に孤立する村の住民だけが危険にさらされているのです。

この洪水のパターンには、もう一つの重大な危険性が潜んでいます。それはやがて実際に起きることだと、ジュセリーノ氏は言います。

それは、もしこれらの氷河が完全に解ければ、アジアの南部と東部の数億人の給水システムが崩壊するというのです。

この地域の最も重要な七つの川――インダス、ガンジス、ブラマプトラ、サルウィン、メコン、長江、そして黄河ですが、そのすべての川の上流に氷河があります。

ガンジスだけでも、その流域には五億人が住み、川の淡水に頼って生きています。夏の雨季には川は十分な水量に達しますが、乾季には氷河の融解の水に頼っています。このバランスが崩れることになるのです。

三千万人以上といわれるヒンズー教巡礼者は、これまで数千年の間、川の水で沐浴してきましたが、ジュセリーノ氏は、数十年後には、乾燥した砂を浴びることになると心配しています。

高温化する地球から水が消えていく

一九八〇年代に、科学者や政治家が初期の地球温暖化の予想を受け入れなかったのは、その前の十年ほどは、科学者がまったく逆の氷河期の接近をとなえていたからでした。

しかし間もなく、温室効果ガスの濃度が急速に増加していくとともに、気温上昇が起きていることに気付き始め、今世紀末か来世紀くらいに、はっきりとした影響が出ることに多くの科学者が同意するようになりました。

それまでの科学的推測に反し、氷河期が来なかったのは、科学的計測で認識できなかった人口の急激な増加に伴う、発展途上国の化石燃料消費や、森林伐採の拡大が起きたからでしょう。


実際のところ、科学者が気付き出す以前の一九七七年には、ジュセリーノ氏は地球温暖化の警告を受け取っていました。

さらに、氏がまだ少年だった一九七〇年五月七日に、「命を保護するために、水を大切にしなければならない……」というメッセージを受けていました。

それ以後、水資源を保護する必要性と、環境を守る新しい社会形態を提唱するとともに、現状に対する強い懸念を警告してきました。当時は、大量消費社会をあおる傾向が強く、環境意識を尊重する傾向はタブーに近い状況にあったのです。

一九九三年になって、国連総会で三月二十二日が、世界の「水の記念日」に制定されました。これは国連に対する環境保護主義者や、ジュセリーノ氏の予知警告文書が多少なりとも影響を与えたものと思われますが、現状を見ると、すべての人がこの重要性に対し関心を持っているようには見えません。

地球表面の三分の二が水に覆われ、無尽蔵な天然資源のように見えたものが、政治的、経済的、そして文化的な面で、その欠乏の兆しが見え始めました。

すでにいくつかの国で水不足になっており、ジュセリーノ氏の懸念が現実になってきています。

国連の統計によれば、アフリカの十一の国、中東の九つの国、メキシコ、インド、中国、そして北アメリカも深刻な状態に直面しています。氏によれば、特にアフリカは最も深刻な状況になると言っています。

水の使用権の格差は、地球上における計画的な水の取扱を、世界中が真剣に考え、合意に導いていく必要があります。

アフリカやアジアに対し、ブラジルはまだゆとりがあり、世界の淡水の一三パーセントを保有しています。しかし、その七〇パーセントがアマゾン流域にあり、海外からその利権が狙われており、残りを国民の九二パーセントが奪い合うという現実にあります。

二〇〇三年にラテンアメリカ議会が提出した報告書は「人間が消費できる飲み水の四〇パーセントがブラジルで無駄に使われている」としています。国連によれば、その数値は一八パーセントを超えてはならないというのにです。

南米で使用限度を超えていない国は、アルゼンチンとチリだけです。

ジュセリーノ氏の決まり文句は「保存」です。これこそが、動物界と植物界が苦しむのを緩和するために、国民が積極的に参加することができる最後の武器だと主張します。そして「水がなければ生命は存在できないから」と警告するのです。

さらに予知による警告は続きます。

「数年間も、干ばつが続く場所があります…」「大きな嵐がさまざまな地域を破壊します…」「ブラジルの南と北の気候が逆転し、干ばつ、洪水、サイクロン、トルネードが多発し、数年後に南部は非常に乾燥した気候になります。そして北部では、夏の高温がひどくなり、大洪水が起きてから、季節風が変化し、寒冷化していきます……」

だから、「人々はこのような状況に必ず直面することになるのですから、川をゴミや汚染物の捨て場にしてはならないし、川岸に住宅地を建て込ませてはなりません。岸には植物を植えて保守する必要があります……」と、ジュセリーノ氏は訴えます。

「世界で最も大きな悪は、汚染と欠乏です」とも言っています。

二〇〇八年に、アフリカやアジアで水不足による多くの問題が起きて、それに端を発する対立が生まれるという予知があります。そして、水不足で生存が危ぶまれる地域が連続的に出てくるのです。

「コップ一杯の水の方が、一バレルの石油より高くなる時代がきます……」

このような状況は、ブラジルが水の資源に関心を持つ良い機会になるでしょう。将来、人類のサバイバルにおいて、ブラジルは世界の中心的位置を占めるようになるとのことで、そのために必要なことなのです。

第四章　予言は未来の情景そのもの

自発的に出る予言は的中する

「予知された出来事が起きてしまった」という例は、いつの時代にもあり、すべての民族、すべての時代で見られてきました。

そして近代に至り、予知というものを多くの科学者が研究の対象とするようになり、新たに実験が積み重ねられ、この現象の科学的証拠が提示されるようになりました。

一般の科学者が、鳥インフルエンザのウイルスなどほとんど知らなかった一九七六年に、ジユセリーノ氏は予知夢によって、すでにその危険性を警告していました。

最初の感染が発覚したのは、一九九七年の香港です。WHO（世界保健機構）が警告声明を出したのは二〇〇四年になってからでした。

最初の手紙は、一九七六年一月五日に、中国の国家主席あてで手紙を出しています。それには、「H5N1型という鳥インフルエンザウイルスが出現します……」と書かれています。その後も同じ内容の文書を何度も送っています（第二部文書18参照）。

やはり最も多く予知現象として出てくるのは、事故や災害など、人命に関わる事件です。多くの人が苦しむことになるような出来事が切迫してくると、その未来の出来事と精神的に連結しやすくなるということを暗示しているかのようです。

このような切迫した事件の予知が夢の中に自然に出てくる例については、アメリカ、イギリス、ドイツ、ロシア、そしてブラジルなどで行われた研究で取り上げられています。

このような場合の夢は「明晰夢」といわれ、普通の夢と違って、あたかも目覚めて体験しているかのような現実感があるということが分かっています。

しかし、一般の常識では予知現象があるということは、ばかばかしいことだと思われています。たとえあると思われても、非常に不思議なことだととらえられます。ですから懐疑論が出てくるのも無理のないことで、ジュセリーノ氏のような決定的な予知が過去に起きているにもかかわらず、必ず批判的な人が現れるのです。

そうした中でも、実験者を奮い立たせ、最も重視されているのが先ほど述べた「自発的な予知として出てくる明晰夢」のケースです。

かつてオランダのユトレヒト大学で超心理学を研究した、ウィルヘルム・テンハフ博士は、透視と予知の能力を発揮したクロアゼを使って、百五十回に及ぶ実験を行いました。興味深い逸話として伝えられているのは、クロアゼが旅客機の墜落を予知した二日後に、それが現実に起きたことでした。

また、アルゼンチンのリカルド・マッソー博士は、別の超能力者を使って同様な実験を行い、四十五回のうち、三十七回の的中を報告しています。

そして今日、数千にも上る「自発的」な、暗示に富む予知をしてきたジュセリーノ氏がいます。氏の実績の中には、私たちが直接未来を知ることができるかもしれないという、非常に魅力的な材料で満ち溢れています。

信じられない人は、神の概念を踏み倒してでも懐疑論を主張し、抵抗を試みるでしょうが、さまざまな実験における的中率と、自発的に現れる予知現象は、否定することの無意味さを実証していくでしょう。

（**監修者注**――ジュセリーノ氏による予知の的中率には、三段階あるようだ。まず、一週間のうち六日間は、眠っている時に、いわゆる「明晰夢」として数件の予知が「自発的」に現れる。同時に助言者の言葉が添えられる。これが最も高い的中率を示す予言となるらしい。さらに、一般の人から予知を依頼されたテーマに関する啓示的な夢を見るケースで、これは依頼者の意思や努力で変わる場合があり、おのずから精度は低くなるようだ。さらに、監修者の推測であるが、氏自身の意思的直観や何らかの技法による推測的なアドバイスもあるように思われる。出される予言類をこれらの基準で分類するのは困難であるが、より多くの人命に関わるような重要な予言は、より早い時期に出ているようで、警告書簡の発送も助言者によってうながされ、回数が多く出されているように思われる。氏の特徴的なしぐさとして、普段でも、しょっちゅう耳に手を当てるという。これは助言者が常に何か指示を出しており、その声を聞いているからだといわれる。氏の予知の意図からすれば、個々の予言の当否には何らかの理由があり、人類全体の未来展望に関するアドバイスであるとする視野が求められるだろう）

予知するときのジュセリーノ氏の立場

予知文書の特徴的な記述から、ジュセリーノ氏の啓示の受け方が分かります。

「……そこで私は、二〇〇九年一月二十五日に、マグニチュード8・2の地震が、日本の大阪と神戸を直撃するのを観察しました」という予知文書があります。

この文章に書かれていることは、未来の出来事であるにもかかわらず、動詞には未来形がありません。

「観察しました」は過去形であり、それに「直撃する」という不定詞がついて、「直撃しているのを観察しました」という、同一主語の複合動詞句になり、すでに出来事を、起きたこととして表現しています。

この表現方法によって、未来の出来事を語るとき、秘密めかした、あいまいな思わせぶりではなく、非常に明確で誠実な記述となっています。

ジュセリーノ氏の言葉が、このような表現になるのは、未来の情景を、あたかも今、目の前で起きていることとして見させられているからで、結果的にその事実が予言になっているにすぎないのです。


さらにジュセリーノ氏の予知が評価されるべきことは、世界各地で未来に起きる出来事として記述されている内容が、科学者たちの分析や予測を先取りし、のちに調査や分析データと一致することが多いことです。的中すれば、当然、科学的調査に裏付けられ、次第に科学者や関係筋が参考にするようになっていくのです。

ですから、次の第二部から掲載される予言は、二〇四三年にまで及びますが、それらは決して荒唐無稽なことではないのです。例えば、山さえもないブラジルのセアラー州沿岸で火山が噴火することはなく、一年中暖かい気候であるピアウイ州では、気象的な変動が起きない限り、雪が積もる予言を見ることはありません。

また予言が出される理由というものを考えた場合、私たちはただ予言が起きるのを待つのではなく、災害を防止しようという試みのために、これらの予知がもたらす「ささやき」に、注意を払わなくてはなりません。

氏が義務と感じて、「それらが間違っていることを望んでいます」と書き添えつつ、数々の予言を語り続けるのには、二つの目的があるのです。

まず、それによって人々が警戒するようになり、また政府当局者が、万一災害が起きた場合に備え、予防対策を講じてくれることによって、「予言を外す」ための警告としてです。

もう一つの重要な目的には、形而上学的な意味があり、人々が考え方を変えるためなのです。

見境のない利己主義や物質主義を捨てることによって、地球の波動が高められるのです。

ジュセリーノ氏は「数百万人の心が発するプラスエネルギー（祈り）により、最も悲惨な現象を和らげる力が生み出される」と述べています。

第五章　未来に立ち向かう意志

人間という種の絶滅を回避するために

現在のような悲惨で乱雑な世界が、かつてあったでしょうか。

誰もが求めている、必要最低限の財産、あるいは正義、穏やかさ、平和で心が晴れ晴れとする空気が、ますます失われています。

一方で、娯楽や気晴らしのための、常軌を逸した快楽の追求が蔓延《まんえん》しています。

いつしか多くの人が、それに没頭している間に、穏やかさから遠ざかり、心からの満足を感じられない状態が当たり前となったとき、未来の状態を感知できる一瞥《いちべつ》からも遠のいた、刹那のどん底に自分がいることに気付けるでしょうか。

ここに至っても、ジュセリーノ氏は、誰もが幸せな人生が持てるよう、実行可能な完璧なモデルを描き、団結して、皆で実現できると信じています。

未来にその見込みがないはずがありません。

しかし、頼れる唯一の手段は、私たち自身なのです。

現在、私たちを苦しめているすべての問題は、私たちが生み出したものなのです。

人類という種族のすべてを、大混乱に陥れたのは、私たちがそうしたからなのです。


二十世紀に、二つの強烈な破壊的戦争に突入したのは、私たちです。

ですから、私たち人間が、この状態を修復すべきなのです。

他の誰かが代わってそれをすることはありませんし、またできもしません。


けれども神は、これからやって来る、激しい破壊を止めるために、私たちに、非常に重要な日付を与えてくれました。それが二〇〇七年十二月三十一日なのです。


ですから、現在の厳しい状況に陥ったのは、私たちに何が足りなかったのかを、はっきり自分に問いかけなくてはなりません。

私たちは何に失敗したのでしょう。

いざ、やるとなったとき、一人ひとりができることは、ごくわずかであり、地球全体の出来事について影響を与えることができるのだろうかと疑問に思うでしょうけれど、それはできるのです。なぜなら、自然界の最高の存在が私たち人間だからです。

すべての善、すべての悪、そしてあらゆるものを創造するも破壊するも、その力は人間に備わっているのです。天国になるのか地獄になるのか、私たちがカギなのです。

あらゆる事柄は、人間が決める方向へと形作られていきます。

このことがどれだけ真実であるか、つまり、たった一人の人間でも、世界の歴史にどれだけ違いをもたらすかは、ネルソン・マンデラ氏が母国にしたことと、サダム・フセインが自分の国にしたことを比較すれば、一目瞭然でしょう。

どんなにつらくても、いま経験している危機や大嵐の中で、私たちが生き残ることは可能です。そうでなければなりません。そうした状況の中から、もっと優れた、浄化された種が生まれてくるのです。

それにしても、いつまで私たちの苦悩は続くのでしょう。そしてこの苦難の現在を乗り越え、輝かしい未来を打ち立てる資格を、いつ持つことができるのでしょう。またいつか来るはずの、生存のためにふさわしい遺産を受け取るのは、未来のいつの時点なのでしょう。

これらの問いの答えは、私たち次第なのです。あなたや、私、各自一人ひとりによるのです。

私たちが荒々しい類人猿として進化を始めて以来、不器用ながらも、漠然とした意識の中から進歩してきたこの文明の発展は、いま私たちがいるこの場所で、突然ストップすることはないでしょう。自然の法則という壁の前で立ち止まらされ、見上げ始めたこのときに、文明が終わることはありません。

そして、かつて幾度となくユートピアを夢に描いた私たちですが、それが近づくか遠のくかは、これからにかかっています。

現在、私たちは、人間という種に属し、社会という最も不健康な環境の中で、深刻な病気になっているのです。

人が病に倒れると、医師を探し求めるように、いまこの時代に、ジュセリーノ氏の業績と行動に、その処方箋が見つかるかもしれません。

「生命の衛生法則」とも呼ぶことができる規範が存在しているのです。それらを受け入れることができるなら、私たち自身の道義的、精神的な健康を回復する手助けになるでしょう。

そして一人ひとりが変わることで、社会の構成要素が変化し、生活の様子が好転して、より幸せな状態になっていくのです。

この法則性について、少し触れてみましょう。

世界のどの国でも、多くの人が必死に追求している経済成長は、膨大なスケールで進行していますが、それよりも多い大衆が、その荒波の中で無力感を味わっていることも事実です。これを抑えるために、社会の巨大な勢いの潮流に対抗しようとしても、しょせん無駄な努力に思えるかもしれません。

政治家たちの好戦的な姿勢に対し、世界中の大衆は不安を感じているはずです。多くの犠牲者と人々の苦しみの苦い経験から、過去二度の世界大戦の原因を根絶しようという大衆の意思が、いつしか踏みにじられ、ふたたび戦火のにおいが立ち込めているのです。

理想としていた平和な世界をつくる夢が実現される代わりに、新たな権力の台頭が仕組まれています。次々と新しい対立が日夜現れ、新聞の一面を埋め尽くしています。普通の人ならば、自分の兄弟でさえ敵に回し、味方に歯向かうように煽《あお》られているようにさえ感じるのです。

現代は、通信や交通の発達で、どこの国の人同士とも親密になることができるのですから、お互いの生存のためには、かつての敵であっても、よき隣人となるべきことを知っているはずなのです。しかし、そうなれないのはなぜでしょう。

民族同士、国家同士が、時間とともに憎しみと対立の壁にさえぎられ、それがより高くなっています。私たちはどこへ向きを変えるべきなのでしょう。どこで補い合うことができるのでしょう。

この答えを探るには、あなた自身へと振り返ることです。完全な答えに遠いことは知っていますが、しかしこれは重要なことです。世界の未来のいかなる安定性のためにも、これは絶対の、そして根本的な必要条件なのです。

私たちは、人間としての姿勢を学ぶ必要があります。数世紀前から、私たちが日ごとに忘れ去ってきた、生き方における芸術性や、人を尊ぶ美学を取り戻すべきなのです。現在はあたかも、人間という奇妙な動物が、地上に充満しているとさえいえるほどになっているではありませんか。

いまは、人類の知性の鈍さと、心の乏しさ、歪んだ人格のために、私たちは、自身の「種の絶滅」へと突き進んでいます。このままでは、私たちが考えている安寧《あんねい》な未来はほど遠いということは確実に言えます。

私たちはいま、生命圏の王座に君臨すべく創造された存在に値しない状態にあります。単なる恐ろしい生き物にすぎません。

時間が残されている限り、何が私たちをこのようにしてしまったかを見出し、私たちが使っているエネルギーを抑制して、正しい道へとふたたび引き戻す必要があります。

私たちは、これまでのような、単にむさぼり尽くすような生き方を放棄し、その代わりに、自らを本質的な愛によって統一しなければなりません。

宇宙生命圏の住人になるために

これまでのように、物質に限られた認識から、精神的にさらに進んだ世界に進むための、具体的な方法について述べてみたいと思います。

まず誰にもできることは、眠る前に、自分の気持ちを前向きな宇宙的志向性に導くことです。そして、自分を守ってくれる守護者に自らを委ねる気持ちも大切です。また、世界が平和になることを祈ることも重要ですし、宇宙空間のより高度な生命次元にも思いを馳せてみるのもよいでしょう。

宇宙には、多くの次元が存在し、私たちとは異なった生物も存在します。

肉体を持つものも、持たないものもおり、なんらかによって形成された実体とか、死者のような精神体だけの生き物も存在しています。

しかし、私たちと同じような生物もいて、働いていたり、学んだりしているのです。

地球上にいる人類は、普通の意識下では肉体に閉じ込められており、さらに高度な生命次元を認識することは、非常に困難であることをわきまえなければなりません。

人間の本質は、本来は別の次元に属するのですが、いまは否応なく物質世界に属し、ここが住む場所になっています。しかし本当は、宇宙全体が私たちの家なのです。

ですから、この瞬間は地球を住居地として生活していますが、この惑星の地殻の上で展開する現実の社会と、それを取り巻く肉体を超えた精神的次元でさえ、本来の私たちにとっては、唯一無二の最終的なものではないのです。

肉体の中にいようが、精神的に体外に出ようが、大切なのは、できるだけはっきりとした意識状態を保つように努めることです。つまり、どのような次元であろうと、自分が目覚めていて、意識がはっきりしていることが大切なのです。

さらに重要なことは、他人であろうと身内であろうと、日常出会う人々だけでなく、他界して不幸な状態にいる人たちにも、精神的な手助けを差し出すことによって、さらにあなたの意識の拡大が進むということを知ることです。

そのため、毎夜、眠る前に、ジュセリーノ氏もやっているように、自己の守護者たちや、あなた自身を導く高度な知性に対し敬意を持ち、無限の宇宙に対し思考を高めてください。そして体外の非物質的実体に対しても、温かい気持ちを差し出してあげることを忘れないでください。

理論的にはっきりとした態度を持ち、常に落ち着いていてください。そして投影（時空を超えて自分を認識すること）によって、より良きことを探し求めてください。そうすれば、他の時空次元において、より偉大なる真実に到達するでしょう。

肉体次元の生活で、物質的な手助けをする努力も必要ですが、時空を超えて精神的な奉仕ができるなら、あなたはさらに、より大きな創造力を良心の中に獲得できます。そして、非物質的世界の多くの友情を感じることになります。それで、多くの人たちがあなたに感謝してくれます。そうすれば、それらの人たちがあなたを、ほかの時に助けてくれるでしょう。

もっと高次元の非物質世界を求めてください。確実にそれは私たちが到達すべき目標なのです。

次のことをはっきり覚えておいてください。

あなたは今地球にいますが、これからは、宇宙的世界に参加しなければいけません。

生き続けて、行動を起こす必要があります。

そして紛れもなく、時空を超えて自分を認識する投影に関し、十分に勉強しなければなりません。

この姿勢をジュセリーノ氏は常に人生の中で実践し続けています。

病んでいる人々へ手を差し伸べるためや、行方不明者を捜すこと、そして私たち人類が、過去に持っていたものや、やがて未来に持つことになるものを発見するために、それを行っています。

将来、ジュセリーノ氏はこれらに関して、著作を発表することになるでしょう。

地球を救うための各自の責任

いつの時代にも、その時々によって、人々の人間性を高める人物が現れます。

宗教、人種、貧富の差を越えて、私たちが本来は宇宙における偉大な天分を持つことを伝えてくれます。ジュセリーノ氏はこのような人物の一人ではないでしょうか。彼の知性はブラジルで根付いて、今、世界に広がりつつあります。

南米の一角からわき起こったこの波紋は、現代の予言者の予知と謙虚な言葉に、世界の人々を出合わせる機会を与えることになりました。それによって、私たちは謙虚さと、未来に関する信念を得、事件の瞬間を、善意によって植えられた種から認識できることになります。「欲深ければ、さらに得ようとして苦しむが、欲しがらなければ、求めるための心配もない」のですから、貧者こそ光に到達することができ、許す心を持っている人こそ幸せの道に達しうるのです。

地球を救うのは、私たちの次の責任になります。つまり人類の間違った行動の結果である、深刻な環境悪化を元に戻す必要があります。

私たちは世界を守るために、イニシアチブを持って修復していかなければなりません。そして過去の過ちを二度と繰り返すことなく、実り豊かな果実を生み出す繁殖力のある強い種子を、未来へと残していかなくてはなりません。

そのためには、「人類」とか「社会」を語るときは、当然のことですが、社会は個人の集合体なのですから、イニシアチブは個人から始まらなければならないのです。

聖書時代からあった書簡式預言文書

歴史的に、手紙は最も古い伝統的な書類です。聖書の中にも手紙の形でさまざまな教訓が伝えられています。その内容は、報告であったり、何かを依頼する要請文、あるいはアドバイスなどのためでした。

新約聖書の「テモテへの手紙Ｉ」はその典型的な見本です。

第三章には次のように記されています。

――「この言葉は真実です。監督の職を求める人がいれば、その人は良い仕事を望んでいる」だから、監督は、非の打ち所がなく、一人の妻の夫であり、節制し、分別があり、礼儀正しく、客を親切にもてなし、よく教えることができなければなりません。また、酒におぼれず、乱暴でなく、寛容で、争いを好まず、金銭に執着せず、自分の家庭をよく治め、常に品位を保って子供たちを従順な者に育てている人でなければなりません。――

同じく「コリントの信徒への手紙Ｉ」の第一章、十節にも次のようにあります。

――さて、兄弟たち、わたしたちの主イエス・キリストの名によってあなた方に勧告します。心を一つにし思いを一つにして、固く結び合いなさい。――

ジュセリーノ氏の書簡も同様に、予知夢の報告と、それに対するアドバイスが主要な内容になっています。とりわけ差し迫った世界的な変動に対し、時には苦悶ともいえる気持ちをあらわにして、その惨状を回避するための処置をするように要請しています。

これから何が起きるかは、ただ時だけが語るでしょう。

そうはいっても、「地震や台風が、私たちの心の内で生み出されている」というジュセリーノ氏の言葉は、各自が日常の家庭で、子供たちに攻撃的な言動を引き起こさせるような生活を省みるならば、悪い現象を避けることができ、乗り越えられるのですから、一人ひとりが良心を持つべきことを自覚させられるのではないでしょうか。

予知は神秘的な領域にあり、超能力というレッテルが張られ、人々を脅かすこともありますから、信頼されることなく簡単に打ち捨てられてしまいます。

似たような占いの数々、メディアに登場する毎年の数知れない予言、それらが超常現象に対する信頼を失墜させてしまっているのかもしれません。

なぜこのような予知現象が起きるのかは、ジュセリーノ氏自身も説明することができません。すでに言いましたように、彼はただ夢を見ているだけなのです。

この本は、証拠となる予言を求めている人たちのために作成されました。

第二部に進んでいただければ、ジュセリーノ氏に伝えられた未来の日付の世界が明らかになっていきます。

ジュセリーノ氏の特殊な言語表現について

本書に紹介する予言文書は、近年ならびに近未来に関する予知になります。しかし、存在しているすべての文書を掲載することは、分量的にも不可能で、その一部分にすぎないことを、ご認識いただきたいと思います。

それらの文書類は、パソコンによって記載されることはなく、タイプライターか、たまに手書きで書き込まれます。そしてコピーされ、有効に使うと思われる人に送られます。

とはいえ、これらの文章を読んで、それを信じない権利は誰にもあります。しかしすべての人には知る義務があると思います。それはパニックを起こすためではなく、世界を安全に保つためです。

そういう意味で、ジュセリーノ氏に対し、人間としての敬意と、言葉を発する権利を与えようではありませんか。

第二部　予知文書

たま出版・編

文書1　日本の厚生労働省あて　（二〇〇七年一月二日）

予知内容――

・二〇一八年の東海地震
・二〇〇八年までの鳥インフルエンザの流行
・ノロ・ウイルスの危険性

この文書は、二〇〇七年の一月二日に、日本の厚生労働省とたま出版あてに送られ、当日にブラジルの公証役場に登録されている（**文書1―1**）。

ブラジルの現地の公証役場には原本が保存され、複製された文書には、シリアル・ナンバーが付けられている。同時に、「日本でも公正証書として登録するように」というジュセリーノ氏の要請により、新宿区で期日登録を行った（**文書1―2**）。つまり、これによって当文書が、この期日に日本に存在したことが証明される。

文面は以下のようになる。

To Health Department
January, 2 of 2007

Ministry of Health & Welfare
(Kosei Sho)

2-2 Kasumigaseki- 2-Chome, Chiyoda-ku 100

Tokyo -Japan

Dear Mister(Maddan):

I am sending you copy of my old letter sent to your representative here in Brazil,where I told him about my predictions and some of them will bring some problems to your country and as I know the importance of these informations I have to send you and to Prime Minister of Japan and all departments which can do something to avoid or to minimizing their effects because I love Japonese people and I want to help innocent people that live (are living) in this wonderful place. Please don't go to disregard my advice.(I am sending a copy of the letter number 003/22/07/2005.)

Message:

1. Behold I have seen through my dreams that will have a big earthquake at Tokai Region in June 21 of 2018 which may kill more than thousand people or million of them and will reach 10.6 at Richter Scale.;

2.Chicken Flu will come in Japan and will spread all over the country until september 26 of 2008,and may kill many people in Japan.;

3.A new Virus will come in Japan,as I told your representative here in Brazil,in july 22 of 2005 which will cause diarrhea and fever causing some people death. It will spread all over Japan.

I hope to be wrong,but I beg you to take care of Japanese people and try to solve these problems as soon as possible you can.

Yours truly,

Prof. Jucelino Nobrega da Luz

Phone:(55) [redacted]

Caixa Postal: 54 Águas de Lindóia-S.P. Cep:13940 000 Brasil

文書１—１
東海地震の発生を警告した厚生労働省あて書簡

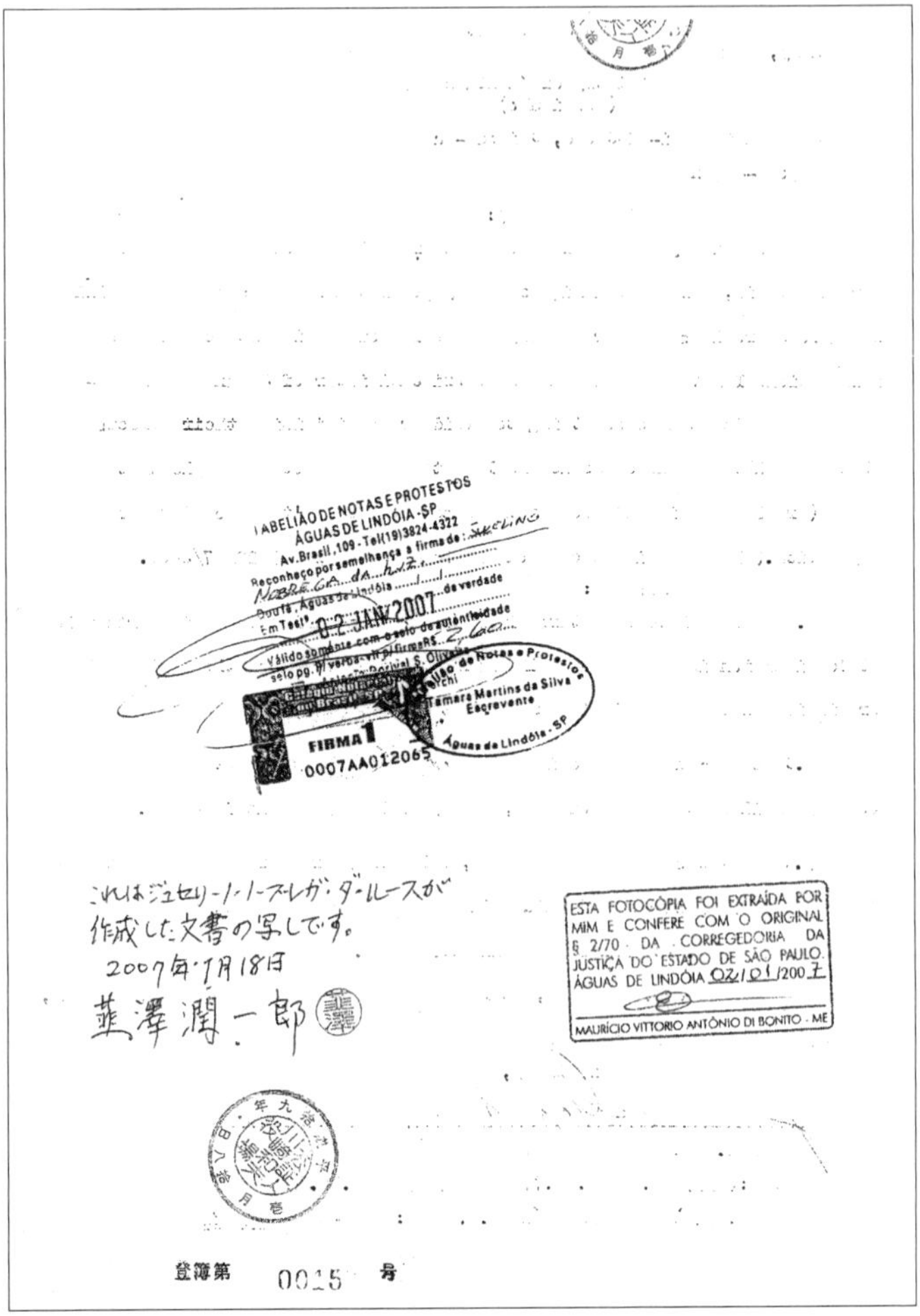
TABELIÃO DE NOTAS E PROTESTOS
ÁGUAS DE LINDÓIA - SP
Av.Brasil, 109 - Tel(19)3824-4322
Reconheço por semelhança a firma de:
Águas de Lindóia
de verdade
Em Test°
02 JAN 2007
Válido somente com o selo de autenticidade
FIRMA 1
0007AA012065
Tamara Martins da Silva
Escrevente
Águas de Lindóia - SP

これはジュセリーノ・ノーブレガ・ダ・ルースが
作成した文書の写しです。
2007年1月18日
韮澤潤一郎

ESTA FOTOCÓPIA FOI EXTRAÍDA POR
MIM E CONFERE COM O ORIGINAL
§ 2/70 DA CORREGEDORIA DA
JUSTIÇA DO ESTADO DE SÃO PAULO.
ÁGUAS DE LINDÓIA 02/01/2007
MAURÍCIO VITTORIO ANTÔNIO DI BONITO - ME

登簿第 0015 号

文書1—2
厚生労働省あて書簡の公正証書登録印

「衛生局様　二〇〇七年一月二日
衛生と福祉の省（厚生労働省）　〒一〇〇　日本国東京都千代田区霞が関一丁目二―二

ここに、以前ブラジルにおられた貴国大使にお送りした、古い手紙の控えをご送付致します。そこには貴国で発生するいくつかの問題に関する私の予言を述べてあります。それらは重要ですので、貴殿ならびに日本の総理大臣、そしてそれらのことを防止し、被害を最小限にできるすべての省庁に伝えられなければなりません。

私は日本を愛しており、素晴らしい国土に住んでおられる、穢《けが》れなき国民の皆様を助けたいからです。ですから私の提言をどうぞ無視することのないようにお願いします（同封したのは二〇〇五年七月二十二日の三度目になる文書です）。

メッセージ――

1）まず、私が夢に見ましたのは、二〇一八年六月二十一日に、東海地方でマグニチュード10・6という強い地震が起き、一千人以上、もしくは百万人もの人が死亡するだろうということです。

2）鳥インフルエンザが日本で発生し、二〇〇八年九月二十六日までに、他のすべての国に広がり、多くの日本人が死亡するでしょう。

3）新しいウイルスが日本に現れるということを、貴国の代表者に二〇〇五年七月二十二日に申し上げましたが、それは下痢と発熱によって死に至ります。それは日本中に広がるでしょう。

以上、容易ならざることですが、できる限り速やかに、国民の皆様に対し、問題解決と注意怠りなきようお願い致します。

ジュセリーノ・ノーブレガ・ダ・ルース（電話番号）」

まえがきで述べられている、「二年前にブラジルの日本大使館に出された三度目の書簡」は、ポルトガル語で記述されており、二〇〇七年に日本を襲う台風や、イラクの内乱について記されているが、他の文書との重複になるので省略した。

メッセージの第1項には東海地震の発生が出ている。

すでに、「未来からの警告～ジュセリーノ予言集Ⅰ」出版時から、その巻末の「予言年表」にあるように、日本列島自体が消滅に至る危険性が警告されていたため、その経緯について再三ジュセリーノ氏に質問してきた。

その際の説明にたびたび出てきた言葉は「東海地震は、ドミノ倒しのように起きます」であった。その意味するところは、地質学者によって予測されているように、東海、東南海、南海の各地震が、次々と連続して起きるということのように思われた。

二〇一八年に起きるこの地震は、マグニチュードの大きさからいって、相当巨大なものであることがうかがわれる。

二〇〇四年に起きた、スマトラ沖大地震は、マグニチュード9・0であり、津波の被害が大きく、三十万人ともいわれる死者を出したが、東海地震はそれをはるかに上回り、エネルギー的には、その数十倍に達する。したがってドミノ倒し的な連鎖が起きる可能性がある。

文書に述べられている予測死亡者数が「千人〜百万人」という幅は、私たちがこれからどう防災に取り組むかで、変わることのように思われる。


最初の東海地震の兆しについては、「二〇〇八年九月十三日に、名古屋地方でマグニチュード8・6の地震が起き、死者が六百人、家屋倒壊による被災者は三万人になるでしょう。ただし、この日に中国でさらに大きい被害のマグニチュード9・1の地震が起きれば、この年の日本の東海地震は起きません」という、二〇〇七年七月十七日付の予知文書がブラジルで登録されている。

結局この日の地震が、中国か日本で起きるという、まことに判断に窮する内容ではあるが、私たちとしては、東海地震の可能性も、十分視野に入れておくべき警告と考えておいた方がいいと思われる。

この二〇〇八年に起きるといわれる東海地震の予知の経緯については、たま出版ホームページに掲載されている「韮澤潤一郎コラム87」に詳しい。

ここでいわれている中国の地震というのは、「予言集Ⅰ」の一四五ページに出ている「事件11文書」の第四項の予言を指している。

いずれにしても、スマトラ地震規模が想定されるので、注意が必要である。


第2項の鳥インフルエンザについては、多くの文書の中に警告が出てくる。

「予言集Ⅰ」の「事件29」で取り上げた、国連環境計画あての文書にあるように、今後十年以内、あるいは本書の**文書３**のように五年以内としている文書もあるが、いずれにせよ防疫体制いかんでは、世界中で七千三百万人にも上る死者が出ると警告されている。

二〇〇七年十月時点で、世界保健機構（ＷＨＯ）は、Ｈ５Ｎ１型が変形して、Ｈ９Ｎ２型やＨ７Ｎ３型に変化した症例を報告している。そして、二〇〇三年に発生して以来、世界三十カ国で数千万羽が防疫処置を施され、十五カ国で三百二十九人の感染があり、二百一人が死亡したという。二〇〇八年にはそれぞれ二十人ほど増えている。

専門家によれば、感染爆発は時間の問題であり、秒読みに入っているとしている。もしそれが起きれば、日本だけでも六十四万人から二百万人が死亡し、さらにそれが一週間で全世界に拡大するという。

ジュセリーノ氏は、すでに鳥ウイルスの変形悪性化を一九八八年に、ゴア元副大統領（当時、上院議員）あての文書で、詳細に警告している（後出**文書3**参照）。

第3項に出てくる、下痢と発熱を伴う新種の感染症についても、他の予知文書に併記されており、一般にいわれているノロ・ウイルス系の症状だが、さらにデング熱のような出血を伴う悪性のものが登場するという予知もある。

文書2　日本大使館と朝日新聞本社あて　（一九九六年十月二十四日）

予知内容――――

・二〇三〇年の日本列島の崩壊

・エジプトのテロ

・アジアの台風

三枚つづりの手書きのポルトガル文書であるが、最初は一九九六年十月二十四日に、四度目の手紙として、ブラジルの日本大使館担当者に送られている（**文書2―1**）。

この返事として、新聞社を紹介されたようで、二〇〇一年十月二十六日に東京の朝日新聞本

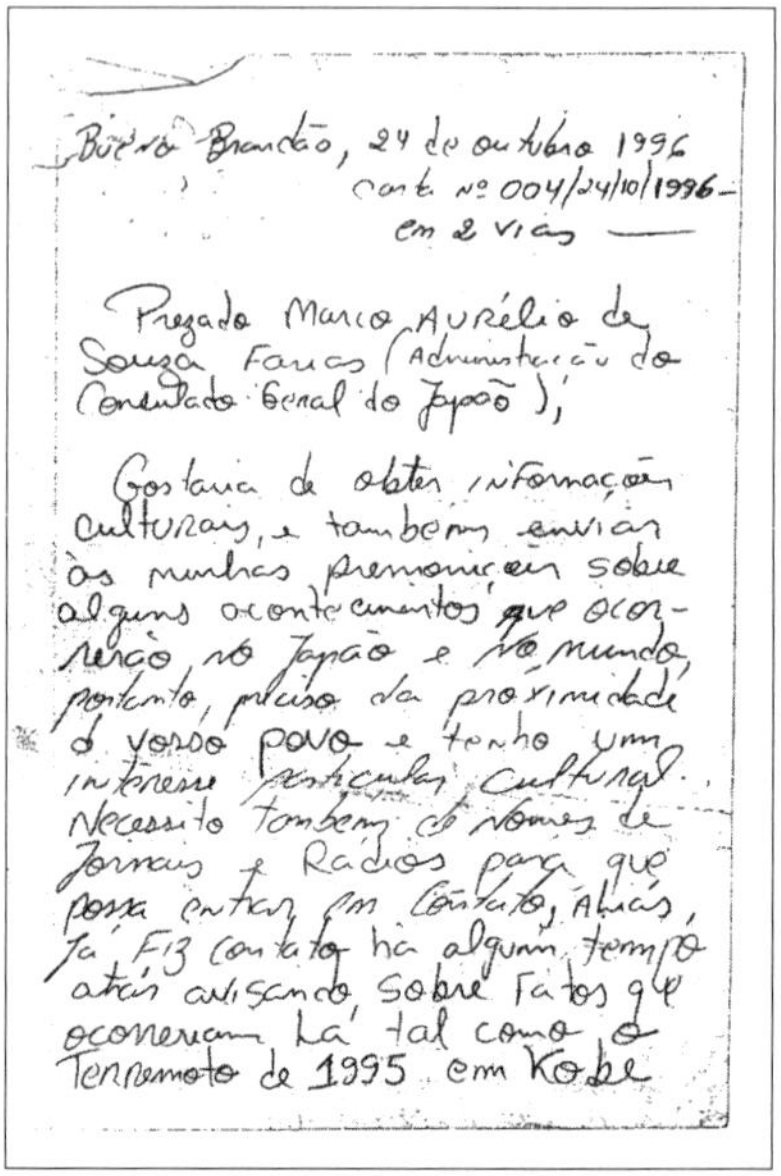
Bueno Brandão, 24 de outubro 1996
carta nº 004/24/10/1996 –
em 2 vias —

Prezado Marco Aurélio de Souza Farias (Administração do Consulado Geral do Japão);

Gostaria de obter informações culturais, e também enviar as minhas premonições sobre alguns acontecimentos que ocorrerão no Japão e no mundo, portanto, preciso da proximidade do vosso povo e tenho um interesse particular cultural. Necessito também de nomes de Jornais e Radios para que possa entrar em Contato, Aliás, já fiz contato há algum tempo atrás avisando sobre Fatos que ocorreram lá tal como o Terremoto de 1995 em Kobe

文書2―1
日本大使館や朝日新聞本社に送られた日本列島崩壊を警告する書簡の1ページ目

社に送付したという郵便局の記録（2―2）が付いている。

さらに、二〇〇五年六月二十一日に、再度、日本領事館に送ったときの郵便局レシート（2―3）が付けられている。なお、手紙ナンバーの次に「二通」とあるのは、そのときカーボンペーパーによる控えを一枚取っていることを意味する。

文面は以下のようになる。

「ブエノ・ブランドン市、手紙ナンバー004（二通）
日本大使館・親愛なるマルコ・アウレリオ・デ・ソウザ様
私は個人的に貴国の文化にたいへん興味を持っております。日本や世界で起きる事件や災害の予知をお知らせするため、ぜひとも日本の国民の皆様と親交を深めたいと思っているのです。

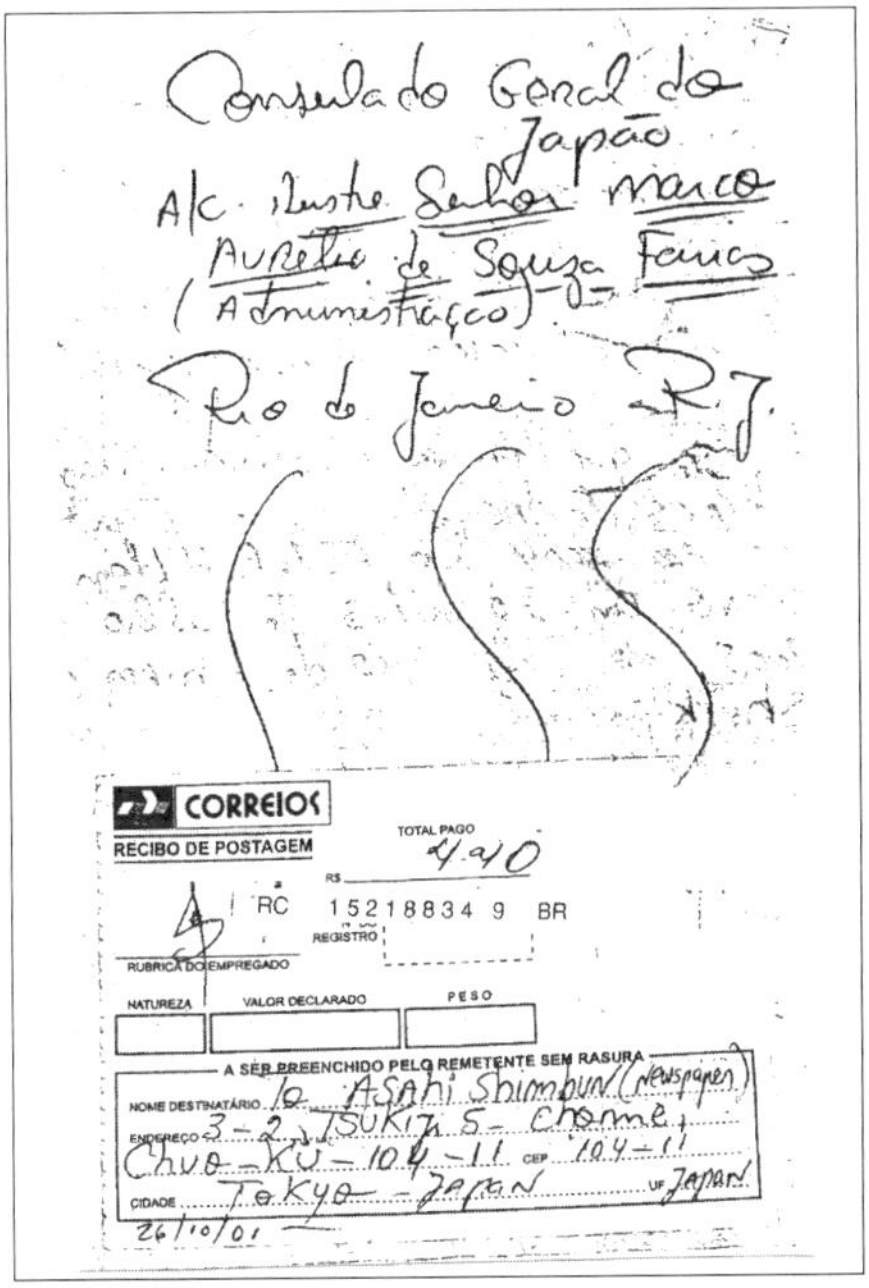
Consulado Geral do Japão
A/c. Ilustre Senhor Marco Aurelio de Souza Farias
(Administração)
Rio de Janeiro RJ

CORREIOS
RECIBO DE POSTAGEM
TOTAL PAGO 4,40
R$
RC 15218834 9 BR
REGISTRO
RUBRICA DO EMPREGADO
NATUREZA
VALOR DECLARADO
PESO
A SER PREENCHIDO PELO REMETENTE SEM RASURA
NOME DESTINATÁRIO To Asahi Shimbun (Newspaper)
ENDEREÇO 3-2, Tsukiji 5-chome,
Chuo-ku-104-11 CEP 104-11
CIDADE Tokyo - Japan UF Japan
26/10/01

文書２―２
朝日新聞本社あて書簡の郵便局の証明書

すでに、一九九五年に起きた神戸地震について、天皇陛下に以前お知らせしていますので、これからのことを伝えるために、日本国内の新聞社やラジオ局の名前を教えていただければ幸いです。

今回お知らせするいくつかの未来の出来事は、日本の皆様がそれを防ぐために役立てられることを願ってお伝えするものです。

メッセージ――

1）二〇〇一年七月二十三日に、東京でマグニチュード6・0の中程度の地震が起きます。もう一つは二〇〇六年九月二十六日に、マグニチュード6・4の強い地震があります。そして二〇〇九年十一月に大地震が起き、数千人の人が命を落とす可能性があります。

2）人間が自然破壊を続ければ、日本列島は火山噴火とマグニチュード9・8の大地震によって、二〇三〇年の九月二十八日に崩壊する可能性があります。これには極地の氷山や氷河

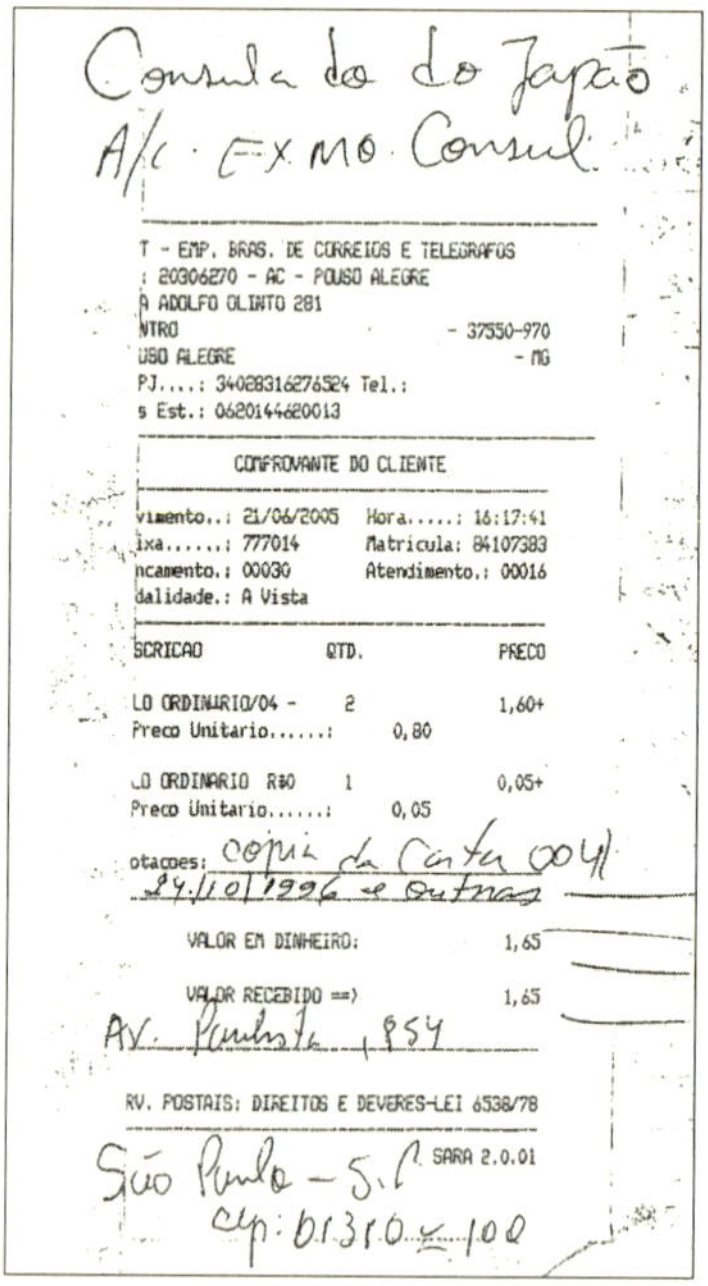
Consulado do Japão
A/C · EXMO · Consul

T - EMP. BRAS. DE CORREIOS E TELEGRAFOS
: 20306270 - AC - POUSO ALEGRE
A ADOLFO OLINTO 281
NTRO - 37550-970
USO ALEGRE - MG
PJ....: 34028316276524 Tel.:
s Est.: 0620144620013

COMPROVANTE DO CLIENTE

vimento..: 21/06/2005 Hora.....: 16:17:41
ixa......: 777014 Matricula: 84107383
ncamento.: 00030 Atendimento.: 00016
dalidade.: A Vista

SCRICAO QTD. PRECO

LO ORDINARIO/04 - 2 1,60+
Preco Unitario......: 0,80

LO ORDINARIO R$0 1 0,05+
Preco Unitario......: 0,05

otacoes: copia da Carta 0041
24/10/1996 e outras

VALOR EM DINHEIRO: 1,65

VALOR RECEBIDO ==) 1,65

Av. Paulista, 854

RV. POSTAIS: DIREITOS E DEVERES-LEI 6538/78

São Paulo - S.P. SARA 2.0.01
cep: 01310-100

文書2—3
2005年に再度日本領事館に送ったときの発送レシート

の万年雪の融解も影響します。そして二〇四〇年を迎えることができません。

3）エジプトで二度のテロ攻撃が起きます。一つは二〇〇四年にヒルトン・ホテルで、そして二〇〇五年七月二十二あるいは二十三日にシャルム・エル・シェイク・ホテルで、数十人の罪のない人たちが死亡する可能性があります。

二〇〇五年七月に、ハイタンという大きな台風が、台湾や中国を直撃します（最初の予知夢は一九九六年十月二十日）。

私はこれらの予知が現実にならないことを望んでいます。また皆様に、お釈迦様のご加護がありますことを願っています」

メッセージにある地震で、二〇〇一年と二〇〇六年に関しては、地震年表にも記録がなく、起きていないと思われる。

しかし、ジュセリーノ氏は、日本が世界でも最も地震による被害が大きい国の一つとしてあげており（「予言集Ｉ」巻末年表参照）、日本に関する地震発生の予知は、頻繁に出ており、最終的な日本列島崩壊の危険性を訴えている。

その意味するところは、国土の消失であり、「国土を守るのではなく、国民を守ることを考えることになるでしょう」。つまり、ユダヤ民族のような流浪の民になる覚悟で、民族の未来を考えた方がいいというニュアンスのことを、ジュセリーノ氏は言っているという。

だから、「ブラジルの国に今後、日本人や、国土を失うことになるオランダ人を、数千万人単位で受け入れるようにしなければならない」と、自国の講演会で話していると聞く。しかし国土そのものの最終的な安定性については、中国やアメリカの方が、もっと大きな被害が発生すると見ているようだ（本書巻末年表等参照）。

第2項のエジプトで起きるテロについては、「予言集Ｉ」の一八八ページで検証されており、二〇〇四年の十月七日に、エジプトのタバにあるヒルトン・ホテルで爆発があり、二十三人が亡くなったという。

シャルム・エル・シェイク・ホテルに関しては、まさしく予言どおり事件が起きており、当時の報道は次のように伝えている。

「二〇〇五年七月二十三日午前一時過ぎ（現地時間）、エジプト・シナイ半島のリゾート地であるシャルム・エル・シェイクにおいて、ホテルおよびスーク（市場）等を標的にしたと見られる爆発が三カ所で発生し、少なくとも五十人が死亡、約百五十人が負傷した模様」。

第3項の台風も、予言どおりの発生で、二〇〇五年七月十八日に、「ハイタン」と名付けられた台風5号が、九一五ヘクトパスカルまで発達して、台湾を北上し、翌日、中国福州に上陸している。台湾では死者六人を出し、中国でも農作物に二十六億元ともいわれる被害を出した。進路がゆっくりであったため、多数の被災が出たと報道されている。

文書3　アル・ゴア元米国副大統領あて（一九九八年五月十五日）とゴア氏からの返信メール（二〇〇七年五月二十二日）

予知内容――

・地球上の生命の絶滅
・ピナツボ火山の噴火
・ハリケーンや竜巻の頻発
・世界的な水不足
・地球全体の温室効果による高温化
・寒冷化によるアメリカ合衆国の崩壊

・ニューオーリンズへのハリケーン、カトリーナ、リタ、ウィルマの襲来
・スマトラ沖大地震の発生
・出血性デング熱の悪性化
・日本のノロ・ウイルスの悪性化
・二〇〇七年にノーベル平和賞を受賞
・ビル・クリントン大統領時の副大統領への就任
・著作「不都合な真実」「地球の掟」の出版

この文書は、二〇〇七年三月二十二日に、ジュセリーノ氏から、たま出版あてに送られてきた航空便の中に含まれていた。この配達証明書（3―1）からも分かるように、同年三月一四日にブラジル現地から、出版されたばかりの第二作「予言集Ⅱ」とともに発送されている。

内容表記欄に書かれているように、一九八八年に出されたアル・ゴア氏あての書簡が入っていることは分かったが、中を読んでみて、「この年の秋にゴア氏がノーベル平和賞を受賞する」と書かれているのを見て驚いた。

この時期、すでに第一作の「未来からの警告」は、印刷に入っており、予言文書の追加は不可能であった。

第二作の「予言集Ⅱ」は、まだ翻訳に入ってもいなかったので、受賞が決まる秋までに出せ

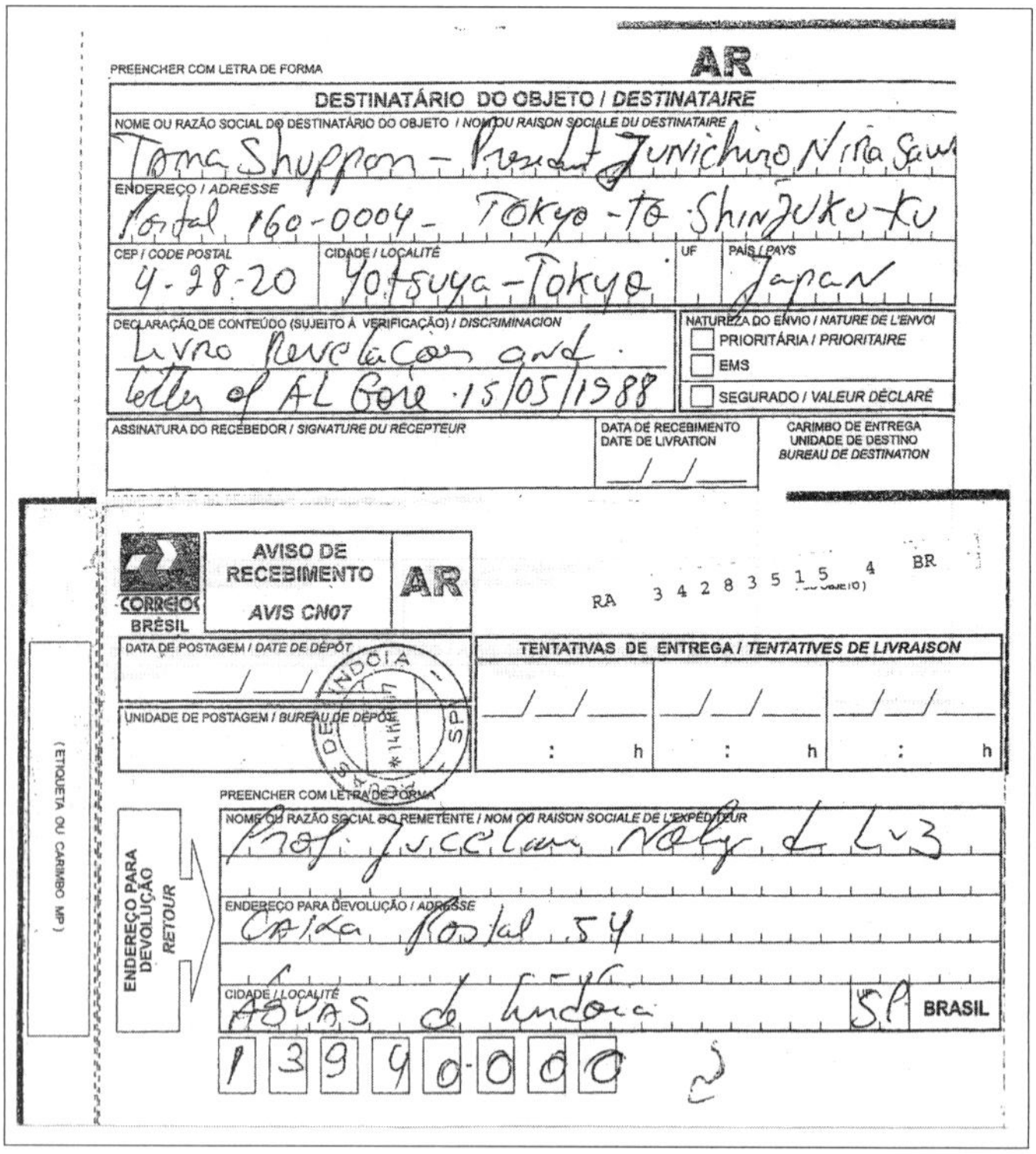
PREENCHER COM LETRA DE FORMA — AR

DESTINATÁRIO DO OBJETO / DESTINATAIRE

NOME OU RAZÃO SOCIAL DO DESTINATÁRIO DO OBJETO / NOM OU RAISON SOCIALE DU DESTINATAIRE: Tama Shuppan - President Junichiro Nirasawa

ENDEREÇO / ADRESSE: Postal 160-0004 - Tokyo-to Shinjuku-ku

CEP / CODE POSTAL: 4-28-20 — CIDADE / LOCALITÉ: Yotsuya-Tokyo — UF — PAÍS / PAYS: Japan

DECLARAÇÃO DE CONTEÚDO (SUJEITO À VERIFICAÇÃO) / DISCRIMINACION: Livro Revelações and letter of AL Gore. 15/05/1988

NATUREZA DO ENVIO / NATURE DE L'ENVOI: PRIORITÁRIA / PRIORITAIRE; EMS; SEGURADO / VALEUR DÉCLARÉ

ASSINATURA DO RECEBEDOR / SIGNATURE DU RÉCEPTEUR — DATA DE RECEBIMENTO / DATE DE LIVRATION — CARIMBO DE ENTREGA UNIDADE DE DESTINO / BUREAU DE DESTINATION

CORREIOS BRÉSIL — AVISO DE RECEBIMENTO — AVIS CN07 — AR

RA 3 4 2 8 3 5 1 5 4 BR

DATA DE POSTAGEM / DATE DE DÉPÔT — TENTATIVAS DE ENTREGA / TENTATIVES DE LIVRAISON

UNIDADE DE POSTAGEM / BUREAU DE DÉPÔT

(ETIQUETA OU CARIMBO MP)

ENDEREÇO PARA DEVOLUÇÃO / RETOUR

PREENCHER COM LETRA DE FORMA

NOME OU RAZÃO SOCIAL DO REMETENTE / NOM OU RAISON SOCIALE DE L'EXPÉDITEUR

ENDEREÇO PARA DEVOLUÇÃO / ADRESSE: Caixa Postal 54

CIDADE / LOCALITÉ: Águas de Lindóia — UF: SP — BRASIL

1 3 9 4 0 0 0 0

文書3—1
ゴア氏書簡のたま出版あて配達証明書

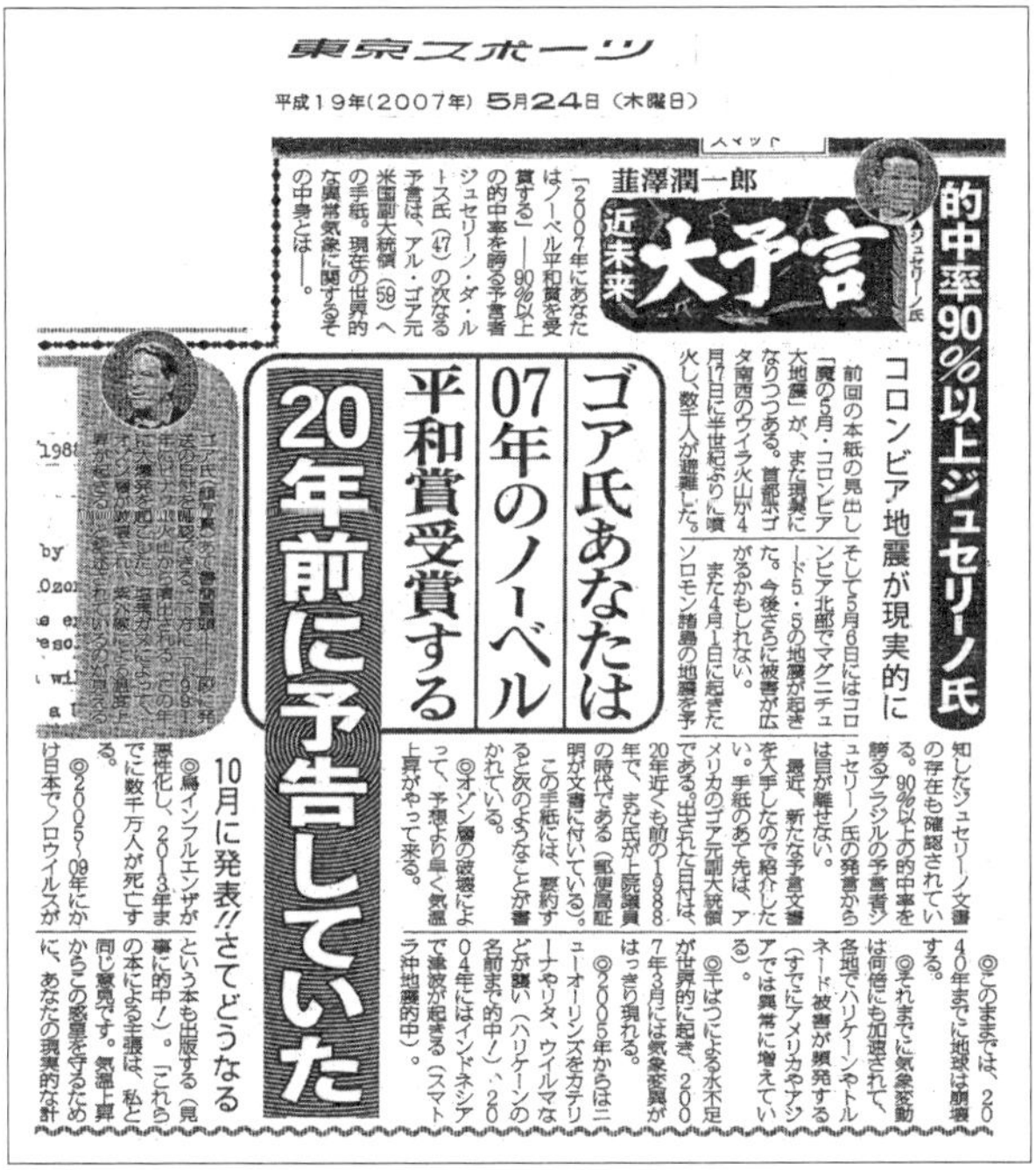

東京スポーツ

平成19年(2007年) 5月24日 (木曜日)

韮澤潤一郎 近未来大予言

的中率90%以上ジュセリーノ氏

「2007年にあなたはノーベル平和賞を受賞する」――90%以上の的中率を誇る予言者ジュセリーノ・ダ・ルス氏（47）の次なる予言は、アル・ゴア元米国副大統領（59）への手紙。現在の世界的な異常気象に関するその中身とは――。

ゴア氏あなたは07年のノーベル平和賞受賞する

20年前に予告していた

コロンビア地震が現実的に

前回の本紙の見出し「魔の5月・コロンビア大地震」が、また現実になりつつある。首都ボゴタ南西のウイラ火山が4月17日に半世紀ぶりに噴火し、数千人が避難した。

そして5月6日にはコロンビア北部でマグニチュード5・5の地震が起きた。今後さらに被害が広がるかもしれない。

また4月1日に起きたソロモン諸島の地震を予知したジュセリーノ文書の存在も確認されている。90%以上の的中率を誇るブラジルの予言者ジュセリーノ氏の発言からは目が離せない。

最近、新たな予言文書を入手したので紹介したい。手紙のあて先は、アメリカのゴア元副大統領である。出された日付は、20年近くも前の1988年で、まだ氏が上院議員の時代である（郵便局証明が文書に付いている）。

この手紙には、要約すると次のようなことが書かれている。

◎オゾン層の破壊によって、予想より早く気温上昇がやって来る。

◎このままでは、2040年までに地球は崩壊する。

◎それまでに気象変動は何倍にも加速されて、各地でハリケーンやトルネード被害が頻発する（すでにアメリカやアジアでは異常に増えている）。

◎干ばつによる水不足が世界的に起き、2007年3月には気象変異がはっきり現れる。

◎2005年からはニューオーリンズをカテリーナやリタ、ウイルマなどが襲い（ハリケーンの名前まで的中！）、2004年にはインドネシアで津波が起きる（スマトラ沖地震的中）。

10月に発表!!さてどうなる

◎鳥インフルエンザが悪性化し、2013年までに数千万人が死亡する。

◎2005～09年にかけ日本でノロウイルスが

という本も出版する（見事に的中！）。「これらの本による主張は、私と同じ意見です。気温上昇からこの惑星を守るために、あなたの現実的な計

文書３―２

2007年５月24日付「東京スポーツ」紙に出したゴア氏のノーベル平和賞受賞の予告記事

るかどうかも疑問だった。

しかし、この文書を受賞後に公表したのでは価値が半減してしまうと考え、本書監修者・韮澤潤一郎が定期コラムを持っている「東京スポーツ」紙（五月二十四日付）に公表（3―2）するとともに、月刊誌「ムー」二〇〇七年六月号に特集記事として出すことにした。これによって読者自身が予言の証人となった。

まさしくこの予言内容は現実化し、十月十二日、ニュースが世界を駆け巡った。

「オスロ発・ノルウェーのノ

ーベル賞委員会は、二〇〇七年のノーベル平和賞をアル・ゴア元米副大統領と、各国の科学者らで構成する国連組織の気候変動に関する政府間パネル（ＩＰＣＣ）に授与すると発表した」

ところで、同時に受賞したＩＰＣＣ（気候変動に関する政府間パネル）とは、「未来からの警告（予言集Ｉ）」の「事件29文書」の送付先であるＵＮＥＰ（国連環境計画）の下部機関であり、またジュセリーノ氏が気候変動に関する文書をたびたび送付している（３―３）ので、同時受賞は偶然ではないと思われる。

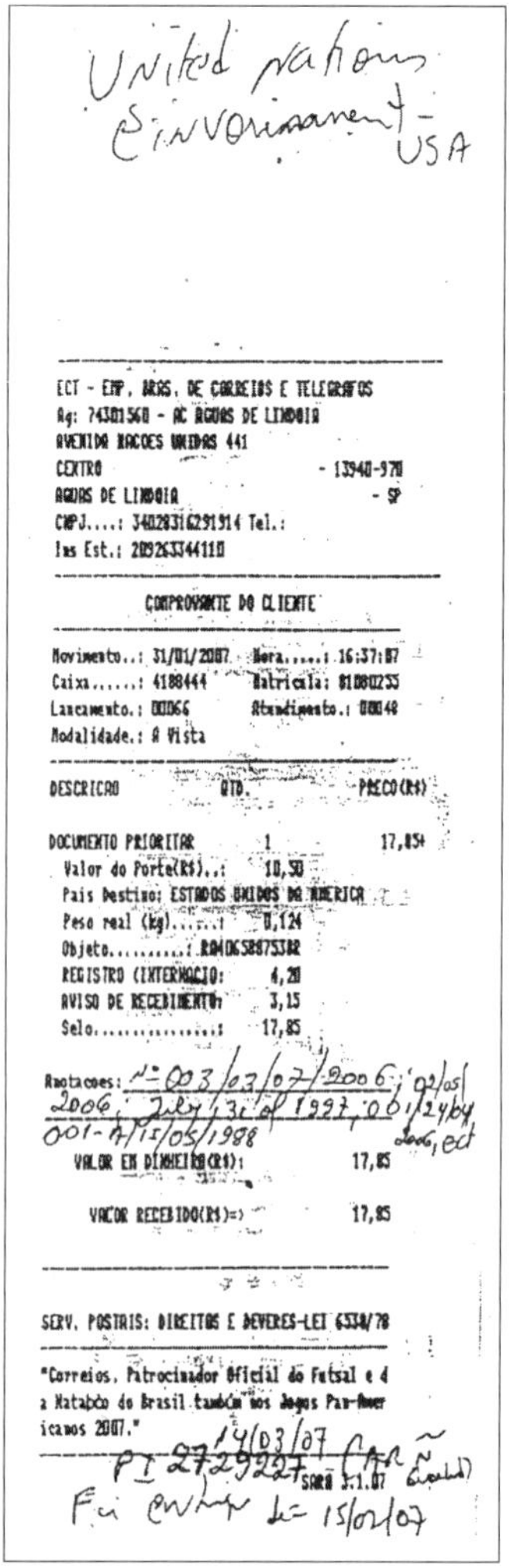

文書３―３
国連環境計画への2007年１月31日付文書発送レシート

また、ノルウェー国会がノーベル平和賞を選考しているが、そのノルウェーにも、たびたびジュセリーノ氏は文書を送っている（後出**文書15**参照）ことから、ノルウェー当局も気候変動の重大さをはっきり認識しているに違いない。

それでは、ゴア氏あて文書（**3―4～5**）の内容を見てみよう。

「発信地：サント・アンドレ　一九八八年五月十五日　手紙ナンバー001―A（二通）
親愛なるアル・ゴア様

ここにオゾン層の破壊による温暖化に関する神の天啓を述べさせていただきます。それは予測より早く起きようとしています。この自然環境の問題は、未来の世代に先送りされようとしていますが、今解決されなければなりません。さもないとこの惑星上の生命は、二〇四三年には絶滅することになります。アマゾンは二〇四〇年には消え去り、地球は紫外線の天火にさらされます。さらに一九九一年六月にフィリピンのピナツボ火山が噴火し、大量の塩素ガスを成層圏に吹き上げるため、オゾン層の破壊が十倍も早められ、アメリカやフィリピン、インドネシア、オーストラリア、ニュージーランド、カリブの島々、メキシコ、ブラジルをはじめ、そのほかの国々でも、ハリケーンや竜巻、そして嵐がより頻繁に起きるようになるでしょう。

Santo André, May 15 1988

Letter nº001-A/15/05/1988-

Two ways

Dear Mister Al Gore:

I am a person who is addope(dotted) of gift given by God and I would like to warm about the destruction of the Ozone layer which is occuring much more quickly than expected.The environmental problems that await future generations must be resolved now,or life on this planet will be extinct in 2043. Amazon will be banished until 2040 and the planet becomes(will become) a UV oven.And will have the eruption of the Pinatubo Volcano in Phillippines,in june 1991,which will release a large amouth of Clorine (Chlorine) gas into the Stratosphere,drastically accentuated the Ozone loss; this destruction will be 10 times faster,and the storm, Hurricanes,Tornadoes will be more frequently in USA, Phillippines, Indonesia, Australia, New Zealand, Karibean Islands,Mexico, Brazil, etc.

Until 2008 will have growth of water lacking all over the World,and the green house effect will be seen by worldwide in December 2006 until march 2007,and our planet can " Fry " until 2040...and USA will be destroyed by Glacial Era II until 2042.

It's time to protect our planet because green house effect will spread and New Orleans will face Katrina in 2005, then,will (2006) also have Rita and Wilma which will destroy many places. Also in Indonesia we will have a " Tsunami " at december 26 of 2004, and mill kill almost 300 hundred thousand people. Summer Storms will be more frequently in the World,and will appear Virus and diseases as Chicken Flu , Emorragic Dengue Type 1,2,3,4,5 which will kill many people in 2005,and until 2013 will kill more than 70 million people. Let's give our planet a Chance!!!

Japan will suffer within " NORO VIRUS" Type 1,2,and 3 and the lasted 2 and three(3) will be Emorragic and can spread in 2005,2006,2007,2008,2009,etc.

Mr. Gore, you will earn Nobel of peace in 2007,and will be Vice-President of Bill Clinton in 1993 and 2001. I hope you follow the steps of your father George Herbert W. Gore up,and

Turn over....

文書３—４

アル・ゴア上院議員時代に送った書簡の１枚目。すでに副大統領になることやノーベル平和賞を受賞することが予言されている

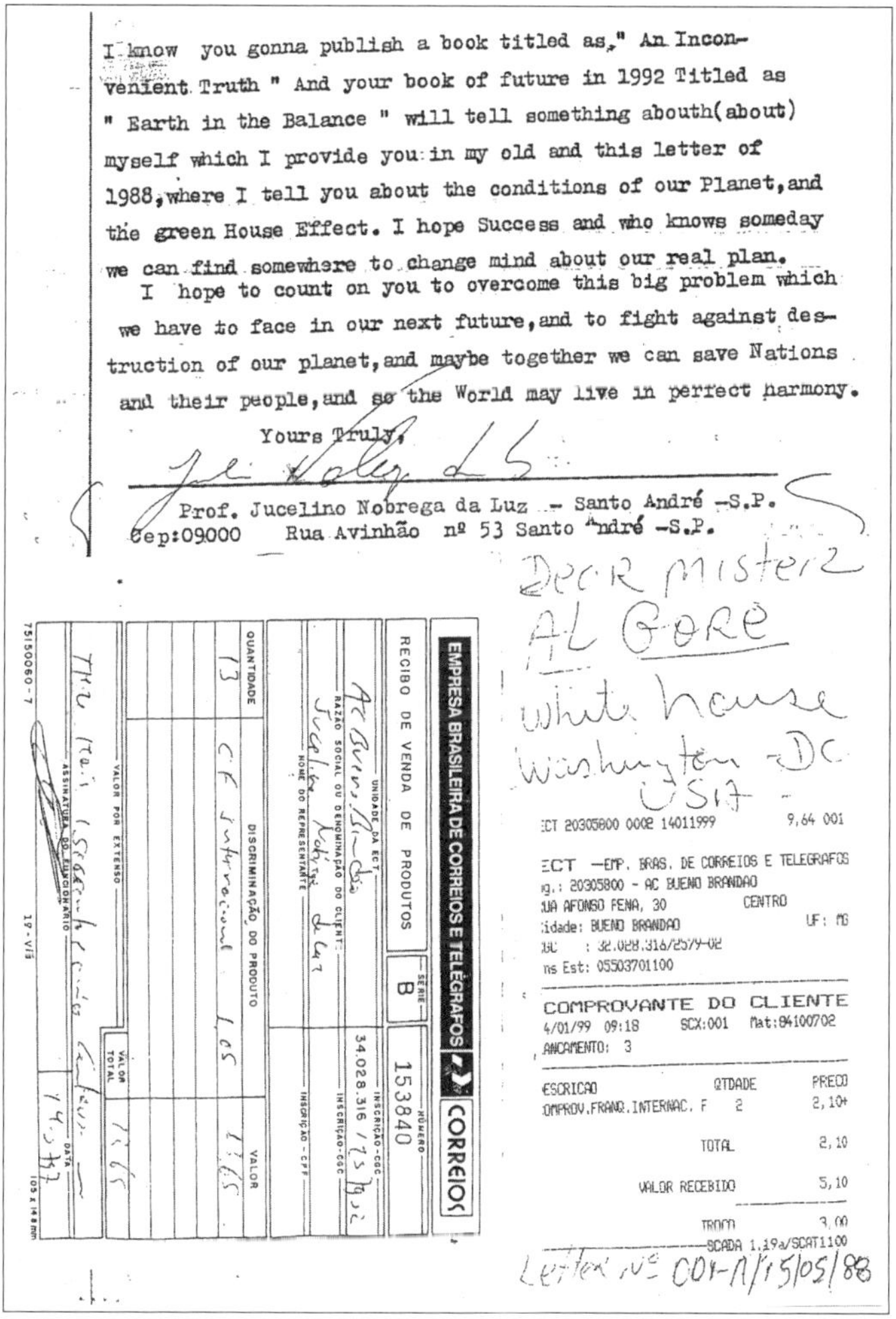

I know you gonna publish a book titled as," An Inconvenient Truth " And your book of future in 1992 Titled as " Earth in the Balance " will tell something abouth(about) myself which I provide you in my old and this letter of 1988, where I tell you about the conditions of our Planet, and the green House Effect. I hope Success and who knows someday we can find somewhere to change mind about our real plan.

I hope to count on you to overcome this big problem which we have to face in our next future, and to fight against destruction of our planet, and maybe together we can save Nations and their people, and so the World may live in perfect harmony.

Yours Truly,

Prof. Jucelino Nobrega da Luz - Santo André -S.P.
Cep:09000 Rua Avinhão nº 53 Santo André -S.P.

Dear mister
AL GORE
white house
Washington -DC
USA

EMPRESA BRASILEIRA DE CORREIOS E TELÉGRAFOS
RECIBO DE VENDA DE PRODUTOS
SÉRIE B
NÚMERO 153840
CORREIOS

ECT 20305800 0002 14011999 9,64 001

ECT -EMP. BRAS. DE CORREIOS E TELEGRAFOS
Ag.: 20305800 - AC BUENO BRANDAO
RUA AFONSO PENA, 30 CENTRO
Cidade: BUENO BRANDAO UF: MG
CGC : 32.028.316/2579-02
Ins Est: 05503701100

COMPROVANTE DO CLIENTE
14/01/99 09:18 SCX:001 Mat:84100702
LANCAMENTO: 3

DESCRICAO	QTDADE	PRECO
COMPROV.FRANQ.INTERNAC. F	2	2,10+
TOTAL		2,10
VALOR RECEBIDO		5,10
TROCO		3,00

SCADA 1.19a/SCAT1100

Letter nº 001-A/15/05/88

文書3―5
アル・ゴア氏あて書簡の２枚目と副大統領時代の1999年にホワイトハウスあてで再送したときの郵便局の発送証明書

二〇〇八年までに、水不足が世界的に深刻になるでしょう。そして温室効果は二〇〇六年の十二月から二〇〇七年三月までには世界中で見られるようになり、それ以後二〇四〇年まで私たちの惑星は焼かれていき、その後二〇四二年には、アメリカは氷河期に入ることによって崩壊するでしょう。

今こそ私たちの惑星を守るときです。といいますのは、温室効果が拡大し、ニューオーリンズは、二〇〇六年に（巨大ハリケーン）カトリーナとかリタ、ウィルマなどで、いたる所が破壊されることになるからです。また二〇〇四年十二月二十六日に、インドネシアで津波が発生し、三十万人もの人が死亡するでしょう。夏の嵐が世界中でより頻繁に起きるようになり、また鳥インフルエンザのような新しいウイルスが現れます。出血性デング熱病がタイプ1、2、3、4、5と進み、二〇〇五年には多くの人を殺すでしょう。そして二〇一三年には七千万人以上の人が死ぬでしょう。私たちの惑星にチャンスを与えましょう！！！

日本は『ノロ・ウイルス』に苦しむでしょう。そのタイプは1、2、3とあり、二〇〇五年、二〇〇六年、二〇〇七年、二〇〇八年、二〇〇九年、そしてそれ以後と、タイプが進み、最後は第二段階、第三段階で出血性となって蔓延するでしょう。

ゴア様、あなたは二〇〇七年にノーベル平和賞を得るでしょう。また一九九三年から二〇〇一年まで、ビル・クリントン大統領時の副大統領になるでしょう。あなたが父君ジョージ・ハーバート・W・ゴア氏の偉業を受け継ぎ、これらを成し遂げられることを私は願っております。

私はまた、あなたが『不都合な真実』という題の本を出版しようとすることを知っています。そして一九九二年の未来に『地球の掟』と名付けられた本で、一九八八年のこの私の古い手紙で提示したことについて、あなたは語ることになります。つまり、私はこの惑星の状態と温室効果を話しました。私たちの真実の計画について、心を入れ替えようと気付いた人が、いつか成功することを希望します。

来るべき未来に、私たちが直面しなければならないこの大きな問題に打ち勝つために、私はあなたに期待したい。私たちは共にこの惑星の破壊に立ち向かい、国家とその国民を守ることができるでしょう。そうすればきっと世界は完全な調和の中に存続します。

署名　ジュセリーノ・ノーブレガ・ダ・ルース」

この文書が最初に送られた一九八八年というのは、ゴア氏がまだアメリカ議会の上院議員だった時代になる。しかし、おそらくそのときの手紙の返事は来なかったものと思われる。

文末に添付されている郵便局の発送証明は、手紙が書かれた十一年後の一九九九年一月十四日にホワイトハウスに再送したときのもので、その当時は、クリントン大統領時代で、ゴア氏はその副大統領を務めていた。

しかし、そのときでさえ、まだ「不都合な真実」は出版されておらず、ノーベル平和賞の可能性は見えていなかったはずである。ゴア氏は、手紙を受け取ってから、その本のタイトルを決めたのだろうか。もし読んでいるとすれば、ゴア氏自身の経歴があらかじめ明記されていることに驚いたに違いない。そして、その後の気候変動の展望を認識することになったであろう。

実際、予言どおりピナツボ火山の噴火が起きてから、最近に至る温室効果の異常な早さは、二〇四〇年までの展望を信じさせるものがある。

この文書の中に書かれているように、世界が温暖化で気温上昇が続く中で、なぜアメリカが氷河期に入って寒冷化していくかは、二〇二七年に起きるとされる、イエローストンの大噴火に関係しているとも思われるが、噴火による寒冷化が、アメリカ合衆国だけに限られることは考えにくい。これに対する決定的要因については、**文書16、21**（いずれも後出）などを参照していただきたい。

ともかくその後、予知どおりにスマトラ地震が発生し、ニューオーリンズをカトリーナなどハリケーンが襲ったこともあって、ゴア氏とジュセリーノ氏の間で文通が始まったのであろうか。

ゴア氏あての配達証明（**3—6**）は、二〇〇七年の五月八日付で、ゴア氏の自宅があるテネシー州のナッシュビルとなっており、この内容欄への記入から、**文書3**を含め、過去の主要なゴア氏あての文書がまとめて再送されていることが分かる。あるいは、この時期に、ゴア氏が初めてはっきりと、ジュセリーノ氏について認識したのかもしれない。

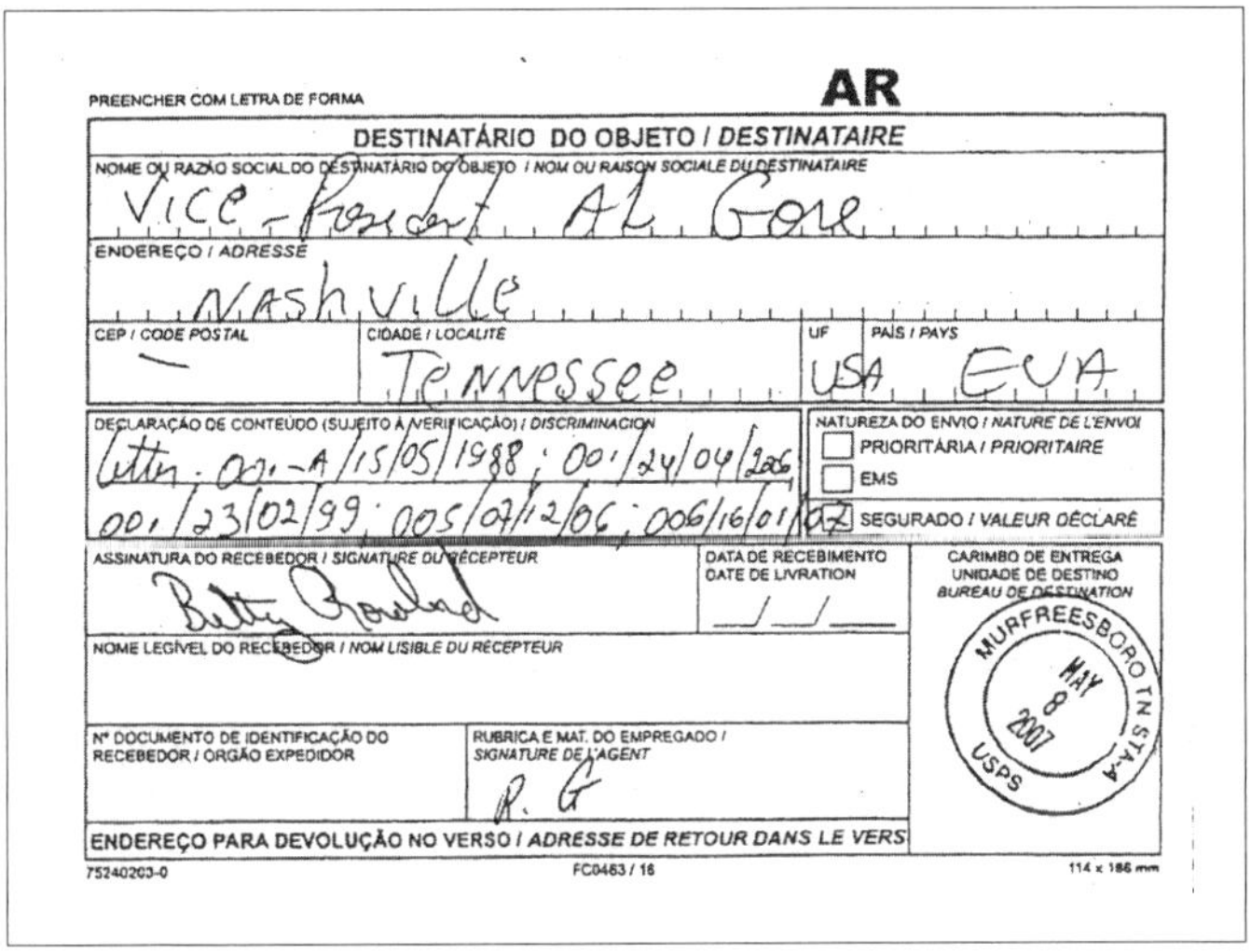
PREENCHER COM LETRA DE FORMA

AR

DESTINATÁRIO DO OBJETO / *DESTINATAIRE*

NOME OU RAZÃO SOCIAL DO DESTINATÁRIO DO OBJETO / *NOM OU RAISON SOCIALE DU DESTINATAIRE*

Vice-President Al Gore

ENDEREÇO / *ADRESSE*

Nashville

CEP / *CODE POSTAL* —

CIDADE / *LOCALITÉ* Tennessee

UF USA

PAÍS / *PAYS* EUA

DECLARAÇÃO DE CONTEÚDO (SUJEITO À VERIFICAÇÃO) / *DISCRIMINACION*

Letter: 001-A/15/05/1988; 001/24/04/2006; 001/23/02/99; 005/07/12/06; 006/16/01/07

NATUREZA DO ENVIO / *NATURE DE L'ENVOI*

PRIORITÁRIA / *PRIORITAIRE*

EMS

SEGURADO / *VALEUR DÉCLARÉ*

ASSINATURA DO RECEBEDOR / *SIGNATURE DU RÉCEPTEUR*

DATA DE RECEBIMENTO / DATE DE LIVRATION ＿/＿/＿

CARIMBO DE ENTREGA UNIDADE DE DESTINO / *BUREAU DE DESTINATION*

MURFREESBORO TN STA-A MAY 8 2007 USPS

NOME LEGÍVEL DO RECEBEDOR / *NOM LISIBLE DU RÉCEPTEUR*

Nº DOCUMENTO DE IDENTIFICAÇÃO DO RECEBEDOR / ORGÃO EXPEDIDOR

RUBRICA E MAT. DO EMPREGADO / *SIGNATURE DE L'AGENT*

R. G

ENDEREÇO PARA DEVOLUÇÃO NO VERSO / *ADRESSE DE RETOUR DANS LE VERS*

75240203-0　FC0463 / 16　114 x 186 mm

文書3—6
ナッシュビルに送られたアル・ゴア氏あての配達証明。多数の文書が2007年5月8日に送られていることが分かる

この二週間後に、ゴア氏からジュセリーノ氏あてに次のようなメール（3—7）が送られている。

アル・ゴア氏からの返信
二〇〇七年五月二十二日（メール書簡）

「親愛なるジュセリーノ様へ
『不都合な真実』の刊行に続く何カ月かの間、わが国の民主主義が、気候の危機に対処するのが、なぜかくも遅いのかを私は糾弾し始めました。
　この問題を解決することに積極的でないのは、政治的意志の欠落の結果であるばかりでなく、理性や知識、事実を敵視する新たな政治的環境の出現によってもたらされています。

長い目で見れば、この姿勢はアメリカ民主主義の基本に対する脅威となります。すなわち、アメリカ民主主義の基本とは、きちんと情報を受け取っている市民が、理性の法則に基づいて、政府に説明責任を負わせる能力のことです。

この『理性の奪還』（ランダムハウス講談社）は、本日刊行になる私の新作のテーマともなっており、その本は地方の書店や以下のホームページで手に入れることができます。

ジョージ・ブッシュがイラクに先制の戦を仕掛けたとき、七割以上のアメリカ人は、サダム・フセインが9・11のテロリストたちとつながっていると信じていました。二〇〇四年の（大統領）選挙ののち、選挙キャンペーンで何が印象に残ったかについて、オハイオ州の選挙民は、ブッシュ陣営が行ったテロリズムに対する恐怖を表現した二つの広告を挙げています。

二〇〇一年以来、ずっと明らかなことの一つは、現ホワイトハウスがもはや以前の政権のようには公開性と真実に対して興味を示していないことです。

気候の危機やイラク戦争をはじめ、健康の問題や社会福祉に至るまで、私たちはいま、いくつもの試練に臨んでいます。これらの諸問題を解決し、さらなる前進を遂げるために、私たち

From: **Al Gore** <Al[redacted]
Date: Tue, 22 May 2007 10:45 -0400
Subject: The Assault on Reason
To: jucelino[redacted]

Dear jucelino,

In the months following the release of *An Inconvenient Truth*, I began to focus on why our democracy has been so slow to deal with the climate crisis. The unwillingness to solve this problem is not only the result of a lack of political will, but it has also been caused by the emergence of a new political environment dangerously hostile to reason, knowledge, and facts. In the long-term, this poses a threat to the very basis of American democracy: the ability of a well-informed citizenry to use the rule of reason to hold government accountable.

This *Assault on Reason* is the focus of my new book that goes on sale today. You can purchase the book at your local bookstore or by visiting:

http://www.amazon.com/Assault-Reason-Al-Gore/dp/1594201226

When George Bush launched his preemptive war in Iraq, more than 70% of Americans believed Saddam Hussein was linked to the terrorists who caused 9-11. After the 2004 election, when asked what stuck in their minds about the campaign, voters in Ohio named two ads playing to the fears of terrorism paid for by the Bush Campaign. One pattern that has held true since 2001 is that this White House is less interested in openness and truth than any previous administration.
We are facing so many long-term challenges, from the climate crisis and the war in Iraq to health care and social welfare. To solve these problems and move forward we need to reverse the damage done to our democracy. We have little time to waste.

My goal in *The Assault on Reason* is to explore why our public forum now welcomes the enemies of reason. More importantly, the book focuses on what we can do together, individually and collectively, to restore the rule of reason to our democracy.

You can purchase *The Assault on Reason* by visiting:

http://www.amazon.com/Assault-Reason-Al-Gore/dp/1594201226

My team will be emailing those of you who live in the cities that I will visit for book signings. I hope that I'll have the chance to see you in person.

I'll be back in touch soon.

Thank You,

Al Gore

文書３―７
2007年５月22日にアル・ゴア氏がジュセリーノ氏あてに出したメール書簡。「…会うことを希望している」と書かれている

は民主主義に対してなされたダメージを取り戻さねばなりません。残された時間はあまりないのです。

今回の新作『理性の奪還』を書いた目的は、なぜ世論が理性の敵を歓迎するようになったのかについて探究することです。そしてもっと重要なことは、理性の法則を民主主義にもたらすために、私たちが個人的にも集団的にも、何ができるかについて焦点を当てることです。

本書は、以下のホームページで手に入れることができます。

私たちは、この本のサイン会のために、私が訪問する都市の人たちにメールをお送りしています。そこで直接お会いできることを期待しています。

またご報告致します。

感謝を込めて。

アル・ゴア」

ゴア氏の論調は、「残された時間はあまりない……」など、ジュセリーノ氏の言い回しに似ている。それは最初の手紙で氏が予言した「……本で、一九八八年のこの私の古い手紙で提示したことについて、あなたは語ることになります。つまり私はこの惑星の状態と温室効果を話しました……」のとおりではないか。

文書４　アル・ゴア氏からのメール（二〇〇七年十月十二日）とジュセリーノ氏の返信予言（二〇〇七年十月十八日）

予知内容――
・二〇〇八年のアメリカ大統領選挙でアル・ゴア氏が勝利すること

まず、ノーベル平和賞の受賞者が発表された当日の、十月十二日の朝十一時十分に、アル・ゴア氏がジュセリーノ氏あてにメールを送っている（４の下枠内）。

「二〇〇七年十月十二日　金曜日　十一時十分　アル・ゴア
拝啓　ジュセリーノ様

ノーベル平和賞をいただいたことに、私は心から名誉であると感じております。今回の受賞はさらに意義深いものになりました。というのは、〝気候変動に関する政府間パネル（ＩＰＣＣ）〟と名誉を共有できたからです。この世界屈指の科学団体は、気候の危機に対する人々の理解向上に貢献しました。同団体は、長年にわたって精力的に無私無欲で活動してきたのです。

いま、私たちは地球規模の非常事態に直面しています。気候の危機は政治問題ではありません。それは人類のすべてに対する、道徳的かつ精神的な挑戦なのです。
ここで、私と妻ティッパーは、米国の世論を変え、世界的に気候の危機問題を解決する策を出すことに貢献し、党派を越えた非営利環境団体である〝気候保護同盟（ＡＣＰ）〟に、賞金の全額を寄付することにしました。
ありがとう。

アル・ゴア」

この手紙を受け取った六日後に、ジュセリーノ氏は、ゴア氏の未来に関し一つの夢予知を得たようである。その内容を簡単にしたためて、返信を出している（4の上段文章）。

「二〇〇七年十月十八日　ジュセリーノ・ノーブレガ・ダ・ルース
拝復　アル・ゴア様
今、あなたには大統領選に勝利するチャンスが訪れたのです。
あなたがそのチャンスを見分ける前に、私はその予知をお教えしましょう。
その可能性を実現する確率は、九〇パーセントであると、私は思っています。

ジュセリーノ・ノーブレガ・ダ・ルース」

この返信のオリジナルメッセージが、アル・ゴア氏に送られた二時間後に、弊社にも、掲載した（4）のメール文書が届けられた。

この時点では、まだゴア氏は大統領選出馬の意思表明はしておらず、ニュースに出ているのは、民主党ではヒラリー・クリントン上院議員やオバマ上院議員、共和党ではマケイン上院議員といった名前である。

四年に一度行われるアメリカの大統領選挙は、まず各党において候補者選びとしての予備選挙が行われる。これが今回は、二〇〇八年の二月から六月ころまでかかる。

その後七月から八月ころに各党の全国大会が開かれ、正式に候補者が決められる。そしてテレビ討論などが行われた後、十一月ころに投票が始まる。まず一般投票が行われ、その後、州ごとに大統領選挙人が選任されて、十二月に最終選挙が実施されるという運びである。

さらに年が明けた二〇〇九年一月にやっと開票となり、大統領が決定する。

およそ一年もかかるこの選挙において、誰が大統領になるのかは、まったく予断を許さない。

夏の全国党大会で、過半数に達する候補がいない場合、予備選挙における拘束がなくなり、新しい候補者が指名されることがあるという。ここで思いがけない人物が登場する可能性を指

韮澤

送信者： "Yamakawa" <[redacted]>
宛先： "Nirasawa (Tama Book)" <[redacted]>
送信日時： 2007年10月18日 14:55
件名： Fw: I am deeply honored

----- Original Message -----
From: jucelino nobrega da luz
To: AlGore[redacted]
Sent: Thursday, October 18, 2007 12:49 PM
Subject: Re: I am deeply honored

2007/10/18, jucelino nobrega da luz <[redacted]>:

DEAR MISTER AL GORE,
NOW IT IS YOUR CHANCE TO WIN PRESIDENTIAL ELECTIONS AND I AM TELLING THIS PREDICTION BEFORE YOU KNOW ABOUT YOUR CHANCES.I THINK YOU HAVE 90% OF POSSIBILITY TO MAKE THE
GRADE.
YOURS TRULY,
PROF. JUCELINO NOBREGA DA LUZ

Fri, 12 Oct 2007 11:10 -0400, Al Gore <[redacted]>:

Al Gore

Dear jucelino,

I am deeply honored to receive the Nobel Peace Prize. This award is even more meaningful becaus I have the honor of sharing it with the Intergovernmental Panel on Climate Change--the world's pre-eminent scientific body devoted to improving our understanding of the climate crisis--a group whose members have worked tirelessly and selflessly for many years. We face a true planetary emergency. The climate crisis is not a political issue, it is a moral and spiritual challenge to all of humanity. It is also our greatest opportunity to lift global consciousness to a higher level.

My wife, Tipper, and I will donate 100 percent of the proceeds of the award to the Alliance for Climate Protection , a bipartisan non-profit organization that is devoted to changing public opinion the U.S. and around the world about the urgency of solving the climate crisis.

Thank you,

Al Gore

You can unsubscribe from this list at any time. View our Privacy Policy

文書4
アル・ゴア氏のメール（下枠内）とジュセリーノ氏の返信予言（上部）

摘する専門家もいる。

アメリカはすでに、ハリケーンの多発や、南部の干ばつ、乾燥による火災など、気候変動の影響を国民も感じるようになってきており、今世紀に入り、ペンタゴンが、「テロより温暖化による気候変動の方が、アメリカにとって、より脅威である」というレポートを出しているくらいだから、国民の意識が変わり、ゴア氏に有利に展開することも考えられる。

この最終結論を、ジュセリーノ氏は夢の中で予知しているのだ。


二〇〇八年一月に二度目の来日の際に、この予知内容を聞くことができた。それは以下のようなものであった。

「ゴア氏は、今立候補すると、ノーベル賞を政治に利用することになるので、できませんが、いずれ多くの人が彼を推挙することになります。そこで彼が立つならば、高い確率で当選を果たすことになるのです」とのことだった。

文書5　長崎市役所あて（一九九七年七月三十一日）

予知内容――

・長崎市長銃撃事件

・京都議定書をアメリカが批准しない
・中国経済の繁栄と衰退
・温室効果による世界の危機
・バージニア工科大学における韓国人学生による銃乱射事件
・大阪で起きる二〇〇七年と二〇一二年の地震

「一九九七年七月三十一日
親愛なる長崎市長様

はじめに、あなたの貴重なお時間を拝借することをお許しください。どうか、私の重要なお願いを破棄しないようにお願いします。私は、この手紙を通じて、ストレスに満ちた私の仕事に対して、あなたの大いなる協力をお願いしなければなりません。

多くの人々がいまだにお腹をすかし、貧しく、そのため人身売買が横行し、麻薬におぼれ、人々を死に向かわせています。さらに公害による汚染がひどくなり、病気は日々拡大しています。

私たちはいつまで抵抗し続けねばならないのでしょうか。私たちは、まさに今、この惑星を守らなければなりません。

どうか、私の警告をお聞きください。

メッセージ――

1）ナガサキのシティホール（長崎市役所）は犯罪を経験することになります。というのは、イッチョウ・イトウ（伊藤一長）長崎市長が、二〇〇七年四月十七日と十八日の間に暴力団（マフィア）によって殺されるからです。多くの事柄が、彼の任期中の政治活動によって証明されるでしょう。

2）アメリカ政府は、大気中の炭素ガスによる汚染排出に反対する京都議定書を批准しません。それが世界の反感（示威運動）を引き起こします。なぜなら、アメリカ政府は私企業の利益を守ろうとするからです。しかし、二〇〇七年には、温室効果が顕著に現れてくることになるでしょうし、そのことは、私が一九七二年に警告しているとおりです。私は十一歳のとき、すでにそのことを警告しましたが、一九九七年の今になっても、何もなされていません。

3）中国の経済は、二〇〇六年から二〇一〇年にかけて世界でも有数の強さを示しますが、水が大きな問題となるでしょう。それで経済が下降し、多くの病気が国中に広がって何十もの人が死ぬことになります。

4）温室効果は世界が直面する最も危険な問題です。それが気温の変化をもたらし、気温の変化が洪水や極地の破壊をもたらし、多くの国が消えることになります。飢餓と水不足が、アフリカやアジア大陸に多くの紛争をもたらします。

5）バージニア工科大学で、韓国人が三十二人の人たちを殺し、二十九人を負傷させます。それは二〇〇七年の四月十六日に起こります。

6）二〇〇七年の十月と十一月の間に、大阪で地震が起こりますが、それほど強くはありません。しかし、二〇一二年にはマグニチュード8・9の大地震があり、多くの人が死ぬかもしれません。

これが間違いであることを祈ります。

ジュセリーノ・ノーブレガ・ダ・ルース（署名）」

最初の手紙（5―1〜3）は、長崎市長銃撃事件が起きる十年前に書かれている。おそらくその当時、送った手紙に対して、何の返事もなかったので、ジュセリーノ氏は事件が起きる前年に、再度この手紙を長崎市役所に送ったのであろう。添付されている郵便局の発送証明（5―4）は、二〇〇六年五月三十日の日付になっている。

手紙の冒頭で述べられていることは、発展途上国の現状を如実に表している。日本にいるとあまり実感できないことだが、アジア、中南米、アフリカではこのような状況が日常化していることを、ジュセリーノ氏は嘆いている。これを日本の役所の担当者が読んだとしても、何も意に介さなかったのかもしれない。
しかし、メッセージとして書かれている事柄は、予知されたとおりに起きている。十年前に、これだけ詳細に知っていたということは驚きである。

第1項の、この長崎市長銃撃事件は、まだわれわれの記憶に新しい。伊藤一長長崎市長が、二〇〇七年の選挙運動中、四月十七日に選挙事務所前で銃撃され、六時間後の十八日午前二時過ぎに息を引き取った。そして犯人は、ここに書かれているように、暴力団関係者だった。

第2項の京都議定書は、この手紙が書かれた日にはまだ成立していない。この年の十二月に国立京都国際会館で決議されたものである。正式には「気候変動に関する国際連合枠組条約の京都議定書」である。当時副大統領だったアル・ゴア氏は、これを推進するも、結局予知どおり、国内の産業界の反発が大きく、クリントン大統領は批准を断念している。
この結果、二〇〇七年現在、世界の気象が狂い出しているかのように、世界各地で気温上昇、干ばつ、ハリケーン、竜巻の多発などが報告されている。

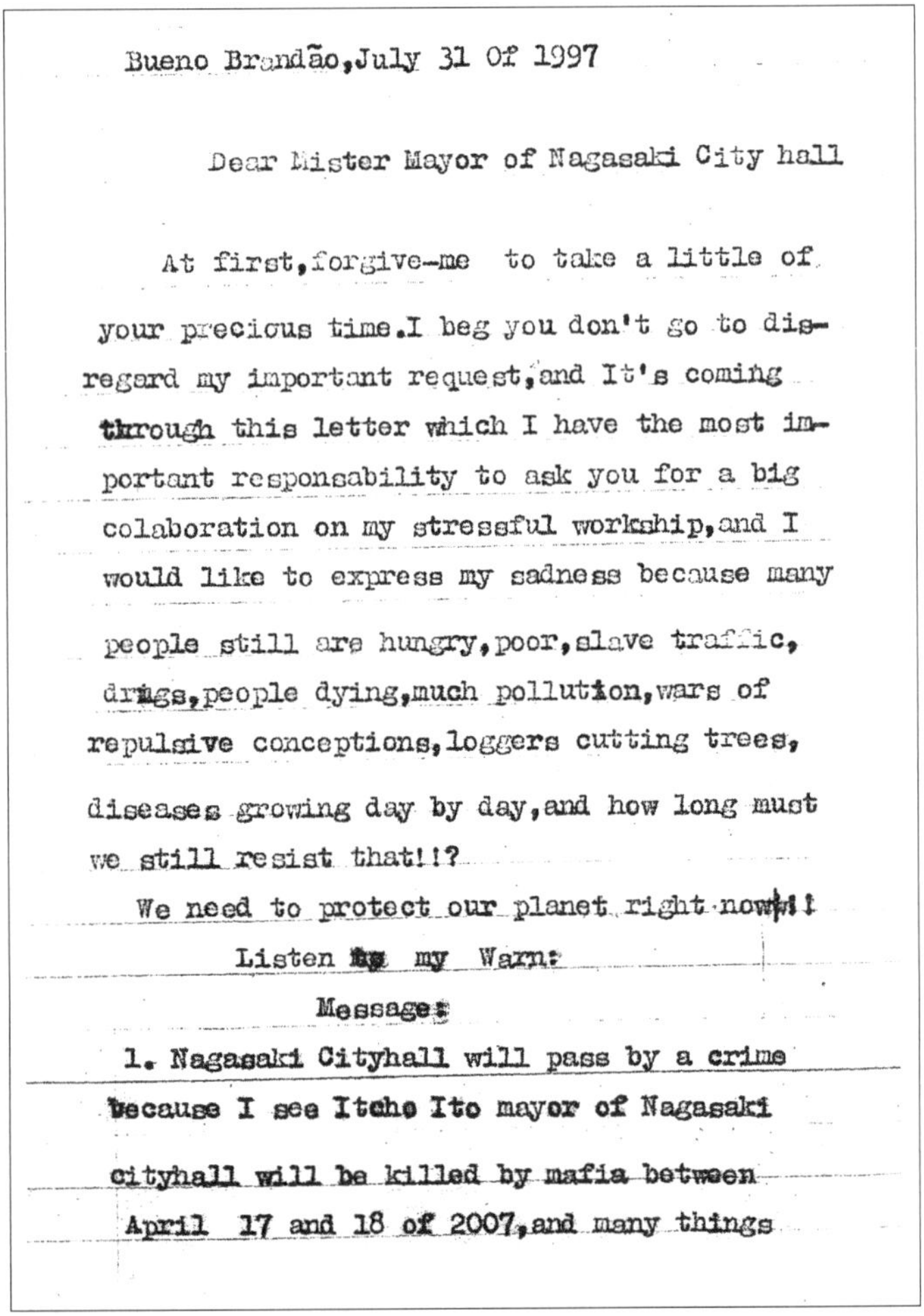

Bueno Brandão, July 31 Of 1997

Dear Mister Mayor of Nagasaki City hall

At first, forgive-me to take a little of your precious time. I beg you don't go to disregard my important request, and It's coming through this letter which I have the most important responsability to ask you for a big colaboration on my stressful workship, and I would like to express my sadness because many people still are hungry, poor, slave traffic, drugs, people dying, much pollution, wars of repulsive conceptions, loggers cutting trees, diseases growing day by day, and how long must we still resist that!!?

We need to protect our planet right now!!!

Listen my Warn:

Messages

1. Nagasaki Cityhall will pass by a crime because I see Itcho Ito mayor of Nagasaki cityhall will be killed by mafia between April 17 and 18 of 2007, and many things

文書5—1
1997年に長崎市役所に送られた手紙。「2007年4月17日～18日に市長が殺される」と書かれている

will be proved by Political actions on his
government time.;

2. USA's Governmment do not go to assign
Kioto's agreement against Pollution emition
of Carbono gas at atmosphere.And will cause
World Revoult(manifestation) because USA's
Government will defent its interest taht will
be private business interest. But in 2007,
OMU will expose(show) a big relatory of green-
house effects crontributing on my last warns
that I gave them in 1972.When I was a boy
of 12 years old.I prevent them about this
effect a long time before,and now we are in
1997,and nothing is still be done.;

3. China's Economy will be one of the most
of the world between 2006 until 2010,but water
will be the big problem of this country,and
his economy tend to fall down and many diseases
will spread all over this country killing
thousand of people.;

文書５―２
第２項にアメリカが京都議定書を批准しないと書かれている。第３項で中国の水問題に触れている

4. Greenhouse effects will be the most dangerous problem that Worldwide will have to face, and it will cause temeprature, I say, temperature changes cause floods, Pollar destruction and many countries will disappear with those effects.
Hungry and lacking of water will cause many conflicts in Africa and Asia Continents.;

5. In Virginia Tech University a South Corean will kill 32 people and will hurt 29. It will be in April 16 2007;

6. Between October and November of 2007, Osaka will have another earthquake, but will be not strong, but in 2012 will have a big one of 8,9 degrees of Richard Scale, and may kill many people. I hope to be wrong ...

Yours Truly,

Prof. Jucelino Nobrega da Luz
Rua Mato Grosso, 47 Bueno Brandão-M.G.
Cep: 37578-000 Brasil

文書５—３
第５項でバージニア工科大学での銃乱射事件を正確に予知している。第６項は大阪の地震

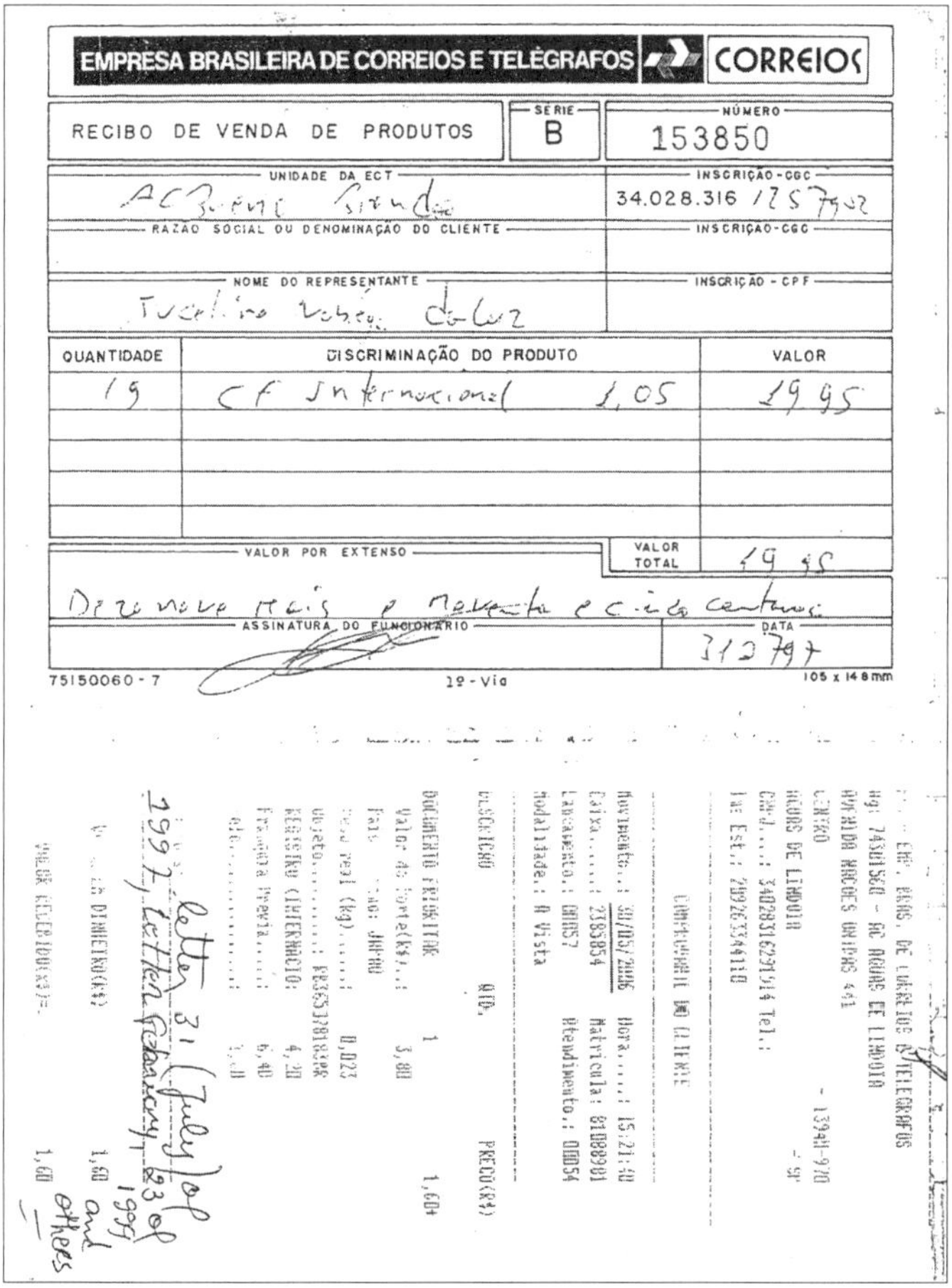

EMPRESA BRASILEIRA DE CORREIOS E TELÉGRAFOS　CORREIOS

RECIBO DE VENDA DE PRODUTOS　SÉRIE B　NÚMERO 153850

UNIDADE DA ECT: AC Bueno Grande　INSCRIÇÃO-CGC: 34.028.316 / 2 5 7902

RAZÃO SOCIAL OU DENOMINAÇÃO DO CLIENTE　INSCRIÇÃO-CGC

NOME DO REPRESENTANTE: Juscelino Nobrega da Luz　INSCRIÇÃO-CPF

QUANTIDADE	DISCRIMINAÇÃO DO PRODUTO	VALOR
19	CF Internacional 1,05	19 95

VALOR POR EXTENSO: Dezenove reais e noventa e cinco centavos　VALOR TOTAL: 19 95

ASSINATURA DO FUNCIONÁRIO　DATA: 31/07/97

75150060-7　1ª-Via　105 x 148mm

EMP. BRAS. DE CORREIOS E TELEGRAFOS
AGUAS DE LINDOIA
AVENIDA NACOES UNIDAS 441
CENTRO - 13940-970
AGUAS DE LINDOIA - SP

COMPROVANTE DO CLIENTE

Movimento: 30/05/2006　Hora: 15:21:40
Modalidade: A Vista

DESCRICAO	QTD.	PRECO(R$)
DOCUMENTO PRIORITARIO	1	1,60
Valor do Porte(R$)		3,80
Pais: JAPAO		
Peso real (kg)		0,023
REGISTRO (INTERNACIO)		4,20
Franquia Previa		6,40

1,60
VALOR RECEBIDO(R$)= 1,60

letter 31 (July) of 1997, letter February 23 of 1997 and others

文書５－４
事件が起きる前年の2006年５月30日に再送した郵便局の発送証明書

第３項の中国に関しては、二〇〇八年に北京オリンピックが開かれることもあって、目覚しい経済発展が伝えられているが、一方で環境汚染や農地の砂漠化、森林減少による洪水の頻発など、深刻なひずみが出ているといわれ、環境問題が深刻な状況になることが考えられる。

第４項の、世界的な飲料水の欠乏は、温暖化による干ばつの結果であり、これに類する多くの予知文書が出されている。

第５項の、バージニア工科大学の銃乱射事件は、予知文書のとおり、長崎市長銃撃事件と同じ日に発生している。世界各地で起きる銃乱射事件に関して、多くの予知があり、次文書以降でも取り上げる。

第６項で、大阪の地震が取り上げられているが、関西地方で起きるとされた地震の予知は、阪神淡路大震災（「予言集Ⅰ」参照）に始まり、二〇〇七年、二〇〇九年、二〇一二年、と出されている（巻末の予言年表など参照）。二〇〇七年に関しては、十一月六日にマグニチュード４・０の地震があり、一部電車の遅延があった程度で収まっている。

文書6　コーネル大学あて（二〇〇七年四月二十三日）と
日本大使館あて（二〇〇七年一月十六日）

予知内容――――

・日本とアメリカの銃乱射事件
・ブラジルの有名女優の病死
・ブラジルの航空運輸のトラブル
・日本におけるネット・サイトに起因する集団自殺
・アメリカのハリケーン被害

前文書で警告した、長崎とバージニア工科大学の二つの銃撃事件が実際に起きてしまったため、その一週間後に、さらに二〇〇八年に同じような事件が発生するコーネル大学に、過去に出した警告文書をまとめて送付している（6―1）。その中に日本大使館あて書簡も入っている。

「コーネル大学　E・J・ブーケンカンプ教授気付
二〇〇七年四月二十三日　手紙ナンバー001―A（二通）

CORNELL UNIVERSITY

O/c Dear Mister Dr. E. J. Beukenkamp

Letter: 001-A/April 23-2007 -two ways
Subject: Warning about possible attack at Cornell University and copies of important letters.

Dear Mister Director:

As I have told you before I am worried about my predictions and what I have seen to next future at Cornell University because things are happening and I am much worried with you and your University.

I approach this moment to send you copy of the following letters to check them up:

1.Letter number 001/23/02/99;

2.Letter number 005/07/12/2006;

3.Letter number 006/16/01/2007,written into Portuguese and must be translated into English as fast as you can.

I hope to be wrong and God bless you and all your family.

Yours Truly,

Prof. Jucelino Nobrega da Luz

Caixa Postal: 54 Àguas de Lindóia-S.P. Cep:13940-000 Brasil

ESTA FOTOCÓPIA FOI EXTRAÍDA POR MIM E CONFERE COM O ORIGINAL § 2/70 DA CORREGEDORIA DA JUSTIÇA DO ESTADO DE SÃO PAULO ÁGUAS DE LINDÓIA

TABELIÃO DE NOTAS E PROTESTO DE ÁGUAS DE LINDÓIA - SP AUTENTICAÇÃO

AUTENTICAÇÃO 0007AA078607

文書6―1
2008年に学内で銃乱射事件が起きると警告した、コーネル大学あて書簡

親愛なる担当理事様

以前お話ししましたように、コーネル大学でやがて起きる事件の予言について私は危惧しています。それは現実のものになろうとしていますので、貴殿や大学がとても心配なのです。

この時点で、以下の手紙のコピーをご確認いただきたく、お送りします。

1）一九九九年二月二十三日付　手紙ナンバー001

2）二〇〇六年十二月七日付　手紙ナンバー005

3）二〇〇七年一月十六日付　手紙ナンバー006　これはポルトガル語で書かれていますので、できるだけ早く英語に翻訳してください。

どうぞ悪しからず。神のご加護があなたとご家族全員にありますように。

ジュセリーノ・ノーブレガ・ダ・ルース（署名）　住所」

この書簡は、書かれたその日に発送されていることが、添付された郵便局の受付レシート（**6―2**）から確認される。またその翌日に公正証書として役場に登録され、文書下部にその日付入りで登録印が押されている。また控えとしてのシリアル・ナンバーも付けられている。

添付された三通の手紙というのは、1）がバージニア工科大学あてで、次の**文書7**に当たる。2）はマイアミ・ヘラルド社あてで、**文書8**で掲載する。

最後の3）がブラジルの日本大使館あてに、ポルトガル語で書かれた書簡（6―3）である。この添付書簡自体も、書かれた日付である、二〇〇七年一月十六日に、公正証書として登録されていることが、末尾の公証役場印によって証明される。

この文書のまえがきには、「予知が人類のためになることを希望し、そのことが日本から世界に伝わることを願っています……」と書かれている。

各事件の記述はこの文書が最も詳しく記載されている。

Cornell University

ECT - EMP. BRAS. DE CORREIOS E TELEGRAFOS
Ag: 74300776 - AC CAMPINAS
AVENIDA FRANCISCO GLICERIO 889
CENTRO - 13012-970
CAMPINAS - SP
CNPJ....: 34028316295405 Tel.:
Ins Est.: 209263344110

COMPROVANTE DO CLIENTE

Movimento..: 23/04/2007 Hora.....: 10:13:13
Caixa......: 4846045 Matricula: 88588467
Lancamento.: 00014 Atendimento.: 00010
Modalidade.: A Vista

DESCRICAO	QTD.	PRECO(R$)
DOCUMENTO PRIORITAR	1	10,80+

Valor do Porte(R$)..: 3,00
Pais Destino: ESTADOS UNIDOS DA AMERICA
Peso real (kg)......: 0,028
Objeto..........: RB777391275BR
REGISTRO (INTERNACIO: 4,50
AVISO DE RECEBIMENTO: 3,30
Selo................: 10,80

Anotacoes:

VALOR EM DINHEIRO(R$): 10,80

VALOR RECEBIDO(R$)=> 10,80

SERV. POSTAIS: DIREITOS E DEVERES-LEI 6538/78

Pra tudo na vida tem SEDEX! A solução mais ág il, prática e segura.

SARA 3.2.01

文書6―2
コーネル大学あて書簡の2007年4月23日付の郵便局の発送レシート

各メッセージの要点を列記してみたい。

第1項は、長崎市長銃撃事件で、発生期日は前文書と同じだが、さらに「市長は暴力団の指示で殺されるのですが、政敵が殺人を依頼するからです。駅前で、やくざの代理人のテツヤ・シロウがイッチョウ・イトウ市長の背中に二回発砲します。……ブラジル時間の八時五十四分です……」とある。

このように、犯人の名前と事件発生の時間まで記されているのは驚きである。また発砲の方向と回数や事件の場所などはぴたりと一致している。しかし、ブラジルと日本の時差は十二時間あり、事件は午後七時五十二分ころに発生したとされているので、一時間ほどの誤差が生じていることになる。いずれにしても、このように、予知夢に出てきたオリジナルに近いデータには、時間まで出ているわけで、これが他の文書に添付されていくにつれ、簡略化される傾向がうかがわれる。

第2項はバージニア工科大学の事件をはじめ、これまでに予知した米国の学校で起きる銃乱射事件を列記している。予言としては次の**文書7**に出てくる。

最初のバージニア工科大学の事件に関しては、期日や被害者の人数は前文書と同じだが、犯人については「殺害事件を起こす前に、予告文を自分のベッドの上に置いておきます……冷血

Japão
Em Baixada do Japão
Ao Exmo. Embaixador
SES-811-Lote 39-St.E Sul
Cep: 70425-900 - Brasília DF

ECT - EMP. BRAS. DE CORREIOS E TELEGRAFOS
Ag: 74301560 - AC AGUAS DE LINDOIA
AVENIDA NACOES UNIDAS 441
CENTRO - 13940-970
AGUAS DE LINDOIA - SP
CNPJ....: 34028316291914 Tel.:
Ins Est.: 209263344110

COMPROVANTE DO CLIENTE

Movimento..: 07/02/2007 Hora.....: 14:39:52
Caixa......: 4251951 Matricula: 88146049
Lancamento.: 00056 Atendimento.: 00038
Modalidade.: A Vista

DESCRICAO	QTD.	PRECO(R$)
CARTA NAO COMERCIAL	1	3,05+
Valor do Porte(R$)..:		0,55
Cep Destino:		70425-900 (DF)
Peso real (g).......:		13
Objeto..........:		RB795559967BR
REGISTRO NACIONAL...:		2,50
Selo................:		3,05

Valor Declarado nao solicitado(R$)
No caso de objeto com valor, faca seguro, declarando o valor do objeto.

Anotacoes: 2a. Copia da Carta sob nº 006/16/01/2007 e Carta de nº 004/12/12/2006 e outras

VALOR EM DINHEIRO(R$): 3,05

VALOR RECEBIDO(R$)=> 3,05

Mensagem: Prefeito de Nagasaki e Sul Coreano Cho Seung-Hui

SERV. POSTAIS: DIREITOS E DEVERES-LEI 6538/78

"Correios. Patrocinador Oficial do Futsal e da Natação do Brasil também nos Jogos Pan-Americanos 2007."

SARA 3.1.07

Embaixada do Japão
Ao Exmo. SR Embaixador
SES. 811 - Lote 39 - St. E Sul
Cep: 70425-900 - Brasília - DF

Carta 006/16/01/2007 - em 2 via

Exalentíssimo Embaixador do Japão:
Que os benefícios equitativos do Gohonzon se espalhem por todo o Universo de modo que eu, juntamente com todos os outros seres, possa seguramente atingir o Estado de Iluminação e que meus sonhos premonitórios sejam benefícios a humanidade. E aqui esta minha mensagem para o Japão e o mundo:

mensagem

1. Eis então que pude observar o Prefeito de Nagasaki (Japão) ser morto por um mafioso a mando de um de seus comandantes. O Prefeito Itcho Ito, será atingido duas vezes nas Costas diante da estação de Trem por Tetsuyashiroo, Representante do Grupo mafioso Japonês Yakusa. É um Crime Político e encomendado... Isso será entre 17 ou 18 de Abril de 2007, às 8.54 (horário de Brasília). Espero estar errado;

2. Um Sul Coreano de Nome Cho Seung-Hui, solitário irá causar um massacre na Universidade Virginia Tech (EUA) e deixará uma Carta em seu dormitório antes de matar 32 pessoas e ferir 29, no qual, será no dia 16/04/2007. Esse Rapaz é Frio e calculista e Avisei essa Universidade em minha Carta de 23/03/?

→ VIRE

Onde comentei sobre o caso de Eric Harris e Dylan Klebold que fizeram muito mal na Colégio Columbine, no Colorado; e do dia 21/03/2005, do estudante Jeffrey Weise que matou 7 pessoas no colégio Red Lake, Minnesota; e do dia 29/03/2006, na escola do condado de Richland, em Wisconsin que matou o Diretor e o do dia 02/10/2006 do motorista de caminhão que matou quatro garotas em um da Comunidade Rural Amish, na Pensilvânia - USA; Todos Avisados por mim;

3. E infelizmente, no dia 17/04/2007, irá Ter falência multi de órgãos e Falecer a Atriz Nair Belo. Fui eu que avisou de seu problema Cardiovascular.;

4. Nesse ano no Brasil, Teremos Um grande Apagão Aéreo e Vários Crises no setor, inclusive por falta de Investimentos Haverá grandes Revoltas e Tumultos nos Aeroportos. Isso será em várias datas do ano 2007.

5. No Japão, cinco pessoas cometerão Suicídio combinado estacionado na Prefeitura de Shiga e será por monoxido de Carbono. Induzido por um Grupo de Fanáticos que agem no Japão. Será no dia 26/04/07.

6. Temporais castigarão a Costa Leste dos EUA. Em Long Island será necessário a evacuação e haverá mortes. Isso será entre 16 e 17 de Abril de 2007. Mas, em Julho/2007 haverá muitos Furacões arrasadores

Porto Alegre, 16 de Janeiro de 2007

Sou,

Jucelino Nobrega da Luz
n. 8 089 068

文書6―3
コーネル大学に同封された2007年1月16日付の日本大使館あて書簡（右）と、同年2月7日の発送レシート（左）。書簡は1月16日に公証役場に登録されている（文書下部に日付入り登録印）

漢で計算高い人物です……」と述べている。

次のページで、これまで予知夢で警告してきた、いずれもアメリカ国内で起きた銃乱射事件を挙げている。地名や学校名、犯人の名前など、詳しい。

まず、コロンバイン高校銃乱射事件である。これは一九九九年四月二十日にコロラド州で起き、二人の生徒が、十三人の生徒と教師を殺したあと、自殺している。

次は、レッドレイク高校の事件で、二〇〇五年三月二十一日に、ミネソタ州でジェフ・ワイズという十六歳の生徒が、生徒や教師ら七人を殺した。

またウィスコンシン州の高校で、十五歳の生徒が校長を殺した事件が、二〇〇六年九月二十九日に起きている。

ペンシルバニア州で、アーミッシュの女子生徒四人を殺したトラック運転手の事件が起きたのは、二〇〇六年十月二日であった。


第3項は、七十歳のブラジルの有名な映画女優、ナイロ・ベーロが、二〇〇七年四月十七日に心臓病で亡くなる心配をしている。事実、彼女は、この予言どおりの日に、亡くなったというニュースが流れている。

第4項では、ブラジルの航空界の混乱が、二〇〇七年に持ち上がると警告しており、これは政府予算の削減や出資不足に原因があるとしている。この年、ブラジル航空界は、ストライキやダイヤの混乱、事故の多発など、多くの問題が起きている。

第5項は、「日本のネット社会にはびこる、自殺勧誘サイトが原因になって、二〇〇七年四月十六日に、滋賀県内の市営駐車場で、ガス中毒による集団自殺が起きます」と言っている。そして、「日本ではこのような異常な狂信者が、インターネットの世界で活動しているからです」と警告している。

確かにこの日、滋賀県で集団自殺が起きたというニュースが出ている。「野洲市野田の川の堤防で、男女五人がワンボックスカーの中で死んでいるのが見つかった。車の中には燃えた練炭と遺書が見つかっており、警察は集団自殺として調査した」とある。

第6項はアメリカのハリケーン被害で、「二〇〇七年六月十六日から十七日にかけ、東海岸のロングアイランドの人々は避難が必要になります」と書いている。

この時期は、原則的にハリケーンのシーズンではないが、二〇〇七年の五月から六月にかけ、ニューヨークなど東海岸では、異常に発達した低気圧や前線の影響で、ゴルフボール大の雹《ひょう》が降ったり、集中豪雨が起きたというニュースが出ている。

さらにジュセリーノ氏が「二〇〇七年、アメリカは多くのハリケーンに悩まされます」と最後に書いているとおり、年末に至るまで、例年をはるかに上回る数の、ハリケーンの発生があ

った と報告されている。

文書7　バージニア工科大学　学長室あて（一九九九年二月二十三日）

予知内容――

・コロンバイン高校銃乱射事件
・レッドレイク高校銃乱射事件
・コロラド州とウィスコンシン州の銃撃事件
・バージニア工科大学銃乱射事件
・二〇〇八年十月に起きるコーネル大学銃乱射事件
・長崎市長銃撃事件

二〇〇八年に、コーネル大学で起きる乱射事件について、前**文書6**に添付されたこの手紙（**7―1～4**）の第五項で、初めて事件の内容が出てくる。

しかし他の事件も、この手紙が書かれた時点では、すべてまだ起きていなかったことを考えると、いかにこの書簡が重大なことを語っているかが分かる。

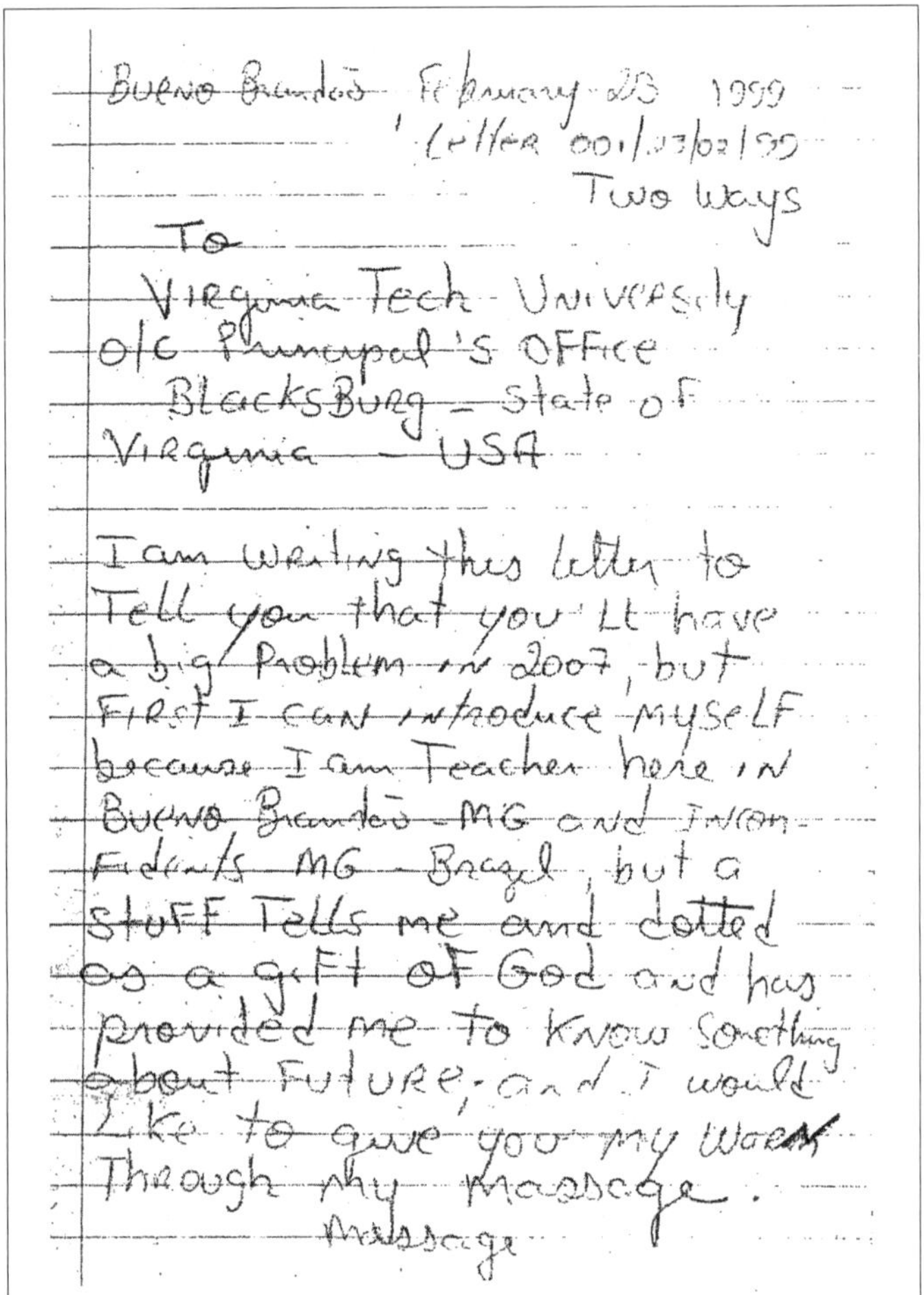

Bueno Brandão, February 23 1999
Letter 001/23/02/99
Two ways

To
Virginia Tech University
o/c Principal'S OFFICE
BlacksBurg - State of
Virginia - USA

I am writing this letter to
Tell you that you'LL have
a big Problem in 2007, but
First I can introduce myself
because I am Teacher here in
Bueno Brandão - MG and Incon-
Fidents MG - Brazil, but a
stuFF Tells me and dotted
as a gift of God and has
provided me to Know something
about Future, and I would
Like to give you my Work
Through my Massage.
Message

文書7—1
バージニア工科大学に送付された銃乱射事件の警告文書

1 Behold, I see Through
my dreams That ERIC
Harris and Dylan Klebold
will Kill 12 Students and
a Teacher in Columbine,
Colorado. Comlumbine is
a Public School of Colorado -
USA. It's going to be in
April 20 of 1999 (This year);

2 IN March 21 2005 will
be JeFFrey Weise will kill
Seven (7) people in Red Lake
HighSchool, into indian
Space of Minnesota - USA;

3. IN September 27 of 2006;
will be Duane Morrison
that will Keep a student of
his hostage in Colorado city,
and then, September 29 of
2006 it's a Director TURN
because a student of 15 years old

文書7—2
アメリカ国内で起きた学内銃乱射事件が事前に列記されている

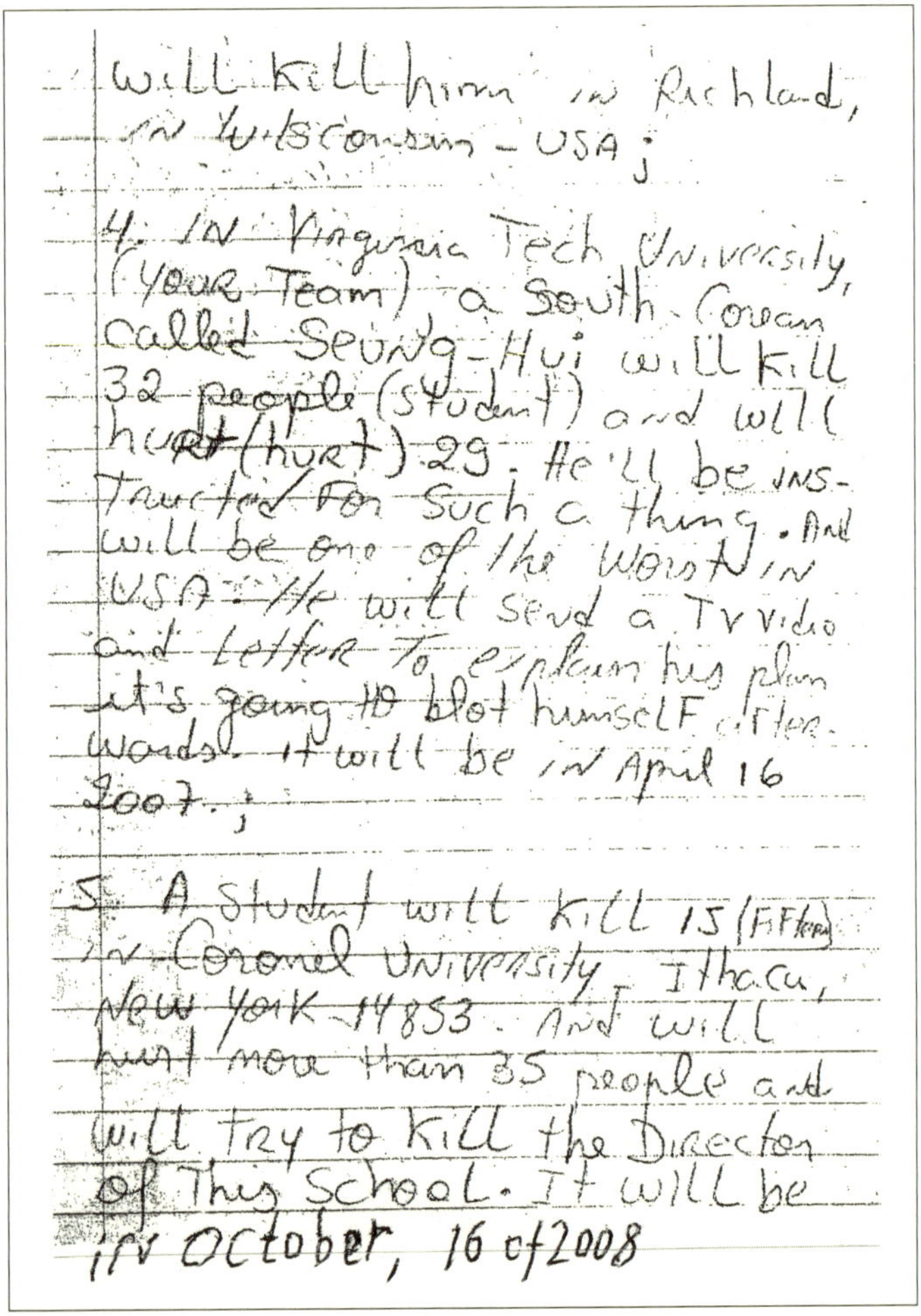

will kill him in Richland,
in Wisconsin - USA;

4. In Virginia Tech University,
(your Team) a South Corean
called Seung-Hui will kill
32 people (student) and will
hurt (hurt) 29. He'll be ins-
tructed for such a thing. And
will be one of the worst in
USA. He will send a TV video
and letter to explain his plan
it's going to blot himself after-
words. it will be in April 16
2007.;

5. A student will kill 15 (fifteen)
in Coronel University, Ithaca,
New York 14853. And will
hurt more than 35 people and
will try to kill the Director
of this school. It will be
in October, 16 of 2008

文書7―3
下部の第5項に、2008年に起きるコーネル大学校内の銃乱射事件が予知されている

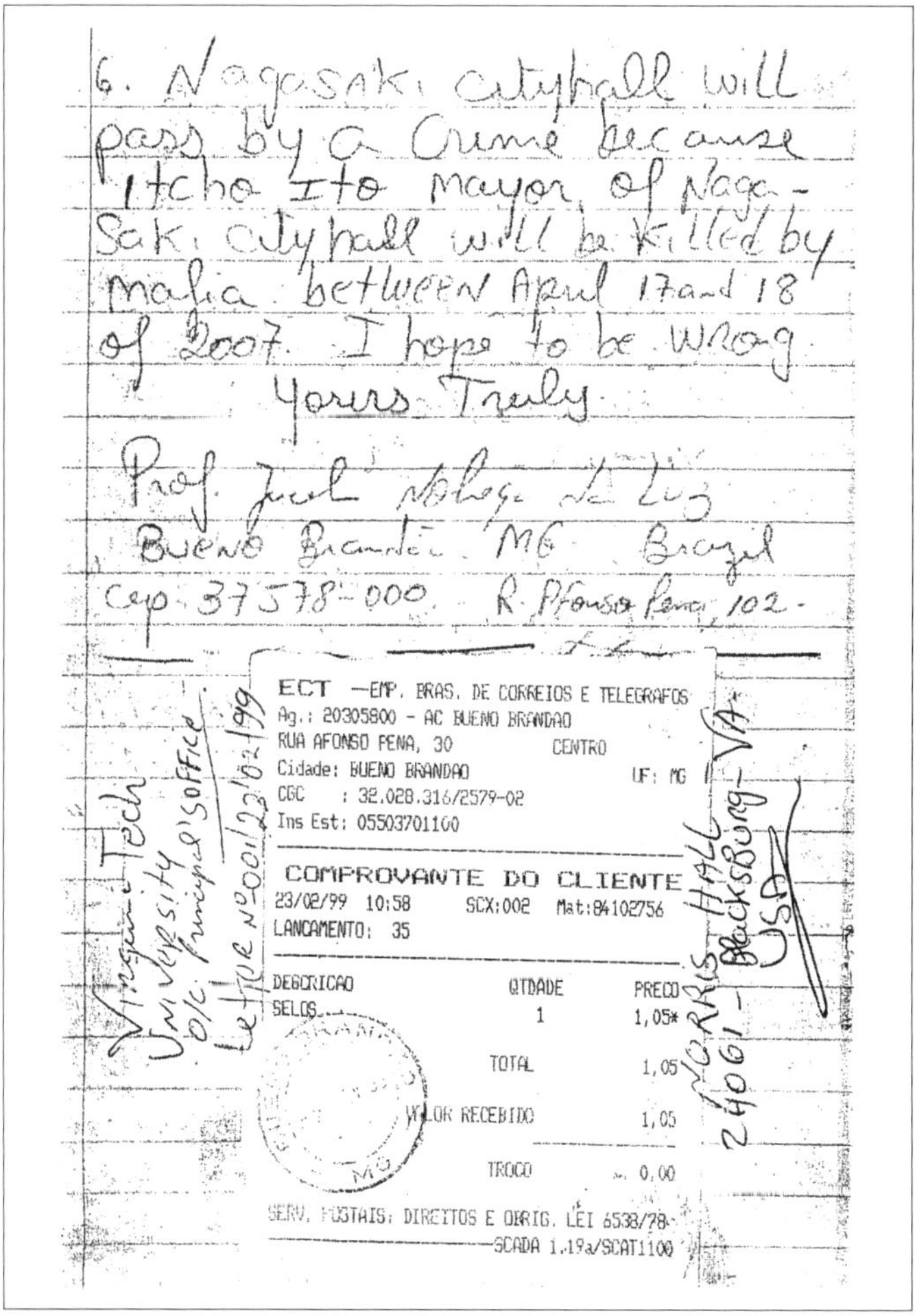
6. Nagasaki cityhall will pass by a Crime because Itcho Ito mayor of Naga-Saki cityhall will be Killed by mafia betweEN April 17 and 18 of 2007. I hope to be wrong.
Yours Truly

Prof. Jucelino Nobrega da Luz
Bueno Brandão MG Brazil
Cep 37578-000. R. Afonso Pena, 102.

ECT —EMP. BRAS. DE CORREIOS E TELEGRAFOS
Ag.: 20305800 - AC BUENO BRANDAO
RUA AFONSO PENA, 30　CENTRO
Cidade: BUENO BRANDAO　UF: MG
CGC : 32.028.316/2579-02
Ins Est: 05503701100

COMPROVANTE DO CLIENTE
23/02/99 10:58　SCX:002　Mat:84102756
LANCAMENTO: 35

DESCRICAO	QTDADE	PRECO
SELOS	1	1,05*
TOTAL		1,05
VALOR RECEBIDO		1,05
TROCO		0,00

SERV. POSTAIS: DIREITOS E OBRIG. LEI 6538/78
SCADA 1.19a/SCAT1100

Virginia Tech
University
O/C Principal's office
Letter Nº 001/23/02/1999

NORRIS HALL
24061 - Blacksburg - VA
USA

文書7—4
下の郵便局レシートの発送日は1999年２月23日であることが分かる

「一九九九年二月二十三日　ブエノ・フランドス発信　手紙ナンバー001（二通）
バージニア工科大学　学長室御中　住所

この手紙を書くにあたって、貴校は二〇〇七年に大きな問題を抱えることになることをお知らせします。しかし、その前に私自身を自己紹介させていただくと、私はブラジルで教師をしながらも、神から授かった能力により、未来についてわかる者です。そこで、貴校に（以下のような）警告を差し上げたいのです。

1）ご覧なさい。私の夢の中に、エリック・ハリスとディラン・クレボルドが十二人の生徒と先生を、コロラドのコロンバインで殺す様子が見られます。コロンバインは、アメリカコロラド州の公立高校で、その事件は一九九九年（今年です）四月二十日に起こります。

2）二〇〇五年三月二十一日、インデアン居留地にあるレッドレイク高校で、ジェフ・ワイズが七人の人たちを殺します。

3）二〇〇六年九月二十七日、コロラドシティーでデュアン・モリソンが生徒を人質に取り、また、（翌々日の）九月二十九日には、ウィスコンシン州のリッチランドで、十五歳の生徒が校長（ディレクター）を殺します。

4）バージニア工科大学（貴校です）で、スンヒという名の韓国人が、三十二人の人たち（生徒）を殺し、二十九人を負傷させます。彼はそうすることを指示されますが、それはアメリカでは最悪のものとなります。彼は自分の計画を説明するビデオと手紙を送りますが、それはのちに彼の名誉（人格）を汚すものとなるでしょう。その事件は二〇〇七年四月十六日に起こります。

5）ある生徒がニューヨークのコーネル大学で十五（人）を殺し、三十五人以上を負傷させます。また、校長を殺そうとします。その事件は、二〇〇八年十月十六日に起きます。

6）ナガサキのシティホール（長崎市役所）は犯罪を経験することになります。というのは、イッチョウ・イトウ（伊藤一長）長崎市長が、二〇〇七年四月十七日と十八日の間に暴力団（マフィア）によって殺されるからです。これが間違いであることを祈ります。

ジュセリーノ・ノーブレガ・ダ・ルース　住所」

文書の最後に、同日付で、バージニア工科大学に送ったという郵便局レシートが付けられている。しかし、大学はこの手紙をなんら評価することなく、現実に事件は起きてしまった。

それでも、もしコーネル大学の関係者が、真剣に内容を読めば、自分の学校内で、これから新たに事件が起きることに気付くはずである。ジュセリーノ氏はそれを期待して、この古い手紙を改めて送付したに違いない。

もし事件が起きる前に、この本を読まれた方で、コーネル大学にコネクションがある方がお

4º REGISTRO
TÍTULOS E DOCUMENTOS
16 AGO 2007 4999166
PROTOCOLO - MICROFILME
MEDEIROS

EMBAIXADA DA REPÚBLICA DA CORÉIA
BRASÍLIA, BRASIL

06 de dezembro de 1996

Sr. Juscelino Nóbrega da Luz
R. Mato Grosso 47
Bueno Brandão MG 37 578-000

Prezado Senhor,

Queira, primeiramente, aceitar nossas escusas pela demora em responder vossa carta datada de 16 de setembro de 1996. Agradecemos pelo interesse em nosso país especialmente na aprendizagem de nossa língua.

Segue em anexo, cópias de panfletos de cursos de língua coreana oferecida por três universidades na Coréia. Sugerimos que escreva para as mesmas solicitando mais informações como brochuras e formúlarios.

Anexo também se encontram algum material informativo.

Agradecemos, mais uma vez pelo vosso interesse.

Atenciosamente,

Min ji Kim
Depto. Comercial

4º REGISTRO MEDEIROS

4º Oficial de Registro de Títulos e Documentos
e Civil de Pessoa Jurídica
Rua Dr. Miguel Couto, 44 - São Paulo
Tel.: 3241-0033 - CEP 01008-010 - Centro

	41,57
ESTADO	11,88
IPESP	8,76
R.CIVIL	2,15
T.J.	2,15
TOTAL	66,51

Selos e taxas
Recolhidas p/ verba

Apresentado hoje, protocolado e registrado em microfilme sob nº 4999166

São Paulo, 16 de agosto de 2007

Escrevente Autorizado 9891027

4º REGISTRO MEDEIROS

4º Oficial de Registro de Títulos e Documentos
e Civil de Pessoa Jurídica
Rua Dr. Miguel Couto, 44 - São Paulo
Tel.: 3241-0033 - CEP 01008-010 - Centro

TRANSCRIÇÃO FACULTATIVA NO REGISTRO DE TÍTULOS E DOCUMENTOS (ART. 127 ITEM VII), DA LEI Nº 6015/73 E PROV. CG Nº 58/89, CAPÍTULO XIX SEÇÃO I

文書７—５
韓国人学生が起こすバージニア工科大学銃乱射事件の警告書に対するレターヘッド付きの韓国大使館の返礼書。事件の10年前に出されている

られたら、大学当局にご一報願いたい。何しろ十五人が殺される可能性があり、校長先生も命の危険があるので、ぜひとも連絡してほしい。こういう問題は、第三者が手紙を送るだけでは、まず無視されるからだ。

例えば、同じ内容の文書が、一九九六年九月十六日にブラジルの韓国大使館に送られ、それに対し、約三カ月後の十二月六日付で、レターヘッド付きの韓国大使館の返礼状がある（7―5）が、自国籍の学生（送られた手紙には犯人チョ・スンヒの名前 Seung-Hui まで書かれている）が、バージニア工科大学で事件を起こすことについては、なんら言及しておらず、形式的な返礼書となっている。しかし、あらかじめ事件のことを韓国に伝えたという証拠になるので、最近、公証役場に登録した印章が、上下に見受けられる。

残念ながら、大使館や政府などの公的機関、あるいはマスコミでさえ、ジュセリーノ氏の手紙で、具体的な対策をすることはまずないというのが現状である。

文書8　マイアミ・ヘラルド新聞社あて（二〇〇六年十二月七日）

予知内容――
・バージニア工科大学銃乱射事件
・二〇〇八年十月に起きるコーネル大学銃乱射事件

The Miami Herald
O/c Principal's Office

Letter nº005/07/12/2006 -two ways
Matter: Climate Changing and Virginia Tech University Attack of South Korean Student.

Dear Mister President of Newspaper:

I am sendig you copy of my old letter under number 001/23/02/99,where I told them about an attack of a student called Seung-Hui that will kill 32 people, and hurt 29.He will be conducted(ordered) by a man that is going to act on his oppinion on and change him to practice this crime in April 16-2007.My old letter is under number SCX:002 -Mat:84102756 -in February 23-1999 at 10:58 Brazilian time.

I hope you can do something to avoid this crime(massacre) at Virginia Tech University,but we will have another at Coronel University in(16) October,16 of 2008.

I approach this special moment to give you some copies of following lette below:

1. letter nº000/17/07/1976 -Where I tell about many facts and eruption of Canarian Island.;

2.letter number 001/24/04/2006,Where I tell about Greenhouse effects and Global heating;

3. Letter sent to Al Gore in 1988,where I tell him about many facts and Greenhouse Effects. Águas de Lindóia, 07 de Dezembro de 2006 (December,07 -2006

I hope to be wrong.

Yours Truly,

Prof. Jucelino Nobrega da Luz -Caixa Postal:54 Águas de Lindóia-S.P.
Brasil

Turn it over to see the register...

文書8—1
バージニア工科大学とコーネル大学の事件防止を期待してマイアミ・ヘラルド新聞社に送った手紙

07/12/2006 -Letter number:005/07/12/2006
Protocolated AT Correio Professor João Cândido-P.R.
Londrina-P.R. (Brazil).

The Miami Herald
O/c Principal's Office
1000 Park Centre -Blvd -Miami
Fl. 33067 -Florida-Miami -USA

PREENCHER COM LETRA DE FORMA

AR

DESTINATÁRIO DO OBJETO / DESTINATAIRE			
NOME OU RAZÃO SOCIAL DO DESTINATÁRIO DO OBJETO / NOM OU RAISON SOCIALE DU DESTINATAIRE: The Miami Herald (Principal's office)			
ENDEREÇO / ADRESSE: 1000 Park Centre - Blvd - Miami			
CEP / CODE POSTAL: FL. 33067	CIDADE / LOCALITÉ: Florida (Miami)	UF	PAÍS / PAYS: USA

DECLARAÇÃO DE CONTEÚDO (SUJEITO À VERIFICAÇÃO) / DISCRIMINATION	NATUREZA DO ENVIO / NATURE DE L'ENVOI
Letter nº 001/23/02/99 (Virginia Tech University); 005/07/12/2006; 000/17/07/1976	☐ PRIORITÁRIA / PRIORITAIRE ☐ EMS ☐ SEGURADO / VALEUR DÉCLARÉ

ASSINATURA DO RECEBEDOR / SIGNATURE DU RÉCEPTEUR	DATA DE RECEBIMENTO / DATE DE LIVRAISON	CARIMBO DE ENTREGA UNIDADE DE DESTINO / BUREAU DE DESTINATION
Jason Buc	12/21/06	USPO DEC 21 2006 MIAMI, FL NORLAND BR.
NOME LEGÍVEL DO RECEBEDOR / NOM LISIBLE DU RÉCEPTEUR: Jason Buchanan		
Nº DOCUMENTO DE IDENTIFICAÇÃO DO RECEBEDOR / ÓRGÃO EXPEDIDOR: RC.	RUBRICA E MAT. DO EMPREGADO / SIGNATURE DE L'AGENT	

ENDEREÇO PARA DEVOLUÇÃO NO VERSO / ADRESSE DE RETOUR DANS LE VERSO
75240203-0　FC0463　114 x 186 mm

ECT - EMP. BRAS. CORREIOS E TELEGRAFOS
ACF PROFESSOR JOAO CANDIDO LTDA
36906336 - ACF PROF JOAO CANDIDO
RUA PERNAMBUCO,21
LONDRINA - PR - 86011-980
CNPJ: 72.146.723/0001-04 - IE: ISENTA
DATA: 07/12/2006 HORARIO: 16:55
OPERADOR 102 - LUCIANE
ATENDIMENTO NUMERO: 0042
PROF JUCELINO NOBREGA
COMPROVANTE DO CLIENTE
RC420174767BR - EXPORTE FACIL DOCUMENTO PRIORIT
DEST: THE MIAMI HERALD
PAIS: ESTADOS UNIDOS
PESO (g): 90　　PRECO 11,80
ADIC: AR 3,15
DECLARO QUE NAO DESEJO POSTAR O CONTEUDO
DESTA REMESSA COM SEGURO
ANOTACOES: Letter nº 001/23/02/99,etc

TOTAL.　1
11,80

VALOR A PAGAR　11,80
VALOR RECEBIDO　11,80
TROCO　0,00

SERVICOS POSTAIS:DIREITOS E OBRIGACOES LEI 6538/78

文書８—２
マイアミ・ヘラルド新聞社への配達証明書と発送レシート

内容は重複しているが、これ（8―1）は事件が起きる前に、配達証明（8―2）を得ている文書なので掲載した。二つの事件発生の日時が出ているので、予知の証明となる。
この新聞社は、日本でいえば三大紙に匹敵するようなアメリカの会社だとのことで、ジュセリーノ氏がたびたび文書を送付している。

「マイアミ・ヘラルド紙　社長室あて
二〇〇六年十二月七日　手紙ナンバー005（二通）
事項：気候変動、韓国学生によるバージニア工科大学への襲撃

親愛なる社長様へ
ここに001/23/02/99（手紙番号）の古い手紙の写しをお送りします。そこには、スンヒという名の生徒による襲撃で、三十二人が殺され、二十九人が負傷することが書かれています。彼は、自分の意見を実行に移そうとするある人物の指示（命令）で、二〇〇七年四月十六日にこの犯罪を実行します。私のその古い手紙は、ブラジル時間で一九九九年二月二十三日十時五十八分に出されています。
私は、社長様がバージニア工科大学におけるこの犯罪を避けるために何かができることを期待しておりますが、他にもコーネル大学で二〇〇八年十月十六日に（何かが）起こります。

この機会に、以下の手紙類の写しをいくつかお送りします。
1）手紙番号000/17/07/1976 諸事実およびカナリア諸島の噴火
2）手紙番号001/24/04/2006温室効果と地球温暖化に関するもの
3）一九八八年に送ったアル・ゴアへの手紙。そこでは諸事実と温室効果について述べています。

ジュセリーノ・ノーブレガ・ダ・ルース（署名）」

添付された古い手紙というのは、前の**文書7**で、バージニア工科大学あての手紙である。さらに項目1）と項目3）は本書に掲載されている。項目2）は「予言集Ⅰ」の29―1文書である。

ジュセリーノ氏は、間もなく起きる悲惨な殺戮《さつりく》事件を何とか防止しようとして、このようにアメリカの大手新聞社に警告文書を送っているが、その新聞社でどのように処理しているのかは分からない。

以前この新聞社には、9・11同時多発テロ事件の予知文書が送られ、掲載拒否の手紙が来たことは「予言集Ⅰ」に記載されているが、その件で二〇〇七年の夏に、日本のテレビ局が取材を申し込んだところ、それを拒否している。実のところは、まだジュセリーノ氏の予知は、一般社会の認知を獲得するに至っていないということであろう。われわれは、まだこの「予知」

という能力を理解できず、受け入れることができないでいるのだ。

文書９　ニューヨーク警察署にも送られた
ツーラン大学校長室あて（二〇〇七年五月七日）

予知内容――――
・二〇〇九年に襲う最大級のハリケーンによる大洪水
・二〇一〇年にツーラン大学で起きる銃乱射事件

他の大学当局がこれまで予知文書を確認している様子がないので、ジュセリーノ氏は、今度は手紙（９―１）を警察署にも同時に発送している。

警察には「凶悪事件をたびたび警告してきましたが、気にもされず、ただ人々がそのために死んでいきます。そこで改めて神の贈り物として、貴国でこれから起きる犯罪をお知らせしますので、善処願います……」として、返事を求めている。

添付された手紙（９―２）は、ツーラン大学あてで、書かれた翌日に公証役場に登録していることが、文末の登録印で確認できる。文中には一緒に、未来に起きるハリケーン被害も添え

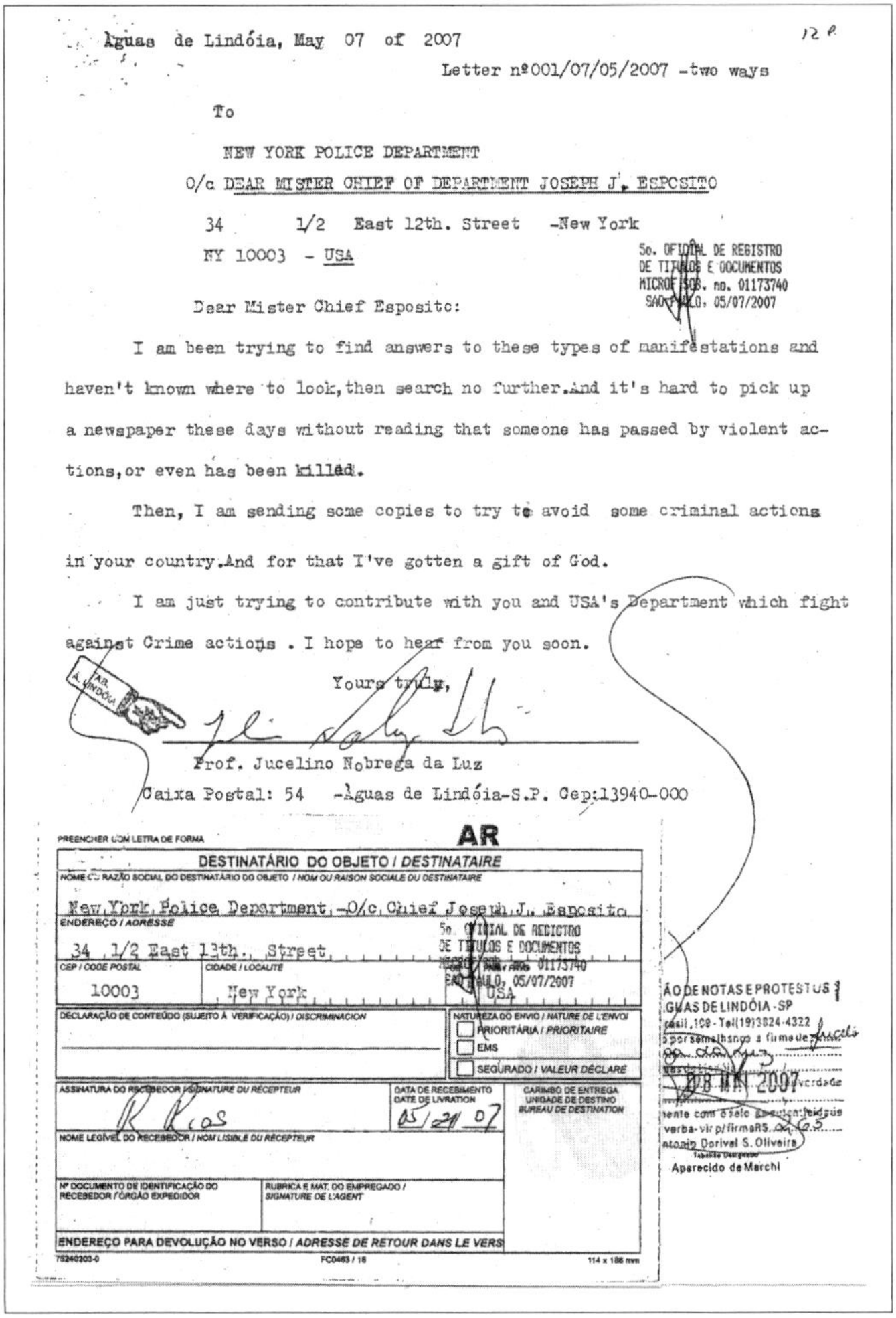

Águas de Lindóia, May 07 of 2007

Letter nº001/07/05/2007 -two ways

To

NEW YORK POLICE DEPARTMENT

O/c DEAR MISTER CHIEF OF DEPARTMENT JOSEPH J. ESPOSITO

34 1/2 East 12th. Street -New York

NY 10003 - USA

5o. OFICIAL DE REGISTRO
DE TITULOS E DOCUMENTOS
MICROFILME. no. 01173740
SAO PAULO, 05/07/2007

Dear Mister Chief Esposito:

I am been trying to find answers to these types of manifestations and haven't known where to look, then search no further. And it's hard to pick up a newspaper these days without reading that someone has passed by violent actions, or even has been killed.

Then, I am sending some copies to try to avoid some criminal actions in your country. And for that I've gotten a gift of God.

I am just trying to contribute with you and USA's Department which fight against Crime actions. I hope to hear from you soon.

Yours truly,

Prof. Jucelino Nobrega da Luz

Caixa Postal: 54 -Águas de Lindóia-S.P. Cep:13940-000

PREENCHER COM LETRA DE FORMA

AR

DESTINATÁRIO DO OBJETO / DESTINATAIRE

NOME OU RAZÃO SOCIAL DO DESTINATÁRIO DO OBJETO / NOM OU RAISON SOCIALE DU DESTINATAIRE

New York Police Department -O/c Chief Joseph J. Esposito

ENDEREÇO / ADRESSE

34 1/2 East 13th. Street

CEP / CODE POSTAL: 10003

CIDADE / LOCALITE: New York

USA

5o. OFICIAL DE REGISTRO
DE TITULOS E DOCUMENTOS
01173740
SAO PAULO, 05/07/2007

DECLARAÇÃO DE CONTEÚDO (SUJEITO À VERIFICAÇÃO) / DISCRIMINACION

NATUREZA DO ENVIO / NATURE DE L'ENVOI
PRIORITÁRIA / PRIORITAIRE
EMS
SEGURADO / VALEUR DÉCLARE

ASSINATURA DO RECEBEDOR / SIGNATURE DU RÉCEPTEUR: R Rios

DATA DE RECEBIMENTO / DATE DE LIVRATION: 05/21/07

CARIMBO DE ENTREGA UNIDADE DE DESTINO / BUREAU DE DESTINATION

NOME LEGÍVEL DO RECEBEDOR / NOM LISIBLE DU RÉCEPTEUR

Nº DOCUMENTO DE IDENTIFICAÇÃO DO RECEBEDOR / ÓRGÃO EXPEDIDOR

RUBRICA E MAT. DO EMPREGADO / SIGNATURE DE L'AGENT

ENDEREÇO PARA DEVOLUÇÃO NO VERSO / ADRESSE DE RETOUR DANS LE VERS

75240203-0　FC0463 / 16　114 x 186 mm

ÃO DE NOTAS E PROTESTOS
ÁGUAS DE LINDÓIA - SP
Brasil, 109 - Tel(19)3824-4322
por semelhança a firma de Jucelino
da Luz
08 MAI 2007 verdade
ente com o selo autenticidade
verba-vir p/firmaRS. 2,65
Antonio Dorival S. Oliveira
Tabelião Designado
Aparecido de Marchi

文書9—1
2008年以降に起きる学内銃乱射事件に関してニューヨーク警察署に送った手紙と配達証明書（左下）

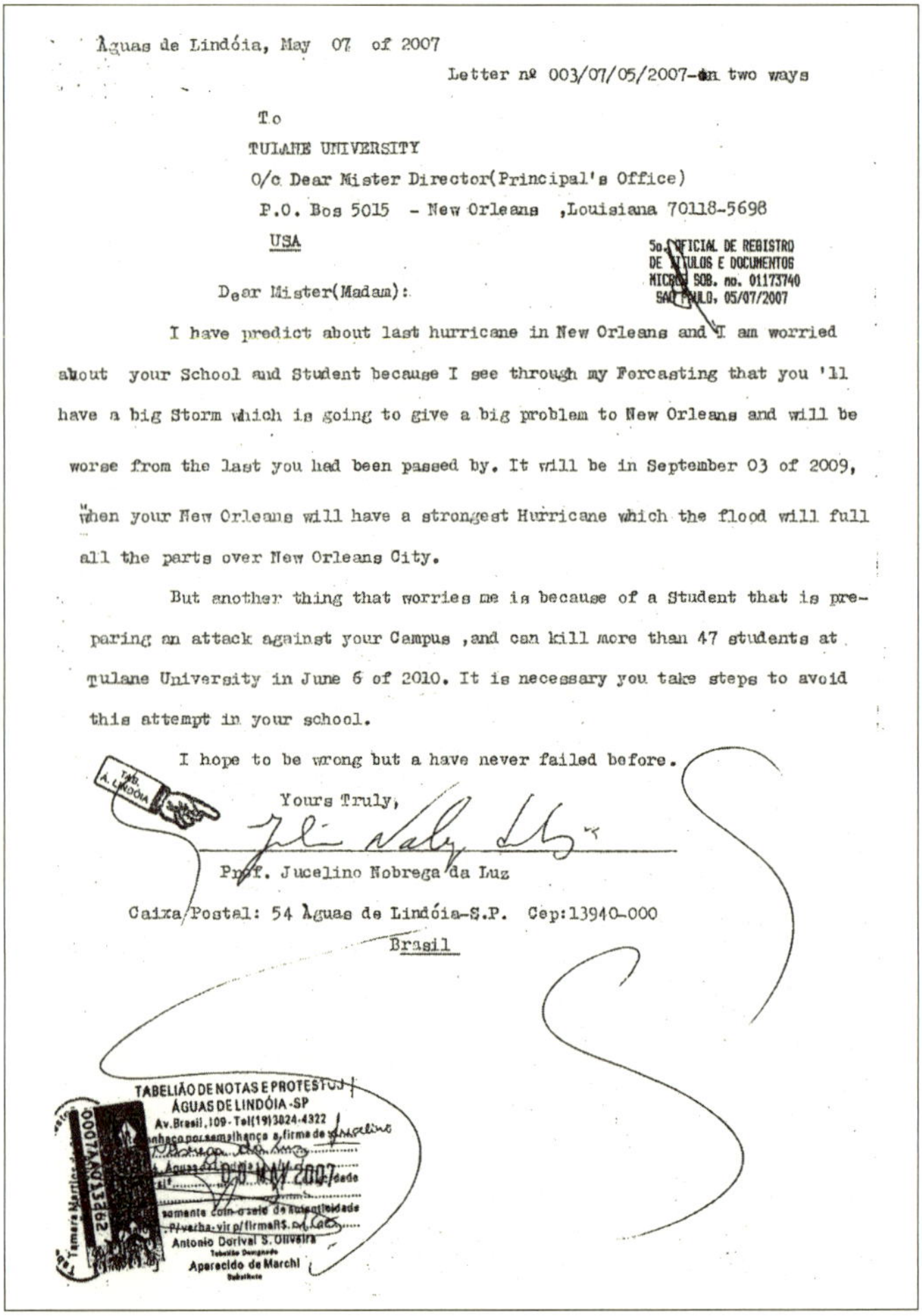

Águas de Lindóia, May 07 of 2007

Letter nº 003/07/05/2007-in two ways

To
TULANE UNIVERSITY
O/c Dear Mister Director(Principal's Office)
P.O. Bos 5015 - New Orleans ,Louisiana 70118-5698
USA

5o. OFICIAL DE REGISTRO
DE TITULOS E DOCUMENTOS
MICRO SOB. no. 01173740
SAO PAULO, 05/07/2007

Dear Mister(Madam):

I have predict about last hurricane in New Orleans and I am worried about your School and Student because I see through my Forcasting that you 'll have a big Storm which is going to give a big problem to New Orleans and will be worse from the last you had been passed by. It will be in September 03 of 2009, when your New Orleans will have a strongest Hurricane which the flood will full all the parts over New Orleans City.

But another thing that worries me is because of a Student that is preparing an attack against your Campus ,and can kill more than 47 students at Tulane University in June 6 of 2010. It is necessary you take steps to avoid this attempt in your school.

I hope to be wrong but a have never failed before.

Yours Truly,

Prof. Jucelino Nobrega da Luz

Caixa Postal: 54 Águas de Lindóia-S.P. Cep:13940-000
Brasil

TABELIÃO DE NOTAS E PROTESTOS
ÁGUAS DE LINDÓIA-SP
Av.Brasil,109-Tel(19)3824-4322
08 MAY 2007
Antonio Dorival S. Oliveira
Aparecido de Marchi

文書９―２
2010年に事件が起きるツーラン大学に送った手紙。2007年５月８日に公証役場に登録されているている。いずれも本書刊行後に起きる事件である。
その二週間後の五月二十一日に、ニューヨーク警察にも届いたことが、配達証明書（9―1左下）から分かる。またこれら二通の手紙の五月八日付発送レシートがそれぞれに付いているが、省略した。

「アグアス・リンドーヤ発信　二〇〇七年五月七日　手紙ナンバー002（二通）
ツーラン大学　学長（校長室）御中　ニューオーリンズ（住所）

各位殿
私はニューオーリンズで起こった昨年のハリケーンを予知していました。そして貴校や生徒たちのことを心配しております。なぜならニューオーリンズを激しい暴風雨が襲い、昨年より大規模な被害をもたらすという予言を得たからです。それは二〇〇九年九月三日に起こるでしょう。これまでで最大規模のハリケーンであり、ニューオーリンズ市全体が洪水に見舞われます。
しかし、それとは別に私が心配していることは、ある学生がツーラン大学のキャンパスで襲撃事件を企てており、二〇一〇年六月六日に四十七名以上の学生たちが殺されます。それを回避するための何らかの措置をとる必要があります。

間違いであってほしいのですが、これまではずれたことはありません。
ジュセリーノ・ノーブレガ・ダ・ルース（署名）住所」

ニューヨーク警察にせよ、ツーラン大学にせよ、この手紙を誰が読んで、どう対処するかは、これからの問題である。人の命が関わっているという認識を持つことができるだろうか。

アメリカにおけるハリケーンの発生は、年毎に増加しているという統計を、二〇〇七年七月にNCAR（＝National Center for Atmospheric Research 米国国立大気研究センター）が発表している。二十世紀前半は年六回だったものが後半には十回になり、今世紀に入ると十五回に増大しているという。この原因は、地球温暖化によって海水面温度が上昇しているためだとしている。この傾向については、ジュセリーノ氏が一九七〇年代から、予知で指摘しているとおりだ。

文書10　ブラジル駐在日本大使館あて（二〇〇四年八月十九日）

予知内容——
・新潟県中越沖地震

・二〇一八年に起きる東海地震
・リンゼイ・アン＝ホーカー英会話教師殺害事件
・マデリン・マッカン英幼児誘拐事件

この文書（10―1～2）は、二〇〇四年に五度目の書簡としてブラジルの日本大使館に送られており、文末に同日の郵便局発送レシートが付けられている。

また、ここで予言されている犯罪事件は、すでに十年以上前に予知されていることが、公正証書として登録されている、一九九八年七月六日付でブラジルのカメルーン大使館に送られた文書から分かる。その文書は手書きのポルトガル語なので省略した。

それでは、日本大使館あて書簡の内容を見てみよう。

「二〇〇四年八月十九日　手紙ナンバー005
ブラジルの日本大使館あて

親愛なる日本大使へ

Pouso Alegre, August 19th. of 2004

Letter Number:005/19/08/2004- on two ways

Embassy of Japan in Brazil

Dear Mister Ambassador

SES 811 -Lote 39 -Brasília-D.F.

Cep:70425-900

Dear Mister Ambassador of Japan:

During my life,I have had dreams that turned out to be true in real life.I do not have my explanation to such phenomenon,but I feel obliged to disclose them when I think I may be useful and helpful to other people or my community.

Usually,after having such a kind of dream I write down its description and I send a letter to some people that may be affected by the facts.

In this sense, I am writing this letter to inform you and your government that we will have two earthquakes: A) first is on Friday,July 13 of 2007 that will kill more than 8 and will hurt more than 859 people,and will be in Niigata Region, by central of archipelago.; B) The second lower than the first within 6.6 of Richar Scale,will be in Kyoto,in west of country at the same date.
But I am worried with the earthquake of 2018 because it is of 10.(more...) in region of Tokai.

Unfortunately, an English Teacher of name Lindsay Ann Hawker will be killed by a man called Tatsuya Ichihashi in March 26, 2007 and he will scape to Brazil into the District called Liberdade-S.P. until the end of the same year. I hope you can avoid this ,and help to save this wonderful person because she is going to move to Japan in october of 2006.

Some years back,I have appointed the case of Madeleine Maccann in Portugal an English Clild that will be sequestered by an English man called Robert Murad,

文書10—1
新潟県中越沖地震、東海地震、英会話教師殺害事件を警告した日本大使館あて文書

and three people because he knows the parents moving at dinner at Praia da Luz in May 03 of 2007.

Of course, I have no intention to accuse an innocent person. However, based on my experience in which my dreams are almost always correct, I felt myself compelled to cooperate in providing one more indication that investigation focused on my thought seems to be in the right direction.

Sincerely,

Prof. Jucelino Nobrega da Luz

Rua José Monteiro Filho, 35 Bairro São Cristóvão - Pouso Alegre-M.G. Cep:37550-00

Embassy of Japan

Jeaumitz Ambassador

Letter 08/19/08/2004

ECT - EMP. BRAS., CORREIOS E TELEGRAFOS
2090 - ACF AVENIDA
AV.DR.LISBOA,126-CENTRO
POUSO ALEGRE - MG - 37550-000
CNPJ 70.998.893/0001-91 - IE ISENTA
DATA: 19/08/2004 HORARIO: 13:51
OPERADOR 904 - GIOVANI
ATENDIMENTO NUMERO: 0037

RECIBO DE VENDA DE PRODUTOS
SERIE: A - NUMERO: 015067

DESCRICAO	QTD	UNIT.	PRECO
CARTA SIMPLES FISICA	1	1,40	1,40
TOTAL:	1		1,40

VALOR A PAGAR 1,40
VALOR RECEBIDO 1,40
TROCO 0,00

PARA CONSULTAS DE PRECOS, PRAZOS E RASTREAMENTOS DE OBJETOS, LIGUE 0800-570 0100 (LIGACAO GRATUITA)

JUCELINO NOBREGA DA LUZ

文書10―２
2005年８月19日に日本大使館に送られている

私はこれまでの人生で多くの夢が現実化する経験を持つものです。この現象についてはうまく説明できませんが、人々や社会に有益であろうと思われることについては公開する義務を感じております。

ふだんは、このような夢を見ると、その様子について書きとめておき、その内容に関係する人たちへ手紙を送っています。

その意味において、この手紙は貴国で起きる二つの地震についてお知らせするものです。

A）最初は二〇〇七年七月十三日で、列島の真ん中に位置する新潟地方で起こります。八人以上の人が亡くなり、八百五十九人以上の人がケガを負うでしょう。

B）次は、最初のよりは弱いマグニチュード6・6の地震が、同日の七月十三日に京都で起こるでしょう。

しかし私としては、二〇一八年に東海地方で起こる地震が心配です。なぜなら、それはマグニチュード10（もしくはそれ以上…）に達するからです。

不幸にも、二〇〇七年三月二十六日、リンゼイ・アン＝ホーカーという名前の英会話教師が、タツヤ・イチハシという名前の男に殺されます。イチハシは、同年末までにはブラジルのリベルダーデ地区に逃げるでしょう。この事件を避け、素晴らしい女性の命を救うことを願っております。彼女は二〇〇六年十月、日本へ向かいます。

何年か前、私はポルトガルに住むイギリス人の子供、マデリン・マッカンちゃんのケースを取り上げましたが、これは二〇〇七年五月三日、イギリス人のロバート・ムラドおよび三人の人物に拉致される事件で、犯人のロバート・ムラドはマデリンちゃんの両親がディナーのために移動することを知っているために起こすものです。

私はもちろん、罪もない人々を弾劾するつもりはありません。しかし、ほとんどの夢が正しく現実化されるという経験に基づき、私が正しいと思っている考えを指し示し、それによって捜査に協力する必要に駆られるのです。

ジュセリーノ・ノーブレガ・ダ・ルース（署名）　住所」

A項にある、二〇〇七年七月に起きる地震に関しては、「未来からの警告〜予言集Ⅰ」の「事件11文書」にも出てくるが、その文書が書かれた一九九〇年には、まだ発生年が「二〇〇七年もしくは二〇〇八年」となっており、地名も出ていなかった。しかし、十五年後のこの日本大使館に出した書簡では、「新潟地方」であり、「二〇〇七年に起きる」というように、場所と期日がはっきりしてきている。

実際に地震が起きたのは、二〇〇七年七月十六日であった。マグニチュードは6・8で、予知より三日遅れて「新潟県中越沖地震」は発生した。柏崎刈羽原子力発電所の事故や倒壊家屋の多さは記憶に新しい。

被災者の数は、予知が想定した数値に近く、最終的には死者十四人、負傷者は一千九百人を超えた。

B項の、二つ目の地震として書かれている京都を震源とする地震は、相当する規模の地震が実際に起きてはいるが、震源が深く、近畿地方では揺れが感じられず、震度が観測されたのは、東北地方から北海道にかけてであった。

次の東海地震に関しては、「**文書1**」で取り上げている。発生する規模が大きいので、注意が必要だ。

次に出てくる、英会話教師殺害事件は、二〇〇七年秋に日本テレビで放送されたジュセリーノ氏紹介番組で詳しく取り上げられることになったため、さらに犯人捜査のための詳細データを、日本から依頼することになった。

それに応えて、送られてきた手紙が次の文書（**10―3**）である。

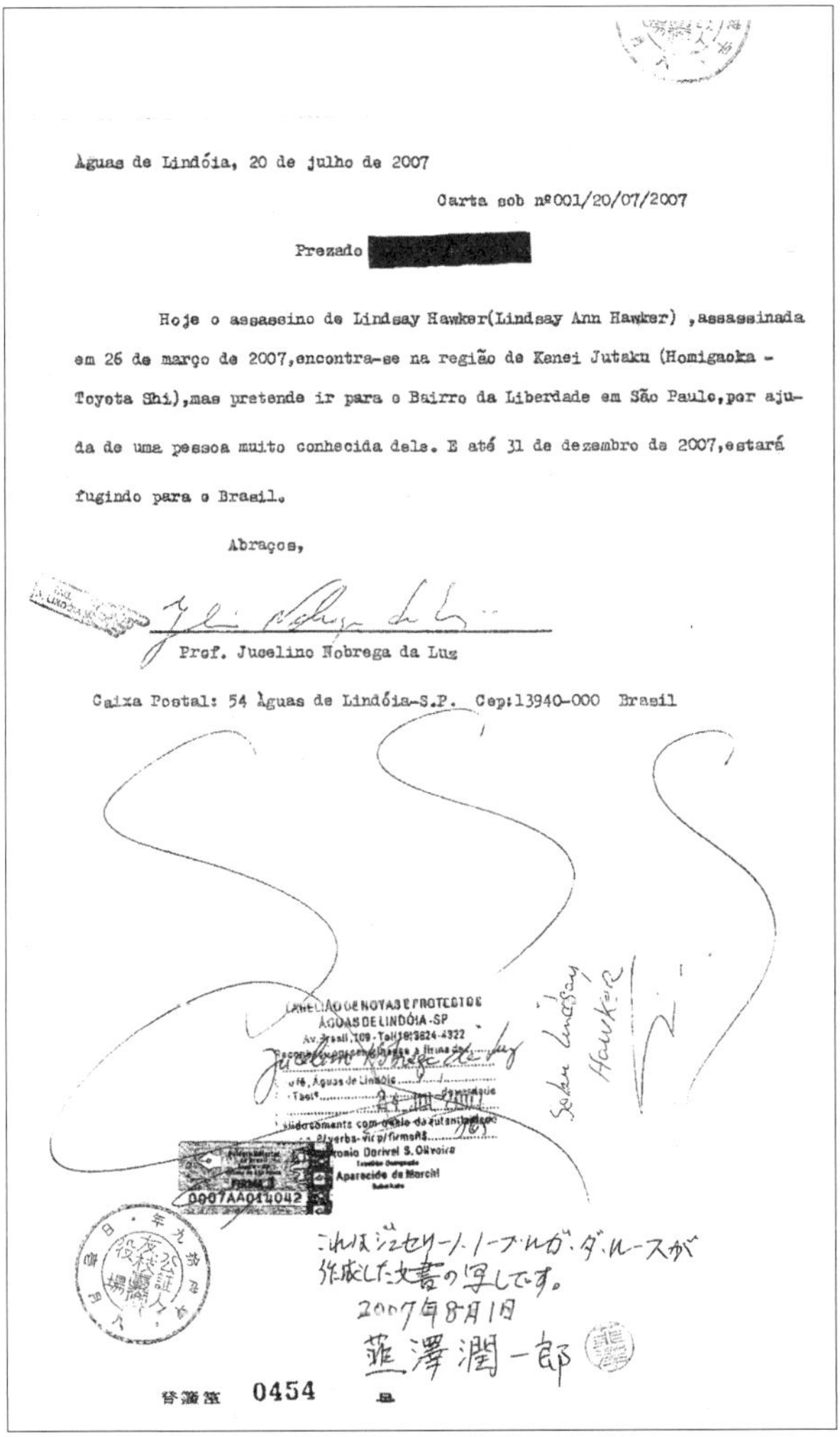

Águas de Lindóia, 20 de julho de 2007

Carta sob nº001/20/07/2007

Prezado [redacted]

Hoje o assassino de Lindsay Hawker(Lindsay Ann Hawker) ,assassinada em 26 de março de 2007,encontra-se na região de Kenei Jutaku (Homigaoka - Toyota Shi),mas pretende ir para o Bairro da Liberdade em São Paulo,por ajuda de uma pessoa muito conhecida dele. E até 31 de dezembro de 2007,estará fugindo para o Brasil.

Abraços,

Prof. Jucelino Nobrega da Luz

Caixa Postal: 54 Águas de Lindóia-S.P. Cep:13940-000 Brasil

Sobre Lindsay Hawker

これはジュセリーノ・ノーブレガ・ダ・ルースが作成した文書の写しです。
2007年8月1日
韮澤潤一郎

0454

文書10―3
英会話教師殺害犯人の居場所を特定した文書

内容は以下のようになっている。

「アグアス・デ・リンドーヤ発信

二〇〇七年七月二十日　手紙ナンバー001

内容　――

二〇〇七年三月二十六日に殺害されたリンゼイ・ホーカー（リンゼイ・アン＝ホーカー）さんを殺害した犯人は、現在、県営住宅地域（豊田市―保見ケ丘）にいます。しかし、懇意な知人の協力で、サンパウロ市のリベルダーデ地区へ行く意図があります。そして二〇〇七年十二月三十一日までにブラジルへ逃走するでしょう。

ジュセリーノ・ノーブレガ・ダ・ルース教師（署名）　住所」

手紙が書かれた七月二十日の時点での、犯人の居場所が明記されている。

豊田市の保見ヶ丘というのは、名古屋市の近くで愛知県になる。

この文書は受け取り後、すぐに日本の公証役場で期日登記を行い、ジュセリーノ氏の番組を制作していたテレビ局の要請で、資料として提供することにした。

番組では、この文書は千葉県市川市にある行徳警察署の「市川市福栄におけるイギリス人女性殺人・死体遺棄事件捜査本部」に届けられている。

その後、捜査の進展がないので、弊社が直接ジュセリーノ氏から聞いている関連データを、改めて捜査本部にメールで送った。

加えて、文書の他に、犯人がどういう生活をしているとか、いでたちがどうかなどの詳細を添付し、さらに電話でも警察担当者に説明した。

この電話を掛けた際に、非常に不思議な現象が起きたことが分かった。送ったメールに、こちらからは添付していない写真類が同時に警察署に届いていたというのだ。その写真というのは、数枚の犯人の日常のスナップのようで、電話に出た捜査本部の担当者も強い関心を示していた。

弊社としては納得がいかず、使っているサーバー会社に問い合わせたところ、これも不思議なことだが、こちらから送ったメールの容量が2・87メガバイトだったものが、サーバー会社の機械から警察署に送られるときには3・8メガバイトになっていたのである。つまり、サーバー会社の機械を通過する時に、犯人の写真が入ったことになる。サーバー会社は通信容量をチェックはできるが、その内容が何であるかは確認することができない。警察署の方では、「写真の顔が誰かは確認できたから」と、はっきりその写真が犯人であることを認識していた。

なぜこのようなことが起きたのかは、全く分からないが、少なくとも第三者が介入できるはずはない。また宇宙の創造者がこのようなことをするはずもなく、それでは何だったのかについて、ふと、ジュセリーノ氏の「助言者」のことが思い浮かんできた。その謎の知性体がサポートしたのだろうか。その後の手配ポスター画像は、データと一致する部分があった。

これらのデータに基づいて、二〇〇七年の年末にジュセリーノ氏が来日した際に、テレビでは更なる現地調査が行われたが、最初の予言では「犯人は、年末までにブラジルに逃亡する」となっており、その予言のとおりになったのかもしれないという気がする。

というのは、捜査本部の担当者も言っていたことだが、ジュセリーノ氏の「すべてのデータからでも、犯人の居場所は特定できない」からである。もし本当に犯人を突き止めようとするなら、犯人が滞在する家の番地まで分からなければならない。それが出てこないということは、最初の予言が現実化されるのではないだろうか。運命とは、そのように人知を超えた部分があるのかもしれない。

さらに付記するならば、二〇〇七年十二月に、ジュセリーノ氏がテレビ収録のために来日していた間に、犯人についての新たな予知文書が出されている。この文書は弊社が日本国内で公正証書として登録した上で、捜査本部に再度提出した。内容は非常にプライベートな部分があるため、公表は差し控えた。

日本大使館あての前文書最後に記されている、ポルトガルで起きた英幼児誘拐事件に関しては、二〇〇七年末現在、解決を見ていない。この時期日本では、英会話教師殺害事件の報道で、ポルトガルでの幼児誘拐事件は影が薄くなってしまったが、海外では大きく扱われ、ジュセリーノ氏も気になったらしく、多数の警告文書が存在している。

参考のため、イギリス法務局気付で警察署長あての文書の内容を紹介する。

これは事件が起きる二週間ほど前に書かれた六度目の手紙になる。

「……二〇〇七年五月四日か五日に、マデリン・マッカンというイギリスの少女が、ポルトガルの海岸近くのホテルから、ロベルト・ムサットというイギリス人の男に拉致されます。その男は七十九歳になる母親とコテージに住んでいます。男は幼児性愛者で、他の二人の仲間と組んでおり、この集団は危険性があります。彼は少女をスペインに送ったと言うでしょう」となっている。

その後、ポルトガルの警察当局は、幼児失踪の疑いを両親に向けているとの報道があったり、ここで指摘されている犯人が、一時、事情聴取されただけで、拘留には至らず、いまだ事件は解決していない。

世界の発展途上国ではびこる人身売買について、ジュセリーノ氏は大変気にしており、何通もの予知文書を二〇〇七年七月に弊社に送ってきた。氏の要請もあって、重要なものは日本の公証役場で期日登録を行った。

これらの中の最も古い文書から分かることは、子供の誘拐事件に関し、夢予知による一連の警告を受けたのは、一九九七年四月一日であったことが、四月七日にポルトガルのリスボンにある司法検事局に送られた手紙に書かれている。

この手紙には、マデリン事件を含む未来に起きる四件の幼児誘拐事件が記され、「世界で起きている子供の誘拐事件の七割は、臓器売買、幼児売春、年少労働のためです」と訴え、これらの社会犯罪を防止しようとするジュセリーノ氏の強い姿勢が感じられる文面となっている。

文書11　コンゴニャス空港あて　(二〇〇三年一月十四日)と
タム航空会社あて　(二〇〇六年十月二十三日)

予知内容――
・二〇〇六年九月二十九日のゴル航空機事故
・二〇〇七年七月十七日のタム航空機事故

・二〇〇七年十月二十九日のタム航空機事故（予知文書で回避された！）
・コスタ市長殺害事件

二〇〇六年〜二〇〇七年は、ブラジルをはじめとする発展途上国の航空会社で、格安チケットの競争や管制システムの混乱に起因する航空機事故が相次ぎ、多数の予知文書が出されている。

これらの文書は事前にテレビなどで公表されていたにもかかわらず、テレビ局も航空会社もなんら手を打たなかったため、ブラジルだけでも二度（以上）も事故が起きてしまった。

そこで、ジュセリーノ氏は訴訟を起こす勢いで、両者に対し糾弾を始めた。二〇〇七年の半ば過ぎに、やっと航空会社が対策を講じ、三度目の事故が予知されていた機のフライトをキャンセルすることによって、事故の発生を未然に防止することができたという、いわく付きの経緯を持つ。

しかし、このように、政府与党内の森林伐採や選挙がらみの汚職を予知警告したり、テレビ局の及び腰の対応に訴訟を起こそうとしたり、大企業の安全性を問うような予知文書に不安を感じた当事者が、ブラジル国内で、反ジュセリーノ・キャンペーンを行っているといわれる。いわゆるネット荒らしが吹き荒れているのだ。このようなサイトの影響が、日本にも及んでいいることは残念である。

このブラジル国内の航空機事故に関しては、多くの警告文書や証明書類が存在しているが、代表的な文書を紹介する。

最初は、二〇〇六年に起きる事故を三年前に、飛行場の管制責任者に通知した文書（11―1）である。これには郵便局の日付入りスタンプが押された発送先住所が付けられている。

「二〇〇三年一月十四日　手紙ナンバー001（二通）
サンパウロ州コンゴニャス空港　管理責任者様

ここにお知らせすることは、非常に重要なことです。それは二〇〇六年に起きる多くの人命が失われる事故ですので、私はたいへん心配しております。しかし、まだ時間がありますから、その原因に関して対応をお願いします。原因となるのは航空システムであり、惨事を防止するため、航空管制のシステムの完備を徹底してください。

メッセージ――

まず取り上げますのは、百五十名の乗客を乗せてマナウスを出発する、ゴル航空1907便

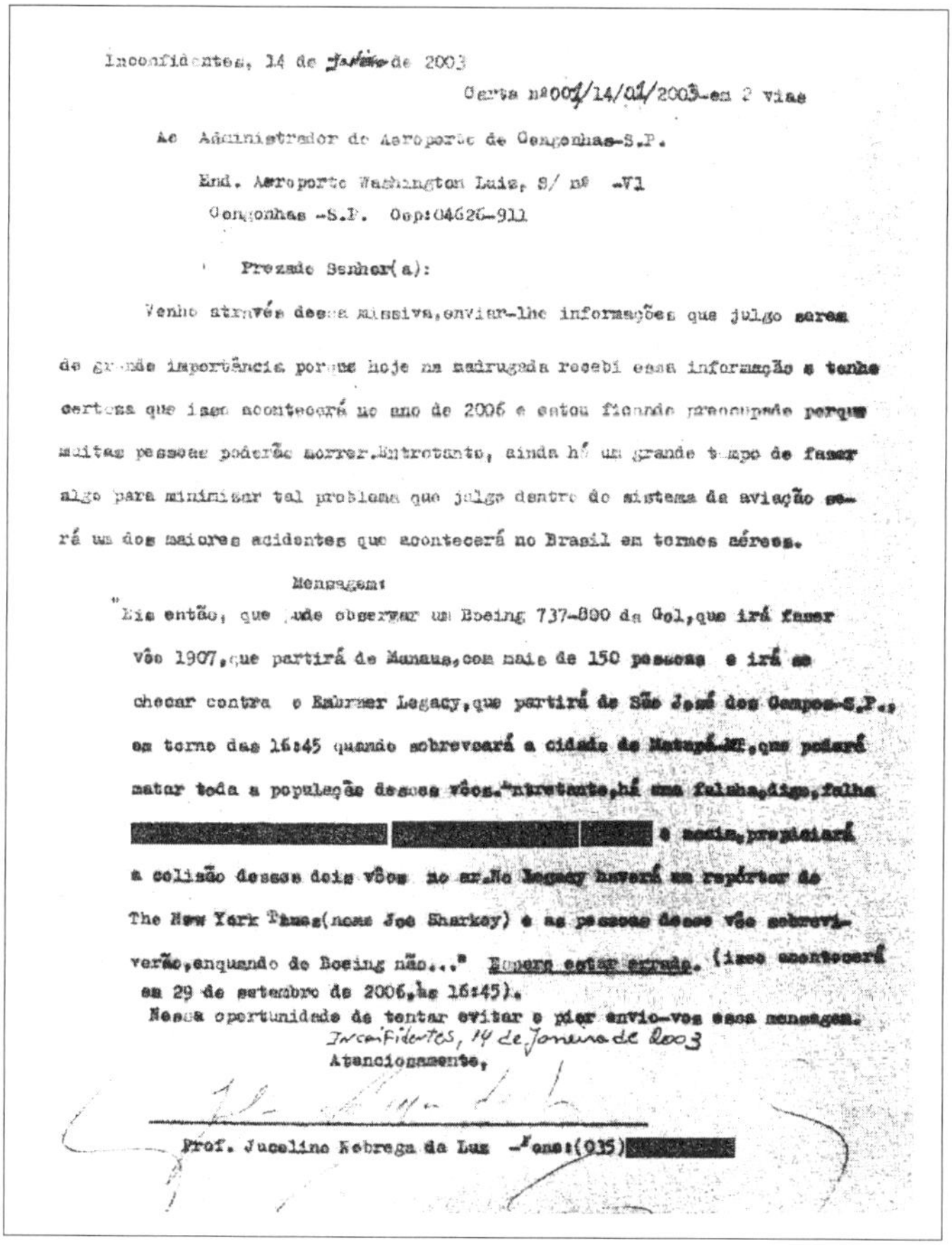

Inconfidentes, 14 de Janeiro de 2003

Carta nº001/14/01/2003-em 2 vias

Ao Administrador do Aeroporto de Congonhas-S.P.

End. Aeroporto Washington Luis, S/ nº -V1

Congonhas -S.P. Cep:04626-911

Prezado Senhor(a):

Venho através dessa missiva, enviar-lhe informações que julgo serem de grande importância porque hoje na madrugada recebi essa informação e tenho certeza que isso acontecerá no ano de 2006 e estou ficando preocupado porque muitas pessoas poderão morrer. Entretanto, ainda há um grande tempo de fazer algo para minimizar tal problema que julgo dentro do sistema da aviação será um dos maiores acidentes que acontecerá no Brasil em termos aéreos.

Mensagem:

"Via então, que pude observar um Boeing 737-800 da Gol, que irá fazer vôo 1907, que partirá de Manaus, com mais de 150 pessoas e irá se chocar contra o Embraer Legacy, que partirá de São José dos Campos-S.P., em torno das 16:45 quando sobrevoará a cidade de Matupá-MT, que poderá matar toda a população desses vôos. Entretanto, há uma falsha, digo, falha [redacted] e assim, propiciará a colisão desses dois vôos no ar. No Legacy haverá um repórter do The New York Times (nome Joe Sharkey) e as pessoas desse vôo sobreviverão, enquanto do Boeing não..." Espero estar errado. (isso acontecerá em 29 de setembro de 2006, às 16:45).

Nessa oportunidade de tentar evitar o pior envio-vos essa mensagem.

Inconfidentes, 14 de Janeiro de 2003

Atenciosamente,

Prof. Jucelino Nobrega da Luz -Fone:(035)[redacted]

文書11―1
事故が起きる飛行場に送られた予知警告書。事故原因となる固有名詞は消されている

ボーイング737―800です。この機はサンジョセ・カンポスを離陸し、十六時四十五分ころに、マトベ市（マトグロッソ州）上空で、トラブルが発生します。そのため小型ジェット機と接触して墜落し、乗員乗客全員が死亡します。しかし、接触する小型ジェット機に乗っているニューヨークタイムスの記者（ジョイ・シェルケイさん）などは生き残ります（事故が起きるのは二〇〇六年九月二十九日十六時四十五分です）。

どうぞ、この大惨事を避ける試みを切にお願いします。

ジュセリーノ・ノーブレガ・ダ・ルース（署名）」

事故が起きたその日のフライトでは、予知文書とほとんど同じ時刻に墜落事故を起こしている。

航空会社、機種、便名いずれも一致しており、アマゾン川流域にあるマナウスから首都ブラジリアに向かう予定であった。乗客百四十八人と乗務員六人で、合わせて百五十四人が乗っていた。

四時五十分ころ、周辺では雲が垂れ込め、断続的に激しい雨が降っていたというが、接触事故を起こしたのは、高度一万二千メートルだったといわれるので、そこまで達する雷雲が発生していたのだろうか。あるいは、小型ジェットは新品の納入機だったというから、空中接触防止装置が故障していたのだろうか。最も考えられるのは、空域管制システムのミスであろう。

墜落現場がアマゾンのジャングルだったため、調査は難航し、原因究明の結論は出ていない。

ブラジルにおける二〇〇六年末のテレビで、ジュセリーノ氏がこの事故の警告文書が生かされなかったことを悔やむ姿が、ネットで放送されていたのが印象に残る。

そして同時に、このころテレビで、翌年の二〇〇七年に二度も起きることになっているブラジルのほかの航空会社の事故を、ジュセリーノ氏は警告していた。

二〇〇七年に、タム航空は二回の事故を起こすという予知が、その前年に確定され、二度目の事故が一年延びて訂正されている。その文書（11―2）は二〇〇六年十月に出された。

「アグアス・デ・リンドーヤ発信
二〇〇六年十月二十三日　手紙ナンバー001（二通）
タム航空会社　管理責任者様

同封しました手紙ナンバー001―Aは、以前二〇〇六年に起きると私が言っていた飛行機事故が、二〇〇七年十月二十九日の午前八時三十分に発生すると訂正した文書です。その日に事故を起こすのは、セアラー州フォルタレーザ市から飛び立つ3300便です。

Águas de Lindóia, 23 de outubro de 2006

Carta nº001-A/23/10/2006 -em 2 vias

Prezado Diretor Administrativo da Tam:

Estou encaminhando nessa missiva a carta sob nº 001/23/10/2006,onde falo do vôo nº 3300,procedente de Fortaleza-Ceará,horário das 8:30 hs,no dia 29 de outubro de 2007- retificando a minha primeira via,onde citei 2006 e essa carta sob nº 001-A/23/10/2006,onde falo de um vôo antecedente ao de Outubro de 2007 e retificando a primeira carta e nessa folha irei agora narrar o que eu pude observar através de meus sonhos premonitórios.

"Eis que também pude observar um Avião da Tam que partira de Porto Alegre, Rio grande do Sul,com 170 pessoas e 6 da Tripulação Técnica;comandantes e Comissários, no Airbus A 320 do vôo JJ 3054,que irá tentar pousar em Congonhas e possivelmente não conseguirá e poderá colidir com um depósito da Tam Express e um Posto de Gasolina,Praticamente em torno das 17:17 que ele sairá de Portá Alegre, sendo que irá acontecer isso no dia 17/07/2007.Desta forma,poderá vitimar em torno de 40 pessoas ou mais e causar ferimentos leves e graves em muitas outras.Espero que seja tomada às devidas providências.Embora, ainda dou <u>um ênfase</u> no outro acidente do outubro de 2007 que vitimará uma quantidade maior.Espero novamente estar errado. Deus abençoe a todos e que nada de mal aconteça.

Sou,

Prof. Jucelino Nóbrega da Luz Fones: [redacted]

Prof. Jucelino Nóbrega da Luz
Caixa Postal 54 - Águas de Lindóia/SP
CEP 13940-000
Fone (11) 7445-7077

EMPRESA TAM
AEROPORTO DE CONGONHAS
AV. WASHINGTON LUIZ,S/nº
Bairro Vila Congonhas-S.P.
Cep:07141-900

文書11―2
2007年に２度事故を起こすと予知された、航空会社に送られた警告書また、同文書にはそれ以前にも航空機事故が起きる予知夢を見ていることが書かれています。その内容は以下のように観察されたものです。

百七十人の乗客と六人の乗務員を乗せ、リオ・グランデ・ド・スール州のポルト・アレグレ市を出発する、タム航空の旅客機3054便エアバスA320―JJ機が、コンゴニャス空港に着陸を試みますが、失敗します。そしてタム・エクスプレスの倉庫とガソリンスタンドに衝突するでしょう。ポルト・アレグレを出発するのは、十七時十七分ころで、その事故が起きるのは二〇〇七年七月十七日です。この事故によって、四十人くらいか、それ以上の犠牲者と多くの重傷者や軽傷者が出るでしょう。これに対し適切な対策を取られることを切に希望します。なぜなら、場合によってはそれ以上の犠牲者が出る可能性があるからです。

私の言葉が間違いであってほしいと思いますし、また神様が全員を祝福し、悪いことが何も起きないよう望んでいます。

ジュセリーノ・ノーブレガ・ダ・ルース（署名）」

後に、この文書はコピーされてタム航空の社長にも送られている。社長室あての配達証明書（11―3）の日付は、この年の七月の最初に起きる事故の四カ月ほど前の二〇〇七年三月二十三日である。内容欄にこの文書の手紙ナンバーが明記（矢印上）され、社長室担当者の印とサイン（矢印下）が入っている。

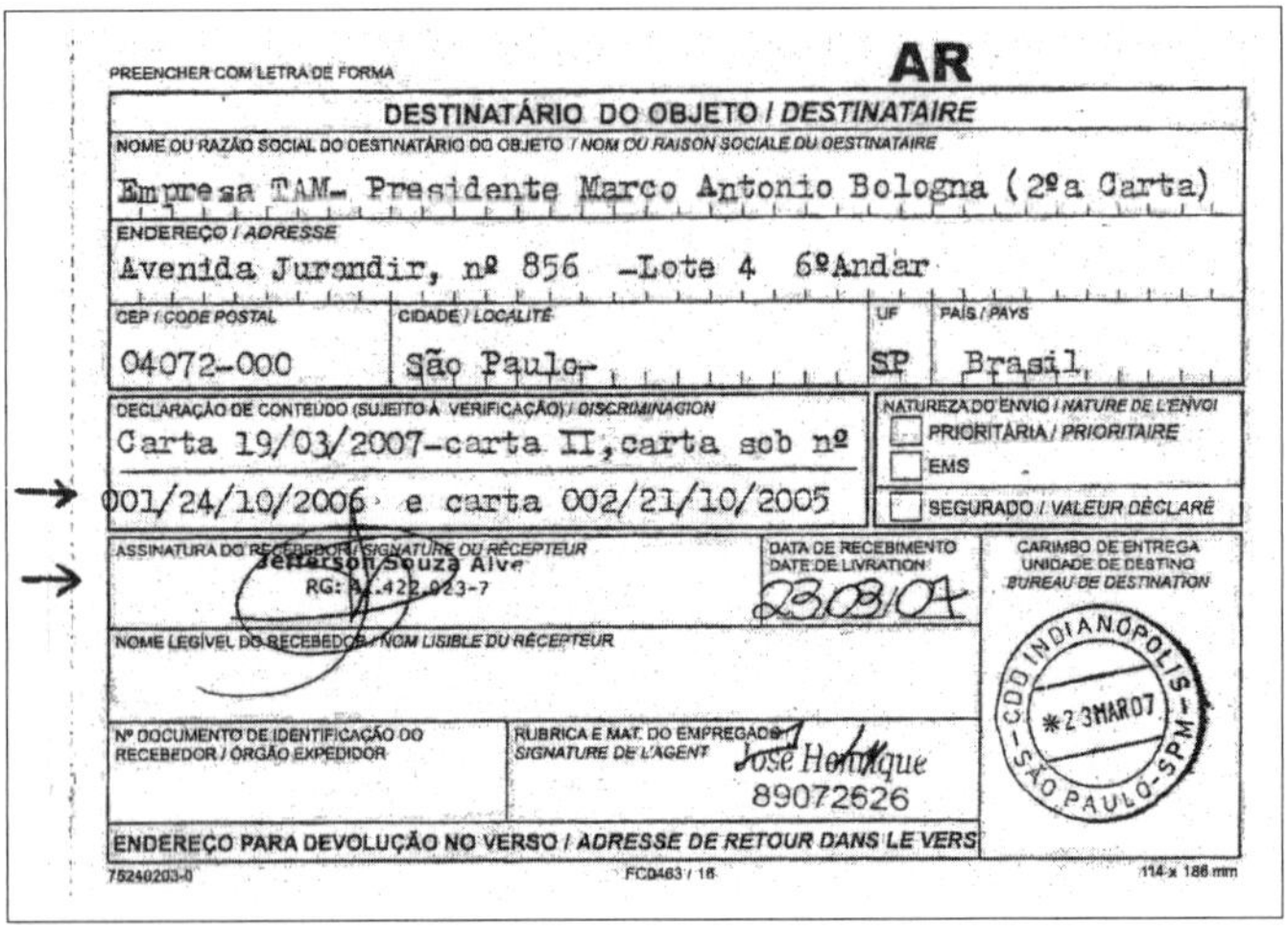
PREENCHER COM LETRA DE FORMA

AR

DESTINATÁRIO DO OBJETO / DESTINATAIRE

NOME OU RAZÃO SOCIAL DO DESTINATÁRIO DO OBJETO / NOM OU RAISON SOCIALE DU DESTINATAIRE

Empresa TAM- Presidente Marco Antonio Bologna (2ºa Carta)

ENDEREÇO / ADRESSE

Avenida Jurandir, nº 856 -Lote 4 6ºAndar

CEP / CODE POSTAL: 04072-000

CIDADE / LOCALITÉ: São Paulo-

UF: SP

PAÍS / PAYS: Brasil

DECLARAÇÃO DE CONTEUDO (SUJEITO À VERIFICAÇÃO) / DISCRIMINACION

Carta 19/03/2007-carta II, carta sob nº
001/24/10/2006 e carta 002/21/10/2005

NATUREZA DO ENVIO / NATURE DE L'ENVOI

PRIORITÁRIA / PRIORITAIRE

EMS

SEGURADO / VALEUR DÉCLARÉ

ASSINATURA DO RECEBEDOR / SIGNATURE DU RÉCEPTEUR

Jefferson Souza Alve

RG: .422.023-7

DATA DE RECEBIMENTO / DATE DE LIVRATION: 23.03.07

CARIMBO DE ENTREGA / UNIDADE DE DESTINO / BUREAU DE DESTINATION

CDD INDIANÓPOLIS - SÃO PAULO - SPM

*23MAR07

NOME LEGÍVEL DO RECEBEDOR / NOM LISIBLE DU RÉCEPTEUR

Nº DOCUMENTO DE IDENTIFICAÇÃO DO RECEBEDOR / ÓRGÃO EXPEDIDOR

RUBRICA E MAT. DO EMPREGADO / SIGNATURE DE L'AGENT

José Henrique

89072626

ENDEREÇO PARA DEVOLUÇÃO NO VERSO / ADRESSE DE RETOUR DANS LE VERS

75240203-0 FC0463 / 16 114 x 186 mm

文書11―3
事故が起きる４カ月ほど前に、航空会社の社長室に送られた文書の配達証明書。矢印上は11―２文書ナンバー。矢印下は社長室印と担当者のサイン

この時期には、同様の趣旨の手紙が多方面の航空関係者に送られており、当時のジュセリーノ氏のホームページに、それらの配達証明書が公開されていた。理由は、間もなく起きる二回の航空機事故を、なんとしても食い止めようという、氏の強い意志があったからであろう。

しかし、航空会社からは何の反応もないので、毎週のように社長あての手紙を書いている。そしてついに、この三度目の手紙（11―4）には、驚くべきことに、事故が起きるまでに発生するであろう殺人事件の予知を、証拠として突き付けている。

「アグアス・デ・リンドーヤ発信
二〇〇七年四月十八日　手紙ナンバー0

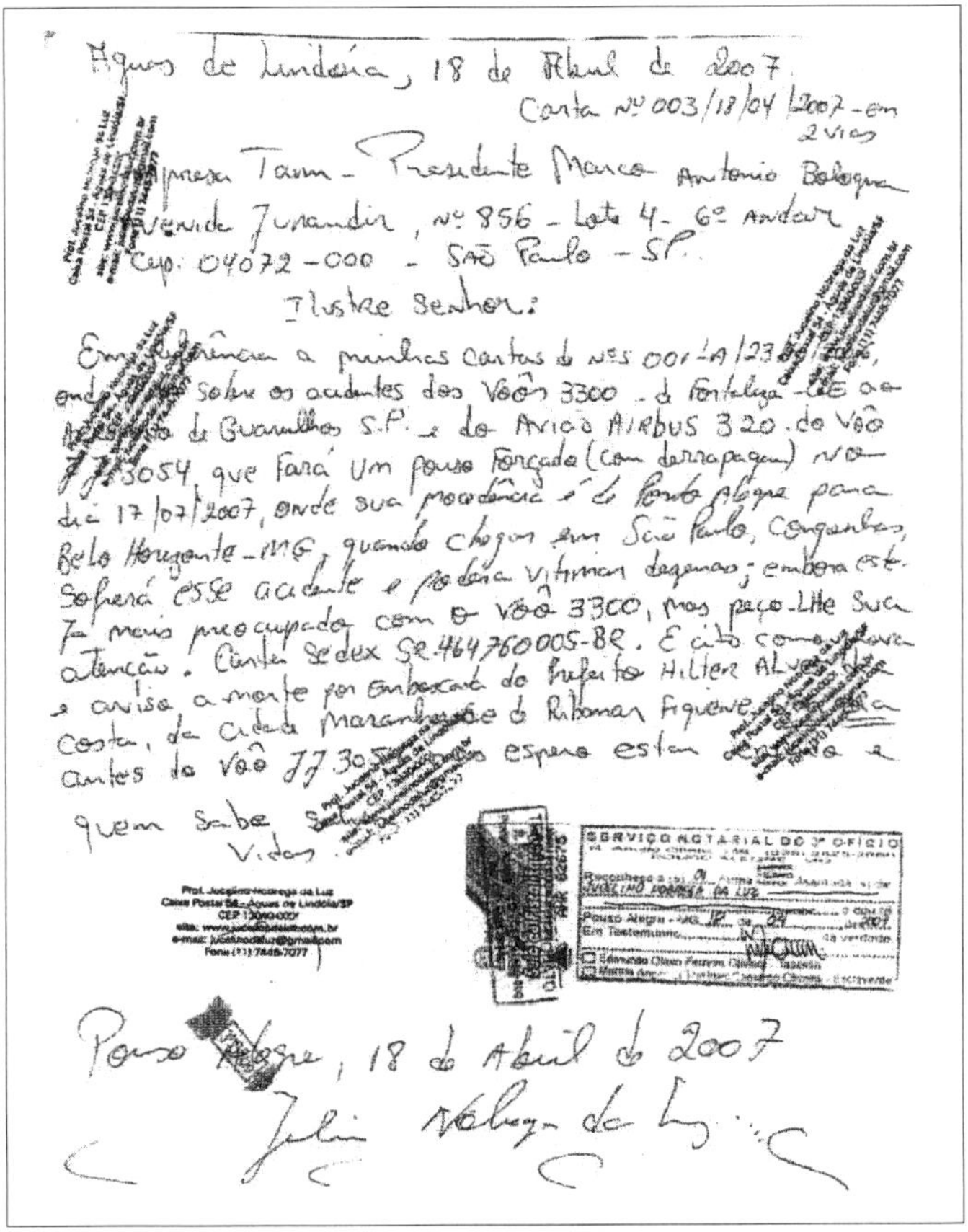

Águas de Lindóia, 18 de Abril de 2007
Carta Nº 003/18/04/2007 - em 2 vias

Empresa Tam - Presidente Marco Antonio Bologna
Avenida Jurandir, nº 856 - Lote 4 - 6º Andar
Cep: 04072-000 - São Paulo - SP.

Ilustre Senhor:

Em referência a minhas cartas de nºs 001-A/23 ..., onde ... sobre os acidentes dos Vôos 3300 - de Fortaleza - CE ao Aeroporto de Guarulhos S.P. e do Avião AIRBUS 320 do Vôo JJ 3054, que fará um pouso forçado (com derrapagem) no dia 17/07/2007, onde sua procedência é de Porto Alegre para Belo Horizonte - MG, quando chegar em São Paulo, Congonhas, sofrerá esse acidente e poderá vitimar dezenas; embora este ... mais preocupado com o vôo 3300, mas peço-lhe sua atenção. Carta Sedex SE 464760005-BR. E cito como prova ... e aviso a morte por emboscada do Prefeito Hilton Alves ... e Ribamar Figueiredo ... Costa, da cidade Maranhense ... antes do vôo JJ 3054 ... espero estar ... e quem sabe salvar vidas.

Prof. Jucelino Nóbrega da Luz
Caixa Postal 54 - Águas de Lindóia/SP
CEP 13940-000
site: www.jucelinodaluz.com.br
e-mail: jucelinodaluz@gmail.com
Fone (11) 7449-7077

SERVIÇO NOTARIAL DO 3º OFÍCIO
Reconheço a(s) 01 firma(s) ...
JUCELINO NÓBREGA DA LUZ
Pouso Alegre ...
Em Testemunho ... da verdade.

Pouso Alegre, 18 de Abril de 2007

文書11―4
事故を起こす航空会社の社長室への３度目の手紙。返事が来なかったので、殺人事件の予知まで書いてある

０３（二枚）

タム航空会社社長様

同封しました二〇〇六年十月二十三日 手紙ナンバー００１―Ａにありますように、私は以下のように申し上げます。

セアラー州のフォルタレーザ市からサンパウロのグアルリョス空港へ向かう３３００便の事故。そして、３０５４便エアバス３２０―ＪＪ機が、二〇〇七年七月十七日にポルト・アレグレ州からミナス州のベロ・オリゾンテ市へ向かう途中、サンパウロのコンゴニャス空港に緊急着陸時（スリップすることで）事故が起きて、犠牲者数十名が出る可能性があります。

特に私が心配しているのは３３００便です。

私の予知を確証する証拠として、ＳＥＤＥＸ（ブラジルの宅配証明便）番号ＳＲ４６４７６０００５―ＢＲの文書を提示します。これは、マラニョン州のリバマル・フィケネ市の市長、ヒルテル・アルベス・ダ・コスタ氏の待ち伏せ殺害事件がＪＪ―３０５４便の前に起きるということです。

人々の命が救われることを願い、これが現実とならないことを望んでいます。

ジュセリーノ・ノーブレガ・ダ・ルース（署名）」

この文書は、手紙が書かれた同じ日の二〇〇七年四月十八日に、公証役場に登録されていることが、文書下部の登記所の印とサインによって証明される。

ちなみに、アルベス・ダ・コスタ市長の件は、予知された飛行機事故が起きる前日の二〇〇七年七月十六日午後七時半ころ、何者かによって拳銃で撃たれ死亡している。実に恐るべきことである。

このように警告文を送り続けていたにもかかわらず、予知されていた七月十七日にサンパウロのコンゴニャス空港で、予知されていた第一回目の事故は起きてしまった。死者数は予知で危惧されていたように、増加し、乗員乗客だけでなく、滑走路先のガソリンスタンドや航空会社の格納庫にいた職員なども巻き込まれ、犠牲者が二百人近くにのぼる惨事となった。

すでに前年末にテレビで公開したとき、司会者はこの文書の内容を「タムの関係者に進言してあげる」と約束していたにもかかわらず、それが履行されておらず、このように七月の事故が起きてしまったから、ジュセリーノ氏はあわてた。

「私が手紙を送った相手は、それを受け取ったと言っていたし、配達証明も存在しているのに、いざ事件が起きると、受け取っていないと言い張っています。それは不合理です。私は真剣にこの作業をしていますから、事実に対して言い訳はできません」と、激しく訴え続けた。

司会者も航空会社も、予知文書送付の配達証明が存在しているのに、受け取りを否定したのである。予知文書による警告を無視したために事故が起きたと、責任を問われることを恐れての反応であることは明白だった。

しかし八月になって、密かに航空会社はジュセリーノ氏に接触してきた。七月に起きた事故によって、会社が負担する保証のための保険料が高騰し、さらに増える可能性が出てきたため、十月に起きると予知された二度目の事故に対し、対応せざるを得ないことを覚悟したのである。

「よく整備してから飛ばしたいが……」と、社長はジュセリーノ氏に聞いた。

「それではだめです。事故は起こります。フライトそのものをやめる必要があります」と、きっぱり言ったという。

この会談によって、タム航空のエアバス３３００便は時刻表から消され、欠航となり、事故は未然に防ぐことができた。このようにして、おそらくは二百人以上の乗客と乗員の命が守られたのである。

そして、ジュセリーノ氏の希望どおり、この予言は外れたことになった。

しかし、予言を外すためのジュセリーノ氏の戦いに終わりはない。まだ未来に起きる多くの事故予知が待ち受けているからである。

**文書12　インドネシア首相官邸あて（二〇〇六年五月二十九日、三十日）と
インドネシア大使館あて（二〇〇七年八月二十日）**

予知内容――
・二〇〇七年末～二〇〇八年一月の地震と洪水
・タイ航空機の墜落事故（二〇〇七年九月）
・海面上昇による移住と港湾施設のマヒ
・バングラデシュのサイクロン被害（二〇〇七年十一月）
・十勝岳遭難事件（二〇〇七年十一月）
・東京、千葉の地震（二〇〇七年十一月）
・東海地震の可能性（二〇〇八年九月）

インドネシア政府が、ジュセリーノ氏の予言によって地震の防災対策を講じているというニュースが、二〇〇七年十一月にAFP伝によって世界に流れた。

「ブラジル人心霊力者が発表した地震に対し、インドネシアは準備を開始――

二〇〇七年十一月十九日　ジャカルタ発ＡＦＰ――

現地の報道によれば、ブラジル人心霊力者が十二月の終わりに、正確には二十三日にスマトラ島で地震が起きると予言したことにより、インドネシア当局は防災対策を行うと、この月曜日に発表した。

地震の大きなリスクがあるこの地域でマグニチュード８・５の地震が起きるとブラジル人のジュセリーノ・ノーブレガ・ダ・ルース氏がさらに語ったと、政府の職員ファウザン・ハヒム氏が国営アンタラ通信社に語った。

これが噂と見なされていても、われわれは情報を真剣に受け止めている。なぜなら起きてしまってからの後悔はしたくないので、十二月末までに当局は非難行動を開始させると、ベンクル州（南）の報道官フスニ・ハサヌジン氏がエルシンタ・ラジオ局へのインタビューで述べた」

インドネシアが、地震の予知に注意を払うのは、二〇〇四年のスマトラ沖大地震とインド洋の津波による苦い経験をしたからであろう。ジュセリーノ氏はこの地震と津波については、起きる八年前に予知し、さまざまな国に警告文書を送っていた。このことは、前作の「予言集Ｉ」の事件13で述べたとおりである。また、地震が起きた後に、ブラジルのインドネシア大使館に招待されたいきさつも同書に出てくる。

これ以後、ジュセリーノ氏がインドネシア政府内に通じる人脈を持つようになったことが、多くの予知文書から分かる。

　そこで、今回の当局主導による防災のための避難準備などに至る、その根拠となったと思われる文書を紹介してみたい。

　まず最初の文書（12―1）のあて名人には、インドネシア首相官邸責任者の個人名が書かれており、手紙ナンバーから分かるように、すでに二度目の文書となっている。そして裏には、同日付の郵便レシートが張られている。

「アグアス・デ・リンドーヤ発信
二〇〇六年五月二十九日　手紙ナンバー002（二通）
ジャカルタのインドネシア首相官邸気付

親愛なる長官閣下――

　私は自分の予知を告げることで、人々を救えるものと確信しております。とりわけ、インドネシアの人々については特別です。というのも、私と共通するものがあり、貴国を愛しているからです。ですから、できるかぎりのことをしてさしあげたいと思っております。

　さて、私は夢の中で、スマトラ諸島が三回の地震に見舞われるのを見ました。それらはすべ

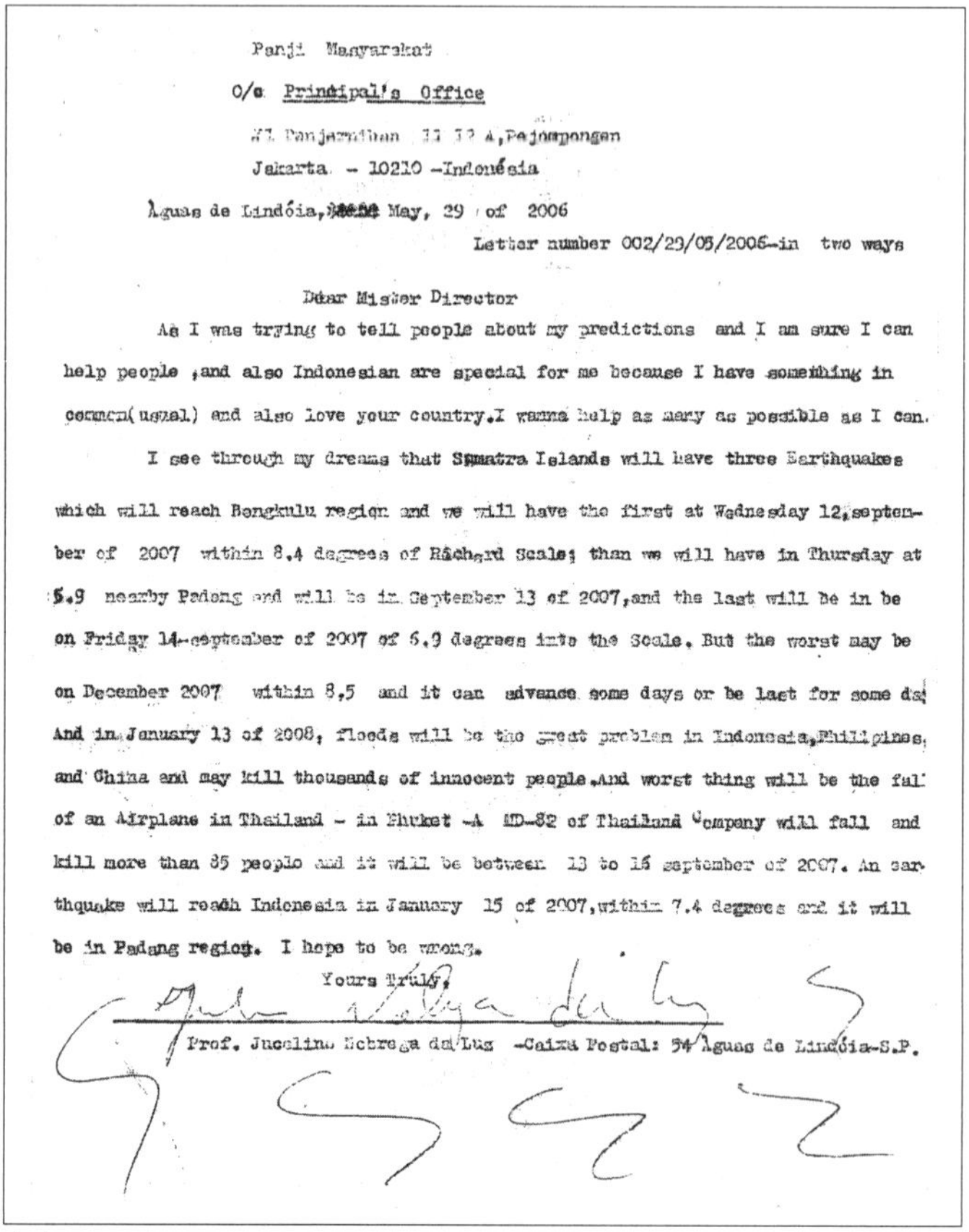

Panji Masyarakat

O/c Principal's Office

Jl Panjaitan 11 12 A,Pejompongan

Jakarta - 10210 -Indonésia

Águas de Lindóia, May, 29 of 2006

Letter number 002/29/05/2006-in two ways

Dear Mister Director

As I was trying to tell people about my predictions and I am sure I can help people ,and also Indonesian are special for me because I have something in common(usual) and also love your country.I wanna help as many as possible as I can.

I see through my dreams that Sumatra Islands will have three Earthquakes which will reach Bengkulu region and we will have the first at Wednesday 12,september of 2007 within 8.4 degrees of Richard Scale; than we will have in Thursday at 5.9 nearby Padang and will be in September 13 of 2007,and the last will be in be on Friday 14-september of 2007 of 6.9 degrees into the Scale. But the worst may be on December 2007 within 8,5 and it can advance some days or be last for some da And in January 13 of 2008, floods will be the great problem in Indonesia,Philipines, and China and may kill thousands of innocent people.And worst thing will be the fal of an Airplane in Thailand - in Phuket -A MD-82 of Thailand Company will fall and kill more than 85 people and it will be between 13 to 15 september of 2007. An earthquake will reach Indonesia in January 15 of 2007,within 7.4 degrees and it will be in Padang region. I hope to be wrong.

Yours Truly,

Prof. Jucelino Nobrega da Luz -Caixa Postal: 54 Águas de Lindóia-S.P.

文書12—1
2007年にインドネシア首相官邸に送った地震の予知文書

て、ベンクルに達するでしょう。最初の地震は、二〇〇七年九月十二日（水曜日）、この時はマグニチュード8・4で、次は翌日の十三日、これはマグニチュード5・9、パダンの近くです。そして最後は、翌十四日、マグニチュード6・9です。しかし、最悪なのは二〇〇七年十二月のマグニチュード8・5で、この地震は前後2～3日のずれがあるかもしれません。

それから、二〇〇八年一月十三日には、インドネシアをはじめ、フィリピン、中国が洪水に見舞われ、何千人もの罪無き民が亡くなるでしょう。さらには、二〇〇七年九月十三日～十六日の間に、タイのプーケットにおいて、タイ航空のMD82型機が墜落し、八十五人以上の人たちが亡くなるでしょう。

また、二〇〇七年一月十五日に、マグニチュード7・4の地震がインドネシアのパダン地方に達します。これが間違いであることを祈ります。

ジュセリーノ・ノーブレガ・ダ・ルース　（署名）」


ここで予知されている、スマトラ諸島を襲う最初の三回の地震は、ほとんど正確に的中している。

二〇〇七年九月十二日から、スマトラ島中部西岸の町パダンから南部のベンクルまでの海岸沖で、この一連の地震は発生した。

最初の日は予知どおりマグニチュード8・4で、翌日は大きくなり7・8、三日目がほとんど同じ6・8だった。最終的なインドネシア保健省の発表では、死者二十三人、負傷者八十八人とされた。

三年前の大災害に比べ、この年の被災者が少なかったのは、インドネシア政府が津波に対して早めの対策を取ったからだと、当時の報道は伝えている。

この九月の地震で被害を最小限に抑えることができたインドネシア当局は、予知で「最悪」と指摘された十二月の地震に対し、より警戒感を示したことは容易に推測できる。

しかも九月の一連の地震が起きている最中に、タイ航空の墜落事故が発生すると、この文書の後半で予知されているが、これも全くその予知どおりに事故が起きてしまったのだから、なおさらであろう。

事故翌日の報道は以下のように伝えている。

「バンコク発　二〇〇七年九月十七日——タイ南部のリゾート地、プーケット国際空港で十六日午後四時（日本時間同六時）ごろ、乗員乗客百三十人乗りの旅客機が、悪天候の中で着陸に失敗し、炎上。旅客機はタイの格安航空会社ワン・ツー・ゴーのＭＤ８２型機。タイ政府などによると、八十八人の遺体を発見し、四十二人の負傷者を病院に搬送したという」

ジュセリーノ氏は、この文書でいわれている「二〇〇七年十二月に起きる最悪の地震」を気にし、地震が発生する三カ月ほど前の八月に、再度警告書簡（12—2）を送っている。文書下部には八月二十日付の公正証書登録印が押されている。

前の文書では、発生する日付が抜け落ちていたが、この文書で十二月二十三日であることが特定されている。

「ブラジリア　インドネシア大使館御中

敬愛するインドネシア大使閣下

貴国で起きる地震に関し、添付文書のように、これまでに幾度か手紙をお送りしてきましたが、また新たな地震が発生しようとしています。それは、二〇〇七年十二月二十三日にスマトラ島で起き、マグニチュードは8・5ですから、新たな津波のために、また多くの死者が出る可能性があります。私は皆様が、住民や観光客に、できるだけの対策を講じ、警告されるよう希望します。これは予知夢ですが、現実になる可能性が高いのです。

私たちは汚染を止めなくてはなりません。

数枚の文書のコピーを同封しておきます。

この警告が間違いであることを願います。神の祝福を。

二〇〇七年八月二十日（手書）

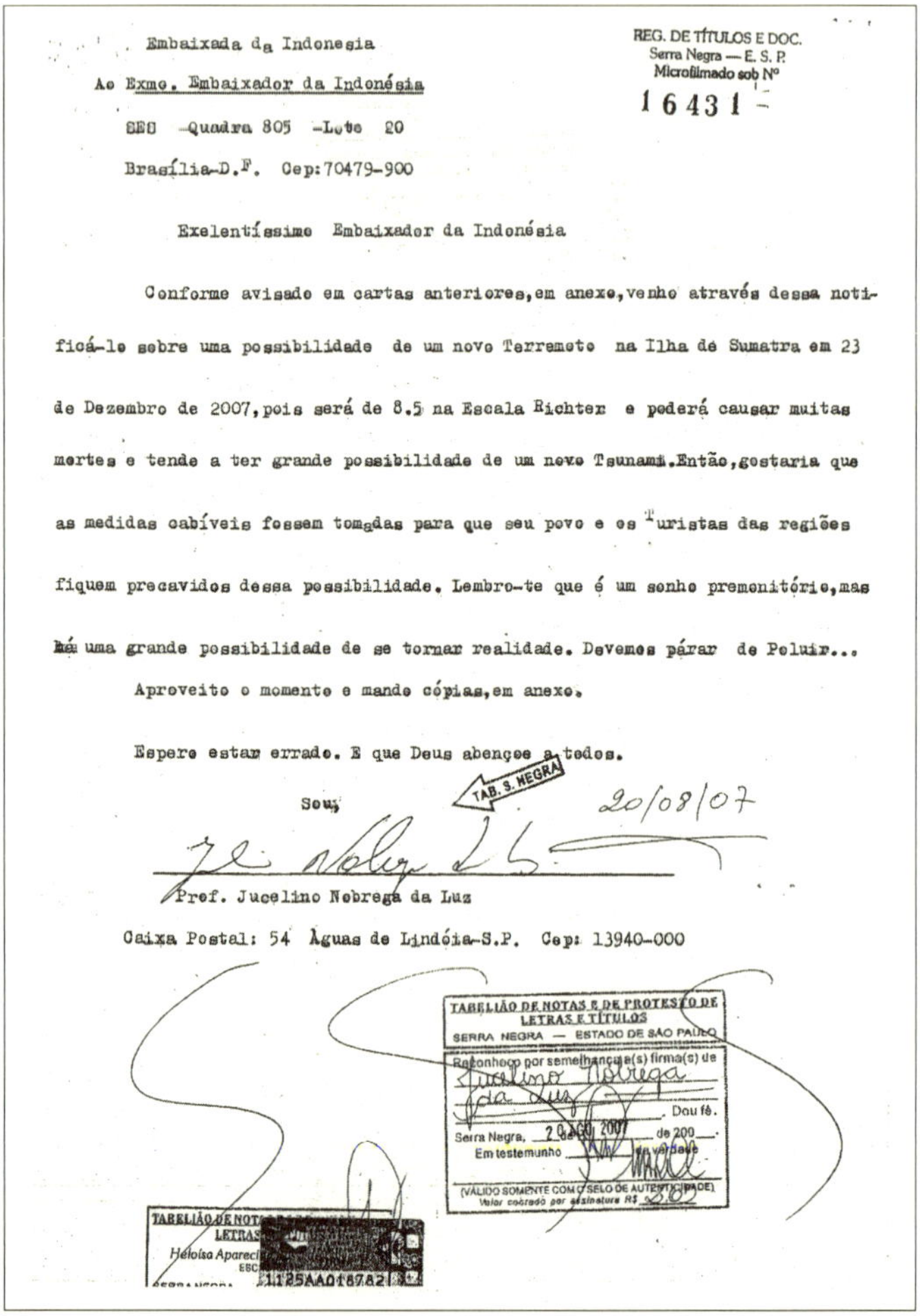

REG. DE TÍTULOS E DOC.
Serra Negra — E. S. P.
Microfilmado sob Nº
16431

Embaixada da Indonesia

Ao Exmo. Embaixador da Indonésia

SES Quadra 805 -Lote 20

Brasília-D.F. Cep:70479-900

Exelentíssimo Embaixador da Indonésia

Conforme avisado em cartas anteriores,em anexo,venho através dessa notificá-lo sobre uma possibilidade de um novo Terremoto na Ilha de Sumatra em 23 de Dezembro de 2007,pois será de 8.5 na Escala Richter e poderá causar muitas mortes e tende a ter grande possibilidade de um novo Tsunami.Então,gostaria que as medidas cabíveis fossem tomadas para que seu povo e os Turistas das regiões fiquem precavidos dessa possibilidade. Lembro-te que é um sonho premonitório,mas há uma grande possibilidade de se tornar realidade. Devemos parar de Poluir...

Aproveito o momento e mando cópias,em anexo.

Espero estar errado. E que Deus abençoe a todos.

TAB. S. NEGRA

Sou,

20/08/07

Prof. Jucelino Nobrega da Luz

Caixa Postal: 54 Águas de Lindóia-S.P. Cep: 13940-000

TABELIÃO DE NOTAS E DE PROTESTO DE LETRAS E TÍTULOS
SERRA NEGRA — ESTADO DE SÃO PAULO
Reconheço por semelhança a(s) firma(s) de Jucelino Nobrega da Luz. Dou fé.
Serra Negra, 20 AGO 2007 de 200
Em testemunho da verdade
(VÁLIDO SOMENTE COM O SELO DE AUTENTICIDADE)
Valor cobrado por assinatura R$ 3,02

TABELIÃO DE NOT...
LETRAS...
Heloísa Aparec...
ESC...
1125AA0187821

文書12—2
インドネシアの大地震を警告した書簡

アグアス・リンドーヤより
ジュセリーノ・ノーブレガ・ダ・ルース（署名）」

インドネシア当局は、このように再度通告が来たことによって、防災に取り組む姿勢をさらに強め、そのことが、最初の「ブラジル人心霊能力者」報道になったのであろう。

しかし、この地震は幸運にも発生しなかったが、現地では一日前にマグニチュード６・０レベルの強い地震があり、当局は避難対策が十分だったので、被害はなかったと発表したという。ある意味、このことはジュセリーノ氏といえども外れることがあるということで、安堵の気持ちが生まれた人もいるだろう。

だが、このように、外れたように見えても、その理由となる条件が付記されている場合がある。それが次の文書の中に見られる二〇〇七年十一月二十五日に千葉県で起きるとされた地震の予知である。

この日本の地震に関し、同種の内容のポルトガル語書簡が、二〇〇五年の一月に、すでにフィリピン大使館に送られている。またそのコピーが、二〇〇六年十二月二十一日に日本の朝日新聞本社にも送られており、その配達証明書（12―5）が存在している。

ここで紹介する文書（12―3～4）は、最初の文書（12―1）の翌日に、同じインドネシア

Águas de Lindóia,May 30 of 2006

Letter number 001-B/30/05/2006

Panji Masyarakat ,Majlah
O/c Principal's Office
Jl Penjernihan 11 12-A- Pejompongan
Jakarta, 10210 -Indonesia

Dear Sir(Mister):

I log time ago people believed that no-one could predict the future, but what I think the worst case that might happen is that the North Polar Ice Cap will melt and then the Greenland ice cap will start to collapse and we will have a very rapid rise in Sea Level and maybe 550 million people will be displaced by the rising sea level and many cities around the world will disappear under the waves and all of our port facilities will cease operating,so we won't be able to transport food around the world,or goods,and many of our airports will become unfunctional and people will start trying to protect their own little patch and we have a propensity to violence.When we are stressed we tend to react with violence and the world is full of nuclear weapons,so the wors catastrophe I can imagine is where we enter a new dark age.Where law and order has broken down internationally.Most people would die in that circumstances, most people living on t e world will die(at least 80% until 2043)and who knows when that might happen.It could be five years and/or 30 years away,but that is my nightmare scenario.Nevertheless I believe that we can all do something to avoid this scenario: Respect one another; Love one another; do not destroy our environment,and constroy a world of peace for everlasting among human being. Let's give our Nature a chance!!!

Messages:

1. In my dreams I saw an Earthquake in Indonesia of 6.4 Degrees Scale in Sumbawa Region of November 25 of 2007,and it may kill 7 people and 45 hurt;

2. An Earthquake of 5.1 will reach Sumatra Island in November 25 of 2007;

3. I saw in my predictions an earthquake reach Ceram Island -Region of Molucas- Nearby Ambon , a 5.4 degree on Scale in November 24 of 2007;

Turn Over---

文書12—3
世界の気候変動と、スマトラで起きる地震についてインドネシア等に送られた警告書

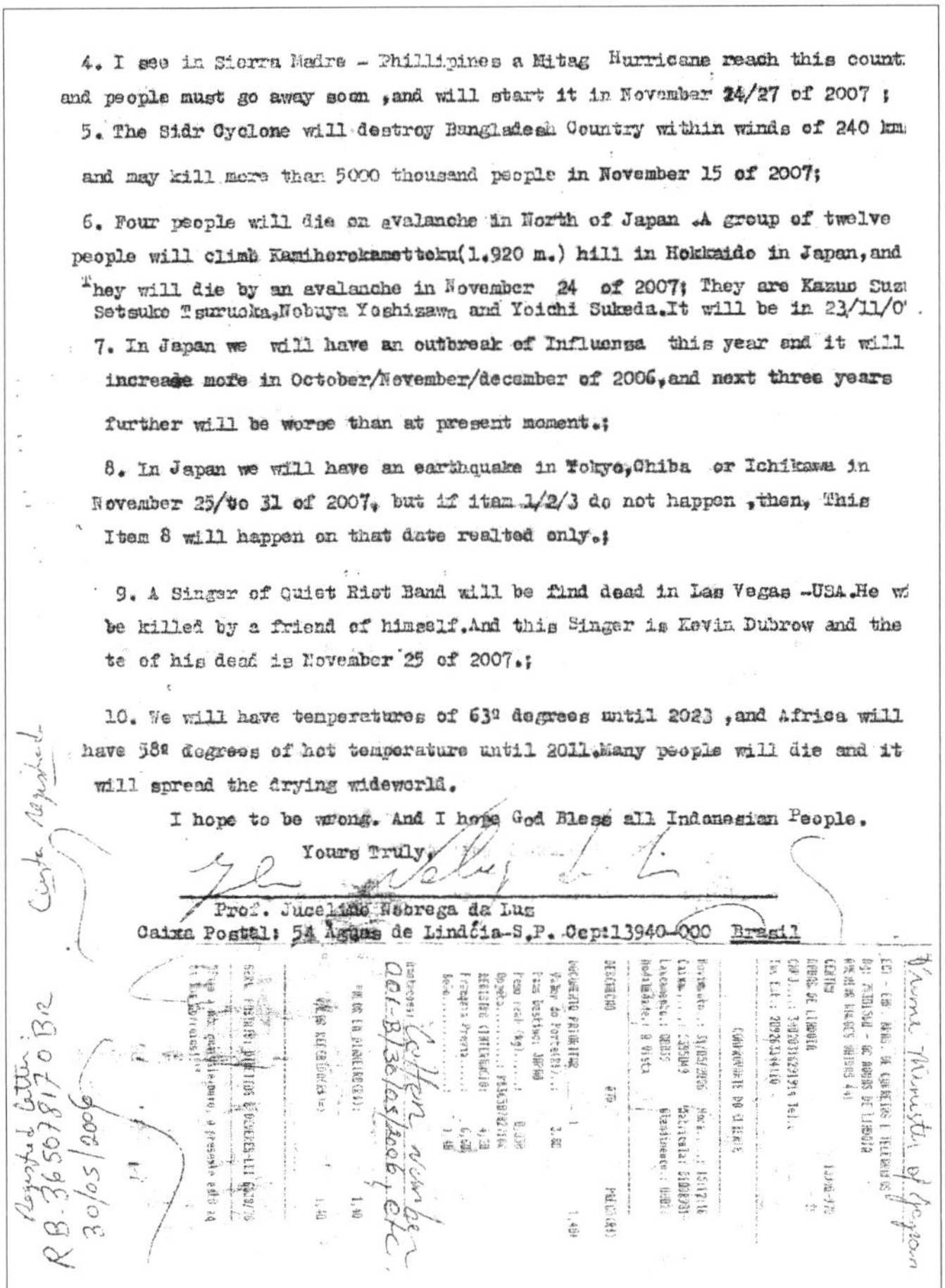

4. I see in Sierra Madre - Phillipines a Mitag Hurricane reach this count
and people must go away soon ,and will start it in November 24/27 of 2007 ;
5. The Sidr Cyclone will destroy Bangladesh Country within winds of 240 km
and may kill more than 5000 thousand people in November 15 of 2007;
6. Four people will die on avalanche in North of Japan .A group of twelve
people will climb Kamiherokamettoku(1.920 m.) hill in Hokkaido in Japan,and
They will die by an avalanche in November 24 of 2007; They are Kazuo Suz
Setsuko Tsuruoka,Nobuya Yoshizawa and Yoichi Sukeda.It will be in 23/11/0'.
7. In Japan we will have an outbreak of Influensa this year and it will
increase more in October/November/december of 2006,and next three years
further will be worse than at present moment.;
8. In Japan we will have an earthquake in Tokyo,Chiba or Ichikawa in
November 25/to 31 of 2007, but if itam 1/2/3 do not happen ,then, This
Item 8 will happen on that date realted only.;
9. A Singer of Quiet Riot Band will be find dead in Las Vegas -USA.He w
be killed by a friend of himself.And this Singer is Kevin Dubrow and the
te of his dead is November 25 of 2007.;
10. We will have temperatures of 63º degrees until 2023 ,and Africa will
have 58º degrees of hot temperature until 2011.Many people will die and it
will spread the drying wideworld.
I hope to be wrong. And I hope God Bless all Indonesian People.
Yours Truly,
Prof. Jucelino Nobrega da Luz
Caixa Postal: 54 Águas de Lindóia-S.P. Cep:13940-000 Brasil

文書12—4
日本の千葉県で起きる地震や十勝岳遭難事件を予知した文書。日本にも送っている

差出国
Country of Origin
BRAZIL

配達証
Proof of Delivery

海外番号
Item Number
RA002718854BR 書留

受領印 又は 受取人の 署名・サイン Signature	36 〔日付印〕 06.12.21 02
配達日時 Delivery	月 month 日 day 時 at hour 分 minute on

関税等 Tax	円	通関料 Charge	円

追跡用番号
Domestic use
Tracking Number

ER224431616JP

(1年6か月保存)

文書12—5
日本の朝日新聞本社に送付した文書の配達証明書

首相官邸の責任者にあてた書簡である。文書の最後に二〇〇六年五月三十一日の日付がある発送レシートがあり、日本にも送ったとサインされている。

「アグアス・デ・リンドーヤ発信
二〇〇六年五月三十日　手紙ナンバー002―B
ジャカルタのインドネシア首相官邸気付

親愛なる長官閣下――

かつては、未来は誰にも予知できないと信じられていました。しかし、起こるかもしれない最悪のケースについて、私は次のように思っています。

すなわち、北極の万年雪が解け、グリーンランドの万年雪が崩壊し始めて海面が急速に上昇し、五億五千万人の人々が移住を余儀なくされるでしょう。そして世界中の多くの都市が波の下に消え、港湾施設は稼働しなくなります。そのため、もはや食料や商品は輸出されなくなります。

また、多くの空港は機能がマヒし、人々は自分たちの小さな領域を守り始め、暴力に傾き始めるでしょう。人はストレスにさらされると、暴力に及ぶ傾向にあります。そして世界は核兵器に満ちています。そのため、想像できる破局としては、世界が〝暗黒の時代〟に入っていくことです。そこでは、法律や秩序が意図的に破られます。そのような状況下では、多くの人々が亡くなるでしょうが（二〇四三年までに少なくとも八〇パーセント）、正確にそれがいつ起こるかは誰にも分かりません。五年後かもしれませんし、三十年後かもしれません。それは悪夢のシナリオです。それでも、このシナリオを回避するために私たち人類ができることはあると私は信じています。すなわち、お互いを認め合うこと、愛し合うこと、環境を破壊しないこと、恒久的な世界平和を打ち立てることなどです。私たちの環境にチャンスを与えようではありませんか！

メッセージ ――

1）私は夢の中で見ました。二〇〇七年十一月二十五日に、インドネシアのサンバワ地方でマグニチュード6・4の地震があります。七人の人が亡くなり、四十五人の人が負傷するかもしれません。

2）同日、マグニチュード6・1の地震がスマトラ島に及ぶでしょう。

3）二〇〇七年十一月二十四日、マグニチュード5・4の地震が、セラム島のアンボンに近いモルカス地方に及ぶでしょう。

4）二〇〇七年十一月二十四日から二十七日にかけて、フィリピンのシオラマドレにハリケーンのミートクが上陸しますので、人々はまもなく避難しなければなりません。

5）二〇〇七年十一月十五日、時速二四〇キロメートルのサイクロン、シドルがバングラデシュに被害をもたらし、五千人以上の人が亡くなるかもしれません。

6）日本の北で起こる雪崩《なだれ》で四人が亡くなります。二〇〇七年十一月二十四日、十二人のグループが北海道のカミホロカメットク山（一千九百二十メートル）に登山し、雪崩によって亡くなります。それは二〇〇七年十一月二十三日でしょう。

7）日本では今年（二〇〇六年）インフルエンザが猛威を振るい、それは十月から十二月にかけてひどくなるでしょう。さらに今後三年間は現在よりもっとひどくなります。

8）二〇〇七年十一月二十五日から三十一日にかけて、東京、千葉もしくは市川で地震が起こります。ただし、前項第1、2、3項の地震が起きなければで、この第8項の地震はそれらに関連してのみ起こります。

9）クワイエット・ライオットのメンバーが、ラスベガスで亡くなっているのが発見されます。彼は友人に殺されるでしょう。それはケヴィン・ダブロウで、二〇〇七年十一月二十五日に起こるでしょう。

10）二〇二三年までに、気温がセ氏六三度まで上昇するところがあるでしょう。アフリカは二〇一一年までに最高気温がセ氏五八度になります。多くの人が亡くなり、死にゆく世界が広がります。

私は自分が間違っていることを祈ります。すべてのインドネシアの人々に神の祝福がありますように。

ジュセリーノ・ノーブレガ・ダ・ルース（署名・住所）」

書簡の冒頭には、世界全体の気候変動にどのように対応すべきかについての概要が述べられている。これからさらに厳しい状況が訪れることがうかがわれる。

次にメッセージとして、全10項の予知が述べられているが、このような形態の予知文書は、前の晩に見た予知夢がすべて書き出されたものといわれる。そのため、あまり関係のない予知も混入してくるようだ。したがって、このような文面の場合は、よりオリジナルに近いとされる。

ともかくここで予知された事件を検証してみよう。

一ページ目のメッセージ第1項から第3項までの、インドネシアで起きる地震は、ほとんど予知どおりに起きている。

第1項にあるように、インドネシアのサンバワで、十一月二十五日の午後四時にマグニチュード6・7、さらに午後八時頃に余震と思われる6・3の地震が起きている。また、第2項にあるように、同日スマトラ島南部で、午前二時に6・1、十時に5・0が起きた。3項については、セラム海で二十四日の午前十時にマグニチュード5・3の地震が起きている。すべて予知どおりである。被災状況についての日本での報道は見当たらない。

以上三件の地震の発生というのは、第8項の日本で起きるとされた地震と連動していることに注意する必要がある。


第4項のハリケーンというのは、フィリピンを襲った台風24号である。予知どおり、台風名は「ミートク」と名づけられ、迷走したあげく二十六日にフィリピン北部に上陸し、十二人の死者を出し、漁船や軍用機の遭難などを起こした後、沖縄方面に向かった。

第5項にあるバングラデシュのサイクロンによる水害は、予知以上の被害を出している。十一月十五日、カテゴリー4の勢力で上陸したサイクロン「シドル」は、風速六九メートルで吹き荒れた。それによる豪雨で低地の多い国土に洪水が広がり、国民の半数が被害を受け、死者行方不明は一万人以上ともいわれた。これには海面上昇が大きく影響しており、今後の被害が心配される。


第6項の日本における遭難事件は、確かにこの日に起きた。北海道上富良野町の十勝岳連峰にあるこの山で、十一月二十四日に遭難者が発見されている。登山者は十一人だった。

第7項のインフルエンザは、このころから新型の流行を警戒し、新しいワクチンであるタミフルの使用をめぐるトラブルが問題になり出した。

第8項の、千葉で起きるとされた地震は、最初の第1〜3項のインドネシアでの地震が同日に起きているので、結果的に発生しなかった。

実は、十一月に日本で講演会やテレビ出演してもらいたいという来日要請が八月ころに出ていたのであるが、ジュセリーノ氏は、この予言があったため、来日を一ヵ月延期したのである。このような事情が発生したことを電話で知った私どもは、十一月二十五日に千葉で地震が起きるということを、いち早くホームページに掲載してしまったが、この予知文書を確認してから告知すべきだったと後悔している次第である。しかし、場合によっては、インドネシアで起きずに、千葉で起きたかもしれず、複雑な気持ちを持っている。

このように、地震のエネルギーというものが、環太平洋地震帯の複数のポイントで一種のバランスによって吐き出されていると思われる現象が、二〇〇八年九月十三日に起きるとされる地震が中国か日本の東海沖かという予知にも適応されると考えられる。

この件は、まだ予知文書としては存在しておらず、二〇〇七年の日本招聘延期と関係して出てきた予知で、詳細を、弊社ホームページに二〇〇七年九月二十四日に掲載した「韮澤潤一郎コラム87」より引用する。

「二〇〇八年に東海地震の可能性 ――

これは、今年（二〇〇七年）の八月二十五日に『助言者』が警告したため、ジュセリーノ氏が意気消沈して日本に電話をかけてきた理由になっており、まだ文書は存在していないと思われますが、内容は非常に重要な意味がありますので、あえて今回、当コラムで公開することに致しました。

その内容は以下のようなものです。

〝二〇〇八年九月十三日に起きる中国の地震（「予言集Ｉ」一四五ページ参照）は、日本の東海地震となる可能性があります。日本で起きれば、中国では起きないし、もし中国で起きれば、日本の東海地震は二〇一八年になります〟

これは私たちにとって非常に戸惑いを感じさせる内容であり、その見極めが必要になってきます。セナの事故のように、発生時期が迫ってきて、より正確な予言が出てくる場合もありますが、ダイアナ妃事故のように、最初の予言が正確だった場合もあり、見極めは簡単ではありません。（「未来からの警告」参照）

この予言に対し、〝（東海地震の）震源地は、静岡ですか？　それとも名古屋に近いのでしょうか？〟と質問したところ、〝名古屋あたりです〟とのことでした。

もしそうだとすると、エリア的には東海というより東南海地震に近いことになります」

日本の東海地方で起きる場合の地震の規模は、マグニチュード８・６で、三万人の人が家を失い、六百人以上の死者が出ると、後日連絡があった。

中国の海南島あたりで起きる場合は、「予言集Ⅰ」にあるように、マグニチュードは9・1で、三〇メートル以上の津波が発生し、犠牲者は百万人以上という。

その後、南寧に工場を持つという日本企業の責任者からの相談に対し、ジュセリーノ氏は「場所を移した方がいいでしょう」と答えている。


第9項で、殺されるといわれたケヴィン・ダブロウとは、アメリカのヘヴィメタル・バンド「クワイエット・ライオット」のリードヴォーカルで、予知された日にラスベガスの自宅から遺体で発見されている。先日、死因がコカインの過剰摂取によるものではないかとの報道があったが、真偽の程は定かではない。

ジュセリーノ氏は、このような予知の仕方を時々するので、ブラジルでの殺人事件で共犯を疑われ、二〇〇七年の初めに騒動になったことがある。犯人か共犯者でなければ知り得ないことを、事件が起きる前に言うのだから、警察が疑うのも無理もない。


第10項では、世界の気温上昇を警告している。おそらくは夏場の気温であろうが、日本に対しても、二〇〇八年以後、さらに最高気温の記録を上回る値が日常化すると、ジュセリーノ氏は言っている。

文書13　イスラエル総領事館あて（一九九八年七月九日）と
イスラエル首相あて（二〇〇六年一月六日）

予知内容――
・イスラエルの〝民族隔離壁〟建設の開始（二〇〇四年初頭）
・新潟県中越地震の発生（二〇〇四年十月）
・二〇〇六年から二〇〇八年に日本で起きるさらに大きな地震
・ヒズボラ紛争の発生（二〇〇六年七月）

最初の文書（13―1）は、ブラジルのコパカバーナにある、イスラエル総領事館に送った手紙である。しかし、その前に電話で予知を伝えようとしたものの、なんら要領を得ないので、改めて、この手紙で大学やマスコミの住所を尋ねているものだ。

「ブエノ・ブランド発信
一九九八年七月九日　手紙ナンバー001（二通）

Bueno Brandão, 09 de julho de 1998

Carta nº001/09 de julho/04-em duas vias

Assunto:Atentados e solicitação de endereços para envio de cartas e avisos.

Prezado Senhor Cônsul Geral,

Primeiramente,gostaria de solicitar alguns endereços de Universidades, Ministério da Educação,e alguns periódicos para que eu possa enviar às minhas mensagens e como V.Sa.,já adiantou que não poderia comentar sobre atentados em carta,mesmo assim,vos envio alguns fatos que irão ocorrer nos próximos anos e pelo telefone o Sr. Disse-me que poderia comentar,mas alertou-me que não faria comentários sobre o fato,porque isso vem a relacionar a segurança Nacional de vosso país e não poderá ser divulgado.

Mensagem:

A) Eis então,que observei grande revolta entre Palestinos e Israelenses, nos anos de 2002 a 2006 e muitas mortes surgirão por todo o país e uma imensa guerra e o país Israel,irá no ano de 2004,construir um muro quase igual o de Berlim,ou mesmo maior,para separar os povos...Observei Tentativas de assassinato contra Ariel Sharon e o líder Palestino,onde os dois estarão correndo grande risco de vida entre 2004 a 2006. Então,vi um grande atentado no Egito,contra o hotel hilton de Taba, entre 10 a 12 de outubro de 2004.Muitos morrerão lá.

B) Eis que também pude observar um grande terremoto atingir o Japão, na província de Niigata,ente 18 a 19 de outubro de 2004.Muitos mortos.O pior será entre 2006 a 2008.

Essas são algumas mensagens que lhe envio e aproveito o ensejo,e mando-lhe cópias dos atentados que ocorrerão no dia 11/09/01-EUA e em 11/03/04,em Madrid(Espanha).Sem mais para o momento.

Atenciosamente,

文書13—1
パレスチナに民族隔離壁が建設されることと、新潟県中越地震を予知した1998年の手紙

内容：紛争発生の警告と関係連絡先の要請

イスラエル総領事館御中
先にそちらに電話でご連絡した際、私が言ったことに対し、国家の安全上発表できないし、一切答えることができないと言われましたので、それらを伝えることができる、あなたの国にある大学の研究機関、または教育省とか新聞社などの住所や連絡先をお尋ねしたいと思います。
それでもなお、これから数年後に起きることをお知らせします。

メッセージ――――

A）二〇〇二年から二〇〇六年にかけて、パレスチナとイスラエル間で、大きな紛争が起きるのを私は見ました。国中で大きな戦乱が起き、多くの死者が出ます。そして二〇〇四年には、イスラエルが民族を分断するために、ベルリンの壁以上の隔離壁を建設するのです。また、パレスチナによるアリエル・シャロン（イスラエル前首相・当時は外相）などリーダーたちへの暗殺未遂が、二〇〇四年から二〇〇六年の間に起きるのを見ました。そしてエジプトのタバにあるヒルトン・ホテルで二〇〇四年十月十日から十二日に爆弾テロが起き、多くの人が亡くなります。

B）さらに私が見たのは、二〇〇四年十月十八日から十九日に、日本の新潟地方で大きな地震が起き、多くの死者が出るということです。しかし、もっと大きな地震が二〇〇六年から二〇〇八年にあります。

この際、二〇〇一年九月十一日にアメリカで起きるテロ事件と、二〇〇四年三月十一日に、スペインのマドリードで起きる事件の文書を同封させていただきます。これらが起きないことを願っています」

手紙に述べられているメッセージの内容を検証する前に、領事館のレターヘッド付きの返書（13―2）が来ていることを確認していただきたい。

ジュセリーノ氏が出した手紙に対し、三週間ほど経った七月二十九日にこの返書は出されており、氏の要請に従った内容が記されていて、最初の手紙の文面を確証したものとなっている。

上部に、ジュセリーノ氏自身が、自分の手紙の発送日と相手の住所を記し、そのときの切手代を手書きで記入してある。

その下の領事館からの手紙そのものには、ヘブライ語が記されたイスラエル領事館のレターヘッド・マークがあり、日付は一九九八年七月二十九日で、住所はコパカバーナがあるリオデ

Protocolado no Correio:
Data: 09/07/1998 -Em Bueno Brandão-M.G.
Consulado Geral de Israel
Pago R$1,05
AO Exmo. Sr. Cônsul Geral
Avenida Nossa Senhora de Copacabana ,680/Cob 22050-000

CONSULADO GERAL DE ISRAEL
RIO DE JANEIRO

הקונסוליה הכללית של ישראל
ריו דה ז'נירו

Rio de Janeiro, 29 de julho de 1998-07-29

Ilmo. Sr.
Prof. Jucelino Nobrega da Luz

Prezado professor,

Acusamos o recebimento de sua correspondência de 09 do corrente, solicitando informações e endereços do Ministério da Educação e Universidades.

Ministério da educação
Endereço: SHIVTEI ISRAEL, 34
BINIAN ALEF
JERUSALÉM
Telefone: 00972 – 02 – 560-2222
00972 – 02 - 560-2269

Universidade de Tel Aviv
Endereço: RAMAT AVIV, 69978
TEL AVIV
Telefone: 00972 – 03 – 640-8111
Fax: 00972 - 03 – 640-7174
http://www.tau.ac.il

Universidade de Haifa
Endereço: 31905 Haifa
Telefone: 00972 – 04 – 824 – 0111
Fax: 00972 – 04 – 834 – 2101
http //www.haifa.ac.il

Segue os folhetos e jornais solicitados.

Atenciosamente,
Helena Mizrahi
Divulgação

文書13―２
イスラエル領事館の返信文。前文書に応え、教育省と大学の住所を知らせているジャネイロから出されていることが分かる。

ジュセリーノ氏の依頼に応え、「あなたの九日付の書簡で要請されている、手紙を送るためのあて先として、教育省と大学の連絡先をお知らせします」とあり、イスラエル国内にある、教育省と二つの大学の、住所、電話番号、ならびにファクス番号、さらに大学のホームページも記入されている。

最後に、「新聞社などの案内書を同封します」と書かれ、担当者のサインが手書きで入っている。

それでは、ジュセリーノ氏がその手紙で予知していることがどのように起きたかをみてみよう。

まずA項だが、イスラエルはパレスチナのガザ地区に、「アパルトヘイト・ウォール」と呼ばれた民族隔離壁を二〇〇三年には一八〇キロメートルにわたって作っていたが、新たに六八七キロを追加建設すると発表した。この新しい壁は、まさしく予知どおり、ベルリンの壁を上回る高さ八メートルものセメントの壁で、パレスチナ人の農業と日常の経済活動を破壊し、生活そのものを困窮させるものとなった。この後、両者の対立が激化し、テロや内乱が繰り返されたことは言うまでもない。

エジプトのヒルトン・ホテルにおけるテロ事件については、前出の**文書2**では、日付まで特定されていなかったが、今回の手紙で分かることは、予知より三日ほど早く起きたということである。二〇〇四年十月七日に、二十三人の死者を出している。

B）項の新潟県中越地震に関しては、この文書が最も詳細に記述されている。しかも発生する五年も前に、ここまで予知されていたということを改めて知ることができる。地震が発生した日付は、予知より五日遅れて、十月二十三日であった。ちなみに、二〇〇三年に出された前作「予言集Ｉ」の事件25文書では、期日がばくぜんとしか書かれていない。したがって、毎日多くの文書を出すジュセリーノ氏は、初期のデータとなる文書を確認することなく、後年に、うろ覚えで記入しているということがうかがえる。

また、このように無関係の予言が記入されるのは、イスラエルの壁に関する予知が出た日と同じ日に、日本の地震を夢で見たことを意味している。

さらに、国家を揺るがす大事件と思われる、アメリカとイギリスで起きるテロの予知文書を添え、自分の警告書簡を補強した形で手紙を出している。

いずれにしても、この文書は、イスラエル総領事館が返信を出していたということで、高く評価されるべきであろう。

次も、パレスチナ問題を取り上げた、イスラエルに対する予言書である。

「ポウゾ・アレグレ発信　二〇〇六年一月六日

親愛なるイスラエル首相閣下

現況の好転をめざして一歩を踏み出すたびに、それがさらに破局の道へと向かうことになります。つまり、ジャンボ旅客機の墜落、住居区の崩壊、大気を汚染する有害物などです。

以下に私のメッセージを伝えます。

私には、夢の中で、イスラエルとパレスチナが、七月の初めに血塗られた戦争を始めるのが見えます。それによって多くの罪なき民が殺されます。二〇〇六年八月六日には、ヒズボラによってロケットが放たれ、それがハイファ地区に達します。それは双方で血塗られた戦争となるでしょう（二〇〇六年一月四日予知）。

私自身は、この世界は実に素晴らしいものだと思っております。

しかし神々の名のもとになされる戦争は、私たちの子供を殺し、人々を恐怖に陥れます。彼らは自らを縛りつける物質世界に生きており、精神が貧しいのです。

ジュセリーノ・ノーブレガ・ダ・ルース（電話番号）」

戦争や紛争はジュセリーノ氏が心を痛める光景である。出先から手書きで文書（13―3）を

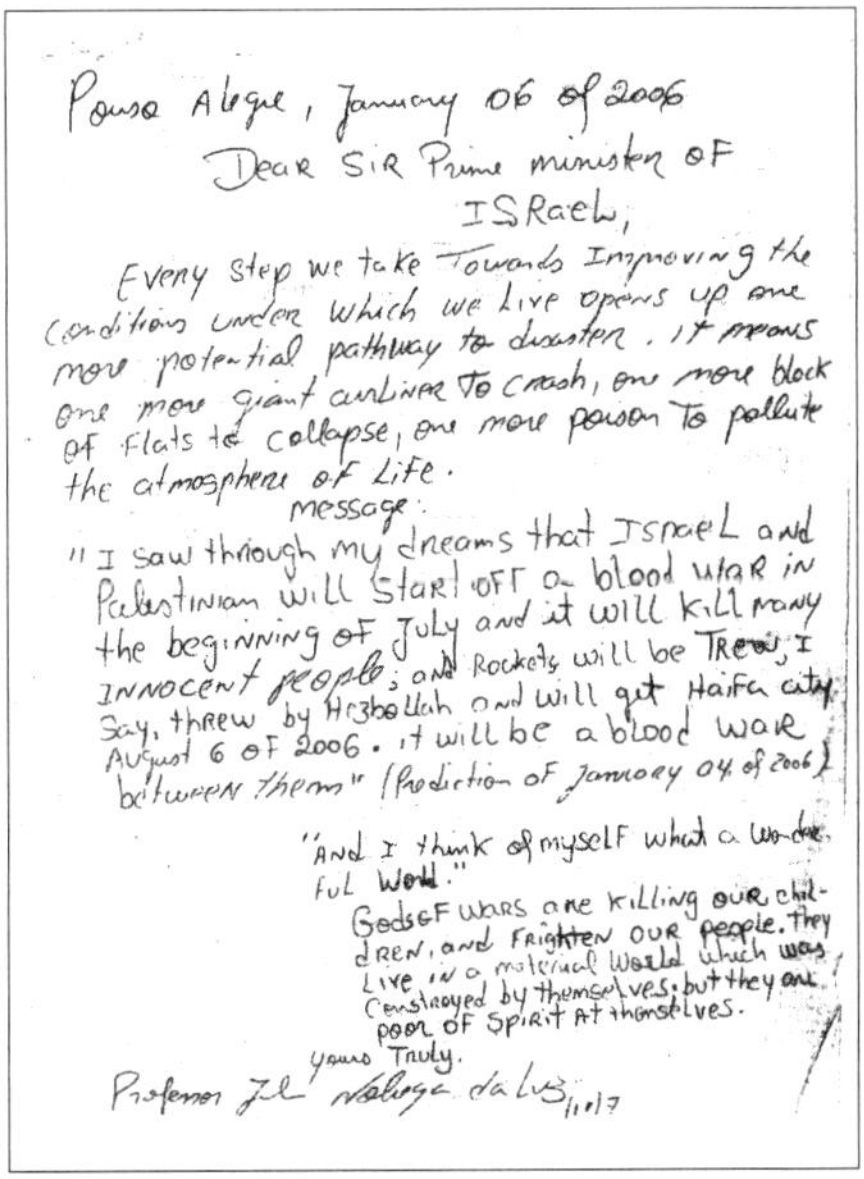

Pouso Alegre, January 06 of 2006

Dear Sir Prime minister of ISRael,

Every step we take Towards Improving the conditions under which we live opens up one more potential pathway to disaster. It means one more giant airliner to crash, one more block of flats to collapse, one more poison to pollute the atmosphere of Life.

message

"I saw through my dreams that Israel and Palestinian will start off a blood war in the beginning of July and it will kill many innocent people; and Rockets will be Trew, I say, threw by Hezbollah and will get Haifa city August 6 of 2006. it will be a blood war between them" (Prediction of January 04 of 2006)

"And I think of myself what a wonderful World."

Gods of wars are killing our children, and frighten our people. They live in a material World which was constroyed by themselves, but they are poor of Spirit at themselves.

Yours Truly.

Professor Jucelino Nóbrega da Luz

文書13―3
イスラエル首相に出したヒズボラ紛争の予知文書。宗教戦争をいましめている

起こしている。

後に「レバノン紛争」といわれるようになった、イスラエルとヒズボラの対立は、パレスチナ武装勢力がイスラエルに対して、捕虜の釈放を要求したことに端を発し、この年の七月四日にその要求を拒否したイスラエル軍が、ガザ北部に戦車で侵入することになった。そして対立がエスカレートし、八月四日にヒズボラがテルアビブ攻撃を宣言して、予知より一日早く、八月五日に国境を越えてロケット弾の攻撃が始まった。それから双方に多数の死者を出す紛争に発展していった。

文書14　ジョージ・ブッシュ大統領あて（二〇〇四年四月二十日）と
米国務長官あて（二〇〇六年六月十二日）
国務省からの返信メール（二〇〇六年六月二十九日）

予知内容――
・オサマとザルカウィ両容疑者の居場所と逮捕

アラブによるテロの首謀者の一人とされるザルカウィ容疑者が発見される二年ほど前に、アメリカ大統領に所在の詳細を通告している（14―1）。

「ポウゾ・アレグレ発信　二〇〇四年四月二十日　手紙ナンバー007（二通）
親愛なるジョージ・W・ブッシュ大統領閣下

（まえがき略）

では、以下のメッセージをご覧ください。

私は夢の中で次のようなものを見ました。すなわち、バクラの北七十五キロ、バクジの近く、ディアラ川に臨むヒブヒブという小さな別荘に、アブ・ムサブ・アル・ザルカウィが潜んでい

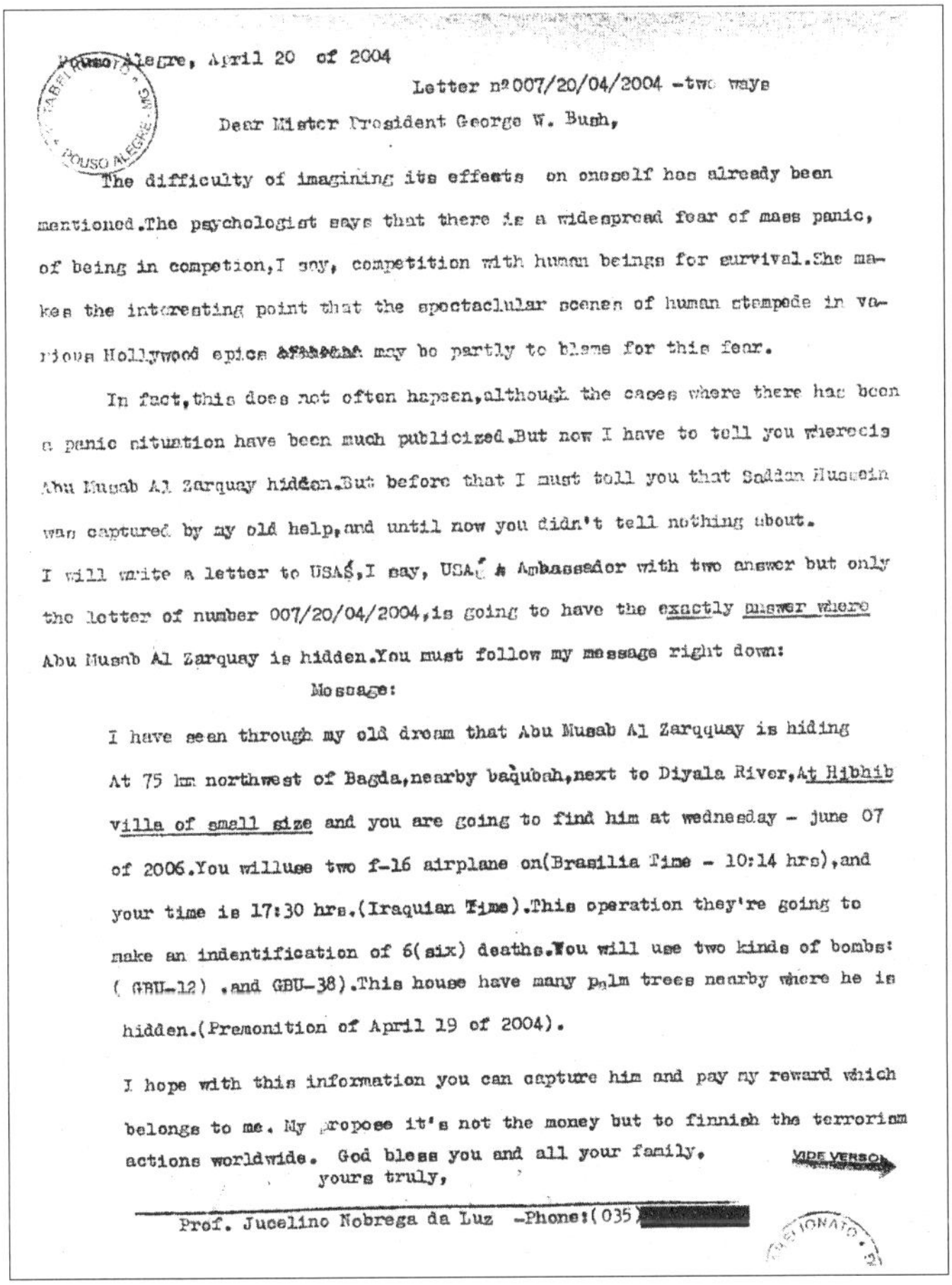

Pouso Alegre, April 20 of 2004

Letter nº 007/20/04/2004 -two ways

Dear Mister President George W. Bush,

The difficulty of imagining its effects on oneself has already been mentioned.The psychologist says that there is a widespread fear of mass panic, of being in competion,I say, competition with human beings for survival.She makes the interesting point that the spectaclular scenes of human stampede in various Hollywood epics may be partly to blame for this fear.

In fact,this does not often happen,although the cases where there has been a panic situation have been much publicized.But now I have to tell you wherecis Abu Musab Al Zarquay hidden.But before that I must tell you that Saddan Hussein was captured by my old help,and until now you didn't tell nothing about.
I will write a letter to USAŚ,I say, USA'S Ambassador with two answer but only the letter of number 007/20/04/2004,is going to have the exactly answer where Abu Musab Al Zarquay is hidden.You must follow my message right down:

Message:

I have seen through my old dream that Abu Musab Al Zarqquay is hiding At 75 km northwest of Bagda,nearby baqubah,next to Diyala River,At Hibhib villa of small size and you are going to find him at wednesday - june 07 of 2006.You willuse two f-16 airplane on(Brasilia Time - 10:14 hrs),and your time is 17:30 hrs.(Iraquian Time).This operation they're going to make an indentification of 6(six) deaths.You will use two kinds of bombs: (GBU-12) .and GBU-38).This house have many palm trees nearby where he is hidden.(Premonition of April 19 of 2004).

I hope with this information you can capture him and pay my reward which belongs to me. My propose it's not the money but to finnish the terrorism actions worldwide. God bless you and all your family.

VIDE VERSO

yours truly,

Prof. Jucelino Nobrega da Luz -Phone:(035[redacted]

文書14—1
逮捕される2年前にザルカウィ容疑者の所在を通告したブッシュ大統領あて書簡

ます。そして、あなた方は二〇〇六年六月七日の水曜日、彼を発見します。

あなた方は二機のF16戦闘機を、ブラジル時間で十時十四分、イラク時間で十七時三十分に使用します。この遂行によって、六人の死亡を確認するでしょう。

あなた方は、二種類の爆弾（GBU-12およびGBU-38）を使用します。彼が潜んでいる別荘の近くには、たくさんのヤシの木があります（二〇〇四年四月十九日予知）。

この情報によってあなた方が彼を捕まえることを、そうして本来私のものである報奨金を支払うことを希望します。ただし、私はお金のために申し上げているのではなく、世界中のテロ行為を終わらせるために申し上げています。あなたとあなたの家族に神の祝福がありますように。


ジュセリーノ・ノーブレガ・ダ・ルース」


米軍の戦闘機が、ザルカウィ容疑者の隠れ家を爆撃したのは、予知どおり二〇〇六年六月七日、現地時間午後六時十五分だった。予知した時間より四十五分遅れである。

二機の戦闘機が爆撃することや、場所、死者数など一致している。死んだ六人の中には、女性と子供がいた。イラク軍が現地に到着した時には、本人はまだ生きていたといわれる。米軍は身体的特徴から、本人であることを確認したと説明した。

投下した爆弾は二発で、それが予知にある二種類の爆弾かどうかは、一般のニュースでは確かめようがない。だが、この手紙を受け取った当局者には、爆弾の種類まで明記してあるこの文書は、きわめて重大な意味を持ったに違いない。

実際に予知どおり、ザルカウィが逮捕されたので、ジュセリーノ氏はその五日後に、あわてて国務長官に手書きで過去の文書をあげて、手紙（14―2）を出している。

「アグアス・デ・リンドーヤ発信
二〇〇六年六月十二日　手紙ナンバー003

親愛なる国務長官様へ
オサマ・ビン・ラディンおよびアブ・ムサブ・アル・ザルカウィについて、かねてよりあなたに申し上げ、また貴国の政府にも、二〇〇四年四月二十日の手紙（14―1）や、二〇〇五年十月十一日の公証人登録番号AFO―95579の手紙、ならびに二〇〇四年五月十八日付で、あなたの受取文書コード#557334と記されたホワイトハウスへの配達証明書がある古い手紙などで申し上げていたように、アブ・ムサブ・アル・ザルカウィの居場所を伝えておりました。ですから、これから私は何をすればいいのか、お教えください。適切なご返答をお待ちしております。

Águas de Lindóia, June 12 of 2006.
Letter Nº 003/12/06/2006

Dear mister General Secretary,

As I was Telling you about Osama Bin Laden and ABU musab al Zarquay, So, I told your government the localization of ABU musab al Zarquay AS well as my old letter of Nº 007/20/04/2004 and Registered by Notary by number AFO 95579 of 11/10/05 and "AR" of May 18 2004, signed by the White House Washington DC 20502 - and your Reference code of Receipt #557334. So I would like to know what to do right now!? That's because I am waiting your prompt answer.

Yours Truly,

Professor Jucelino Nóbrega da Luz.
Phone: (19) [redacted] or (11) [redacted]
Caixa postal [redacted] - [redacted]
Cep: [redacted] Brazil

文書14—2
所在を通告してあるのに、オサマ・ビン・ラディンがなぜつかまえられないのかと米国務長官に問いつめているジュセリーノ・ノーブレガ・ダ・ルース（電話番号・住所）」

すでに国務長官あての手紙が三度目になっているので、この文面に出ている登記された文書や、配達証明のある手紙などで、オサマ・ビン・ラディン容疑者の所在場所は通告されているはずである。だが、いまだに逮捕されていないため、それらの文書は公表されていない。

しかし、いずれの通告に対しても、フセイン逮捕時と同様（「予言集Ⅰ」参照）、無視し続けるアメリカ当局に対し、「自分はどうすればいいか」と、強く返答を求めている。

次の電子メール（14―3〜4）も、同様の内容だが、おそらくザルカウィが捕獲される前にジュセリーノ氏が送ったものに対する返書と思われる。日付が確認できるのは文書登記の印だけなので、アメリカ国務省が返事を出したのが、ザルカウィ爆撃後ということになったのであろう。

このメール書簡は、公証役場に登記され、受領日付の入った登記印が押されている。

――文書登録公正証書印　二〇〇六年六月二十九日

文書番号０００００６３１３９５

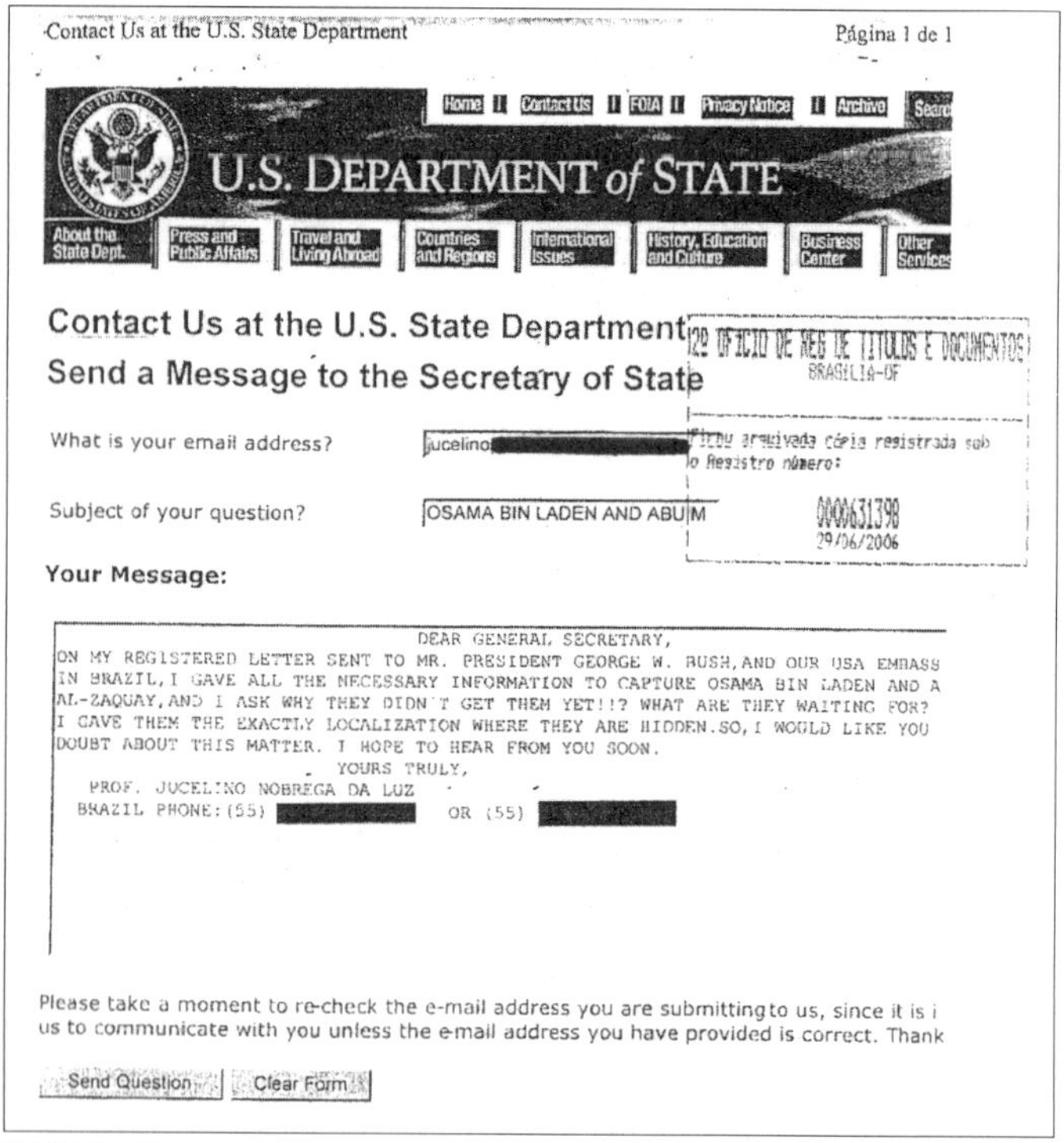
Contact Us at the U.S. State Department　Página 1 de 1

Contact Us at the U.S. State Department
Send a Message to the Secretary of State

12º OFICIO DE REG DE TITULOS E DOCUMENTOS
BRASILIA-DF
Fica arquivada cópia registrada sob o Registro número:
0000631398
29/06/2006

What is your email address? jucelino[redacted]

Subject of your question? OSAMA BIN LADEN AND ABU M

Your Message:

DEAR GENERAL SECRETARY,
ON MY REGISTERED LETTER SENT TO MR. PRESIDENT GEORGE W. BUSH,AND OUR USA EMBASS
IN BRAZIL, I GAVE ALL THE NECESSARY INFORMATION TO CAPTURE OSAMA BIN LADEN AND A
AL-ZAQUAY,AND I ASK WHY THEY DIDN'T GET THEM YET!!? WHAT ARE THEY WAITING FOR?
I GAVE THEM THE EXACTLY LOCALIZATION WHERE THEY ARE HIDDEN.SO,I WOULD LIKE YOU
DOUBT ABOUT THIS MATTER. I HOPE TO HEAR FROM YOU SOON.
YOURS TRULY,
PROF. JUCELINO NOBREGA DA LUZ
BRAZIL PHONE:(55) [redacted] OR (55) [redacted]

Please take a moment to re-check the e-mail address you are submitting to us, since it is i
us to communicate with you unless the e-mail address you have provided is correct. Thank

Send Question　Clear Form

文書14—3
米国務長官の公式フォーマットに添付されているジュセリーノ氏のメール

原文を見ると分かるように、このメールはアメリカ国務省の公式フォーマットに書き込まれて送られてきており、返書に相手（ジュセリーノ氏）のメールが付けられた形になっている。

（14—3がジュセリーノ氏による送信、14—4が国務省からの返信）

「アメリカ国務省への送信メール（二〇〇六年六月二十九日以前）

親愛なる国務長官閣下

Question Successfully Posted　　　　Página 1 de 1

Home | Contact Us | FOIA | Privacy Notice | Archive | Search

U.S. DEPARTMENT of STATE

About the State Dept. | Press and Public Affairs | Travel and Living Abroad | Countries and Regions | International Issues | History, Education and Culture | Business Center | Other Services

Thanks for writing to Secretary Powell. The Secretary receives so many messages that he cannot personally review each one. On behalf of the Secretary, the State Department's public information officers in the Public Communication Division, Office of Public and Intergovernmental Liaison, reads all messages received. Those solely expressing foreign policy opinions or congratulating the Secretary are carefully recorded. The public information staff will respond to foreign policy questions on behalf of the Secretary. Members of the press should work through the State Department's Press Office in Washington, D.C. at: http://www.state.gov/r/pa/prs/ , or through U.S. embassies overseas, to contact the Secretary. For specific requests, such as for passport information, members of the public should contact the appropriate bureaus within the Department, or send the inquiries through the State Department's web page "Contact Us at the U.S. State Department" at: http://contact-us.state.gov/.

29/06/2006

For more information, please contact the Bureau of Public Affairs at:

Public Communication Division:
PA/PL, Rm. 2206
U.S. Department of State
2201 C Street NW
Washington, D.C. 20520
202-647-6575

PS: This is the only electronic message you will receive; you will receive an auto responder message for each message you send to the Secretary. No other message claiming to be from a state.gov address is authentic.

Your question has been received and has been given the following reference code: [ref#557334]

Return to the Contact Us at the State Department web site

Return to the main State Department web site

文書14—4
ジュセリーノ氏に対する米国務省の返信文

ジョージ・W・ブッシュ大統領および、ブラジルのアメリカ大使館あてにお送りした登録済みの手紙の中で、私はオサマ・ビン・ラディンおよびアル・ザルカウィを捕らえるためのあらゆる必要な情報を差し上げました。にもかかわらず、どうして捕まらないのですか？　何を待っているのでしょう？　私は、彼らが潜んでいる場所の正確な位置を教えましたが、結局、私を疑っているのでしょうか。お返事をお待ちしております。

ジュセリーノ・ノーブレガ・ダ・ルース（電話番号）」

受け取ったメールがこのように添付された返書であるから、ジュセリーノ氏のメールが国務省に確かに届いていることを証明している。

「アメリカ国務省からの返信メール ――

パウエル国務長官へのメッセージ、ありがとうございます。長官は多くのメッセージを受け取っているため、一つ一つに目を通すことができません。長官に代わって、パブリック・コミュニケーション部の職員が受け取ったすべてのメッセージを読んでいます」

（以下、ゴム印のために判読不明瞭だが、いわゆるたらい回し的なアクセス先が記されている。返信メール番号は557334である）」（14―4）

この形式的な返答の仕方から見て、国務省としてまともに対応しているとは思えない。オサマ・ビン・ラディンは泳がされているのだろうか。あるいはザルカウィとは違って、逮捕される予知が出ておらず、捕まる運命ではないのであろうか。

文書15　ノルウェー大使あて（二〇〇六年七月三日）

予知内容――
・アイスランドやスカンジナビア地方の水と食料の不足

「アグアス・デ・リンドイヤ発信　ブラジル在住ノルウェー大使館あて
二〇〇六年七月三日　手紙ナンバー００３（二通）

親愛なるノルウェー大使閣下
私は神より授かった能力を持つ者ですが、貴兄および素晴らしい御国に、近い将来降りかかる災害について警告させていただきます。それは、人間が環境を破壊し、地球がますますひどい状況になっているために、温室効果によってスウェーデン、フィンランド、アイスランドが破壊されるであろうということです。
私は貴国の人々およびスカンジナビアの人々を敬愛しておりますが、二〇二三年には地球の気温が六三度に達する可能性があり、それによって貴国が苦しむことになります。オゾン層はわれわれが思ったより十倍のスピードで消えつつありますが、私はその破局を解決する方法を知っています。

紫外線が許容量を超える可能性があり、ブラジルと同じようにスカンジナビアの貴国は、限度を超えて地球全体に拡大する大きなリスクを抱えることになります。魚類は消え、飢餓が全世界に広がり、スカンジナビアのすべての国は水不足になります。この惑星を救うために、環境にチャンスを与えてあげようではありませんか！

どうか覚えておいてください。神はわれわれに、二〇〇七年十二月三十一日までしか猶予を与えていないことを……。


ジュセリーノ・ノーブレガ・ダ・ルース（署名・住所）」


前にも書いたように、ノルウェー国会がノーベル平和賞を選考するのであるが、すでにこの手紙（**文書15**）が三度目になっているように、次**文書16**のような内容を含むジュセリーノ氏の警告書が送られているからこそ、二〇〇七年のノーベル平和賞を、気候変動に関係した人々に与えたと思われる。

特にアイスランドは気候変動の影響を最も受けている国の一つで、温暖化による海流の変化のため、漁獲高が激減しており、この現状に対応する国家的プロジェクトとして、二〇〇七年現在、電力は、CO_2を出さない地熱発電と水力だけにしたと伝えられる。また自動車も含め、二〇五〇年までに化石燃料からの脱却を目指しているという。

Norway Ambassy

Dear Mister Ambassador of Norway

SES 807,Av. das Nações Lt 26

Brasília-D.F. Brazil

cep:70418-900

Águas de Lindóia, 03 de julho de 2006

" " " ,JUly 03 of 2006 Letter nº003/03/07/2006-in two ways

Dear Mister Ambassador of Norway:

I am a person who is dotted of gift given by God and I would like to warm you and you wonderful country about the disaster which is going to happen on next future because man is destroying our environment and things are going to be worse on our planet,and Norway,Sweden,Finish(Finland),Iceland will be destroyed by the greenhouse effect.

I am worried because I love your country and all Scandinavian People, and your country will suffrering that because earth climate may reach 63º in 2023. I warn you the ozone is being extinguished 10 times faster than we thought and I have the solution for the catastrophe to come.(give) It's possible the planet becomes Oven,and your country as Scandinavian countries like Brazil are lying within belt of extreme risk that extends around the globe,where the measurements show that supass the limits. And it's to finish species of Fish and hungry spread all over the world and like your Country,all Scandinavian country are going to have water laking,I say,Lacking in may parts. Let's give environment a chance to save our Planet!!!
Remember that God gave us until December 31 of 2007 to decide we want...

Yours Truly,

Address: Prof. Jucelino Nóbrega da Luz

Caixa Postal: 54 Águas de Lindóia-S.P. Cep:13940-000 Brazil

文書15
ノルウェーに送ったスカンジナビア地方の気候変動を警告した手紙

気候変動が起こす、干ばつや山林火災などによる水不足は、現在の私たちには想像できないものがあるようだ。

この文書の裏には、同日付の郵便レシートが張られ、一九八八年以来の四種の文書を付けて送ったと書かれている。その中には、次の文書のような内容も含まれていたはずである。

文書16　カーター大統領あて（一九七九年七月九日）

予知内容——

・次期大統領にロナルド・レーガンがなるということ

・温暖化による極氷床の消失

・その後の急激で致命的な氷河期の到来

この手書きの書簡（**文書16—1〜2**）は、カーター大統領が任期を終わる一年ほど前に出されているが、内容はそれより七年前の、ジュセリーノ氏初期の文書の写しである。このように一九七二年、つまり氏が十二歳のころから、温暖化の後に氷河期となり、人類存亡の危機が訪れるという予知シナリオが示されていた（第一部参照）。

Santo André, July 09 - 1979

copy of the letter of may, 7 1972

Letter nº 002/09/07/1979. Two ways

Dear mister President OF USA Jimmy Carter

Next year Ronald Reagan will win elections of President (Republican), but what I am going to Tell you is about our planet because I Receive a gift of God and I can forecast Future with my predictions To Try to help or at least minimize people problems day by day.

Message:

Behold, I Find evidence of a cataclysmic climate shift, which occorred around 10.000 years ago.

He aqui, yo ha indicio de un Catastrófico cambio en el clima, que ocurrió hace 10 mil años. (hallamos)

The concentration of these natural greenhouse gases in the ice cores indicates that Runaway warming pushed Earth into an Ice age II which lasted Two centuries.

La concentration (concentración) de gases naturales de invernadero en los Núcleos glaciares indica que un Calentamento arrolador llevó a la Tierra a la edad de hielo que duró dos siglos.

IT's a paradox, but Global warming can Trigger a cooling Trend.

Es una paradoja, pero el calentamento puede desatar patrones de enfriamiento.

The Northern Hemisphere owes its climate to the North Atlantic Current.

El hemisferio Norte debe su clima a la Corriente del

→ TURN OVER

文書16—1

レーガン氏の次期大統領就任を的中させたカーター大統領あて書簡

Atlántico Norte.

Heat from the sun arrives at the Equator and is carried north by the Ocean.

El calor solar llega al (equador) ecuador y el océano lo lleva hacia el Norte.

But Global Warming is melting the polar Ice caps and disrupting this Flow.

Pero el calentamiento Global derrite los casquetes polares e enterrumpe este Flujo.

Eventually it will shut down and when that occurs there goes our warm climate.

Eventualmente se cerrara y cuando eso suceda será adiós a nuestra clima cálido.

That if we do not act soon our children and grand-children will have to pay the price.

De no actuar pronto, nuestros hijos y nietos tendrán que pagar el precio.

At the rate we're burning Fossil Fuels and polluting the environment the ice caps will in 2039 disappear.

Al passo en que estamos quemando combustible y contaminando los casquetes polares desaparecerán en 2039.

Nothing like this has ever happened before and 2005, 2006, 2007 will be signal of a major climate shift. And the current depends upon a balance of salt and freshwater but no one knows how much freshwater will be dumped into the ocean and all we know that will cause Ice Age II. But before we're going to have growing temperatures until 70º grade to feed Ice Age afterwards. We will have storms, hurricanes, tornado, ect. We have to save as many people we can.

I hope to count on you.

Yours Truly.

Jucelino Nobrega da Luz

Rua Minhão, 53 Santo André - SP. - 09000 - Brasil

文書16—2
温暖化のため極地の氷が解けた後、急激に寒冷化し、氷河期がくると警告している

カーターの次の大統領には、最初に予知されているように、一九八〇年の大統領選挙に勝利したレーガンが就任している。

「サント・アンドレ発信　一九七九年七月九日（二通）
一九七二年五月七日文書のコピー

拝啓　ジミー・カーター　アメリカ合衆国大統領閣下

来年、ロナルド・レーガンが大統領選に勝利します。
しかし伝えたいことは、私たちの地球にこれから起こることについてです。私は神から贈り物をいただきました。問題を解決する助けとなり、被害を最小限にするための未来の予見を、私は日々行うことができるのです。

メッセージ――
ご覧ください。ここに大きな気候変動が起きているという証しがあります。それはおよそ一万年前にも起こりました。

（以下、文節ごとに同文のポルトガル語が繰り返される）

自然界に広がる地球温室化ガスによって、極地の氷床が消失しているということは、かつて二世紀続いた氷河期のような状態に、地球が急速に進んでいるという警報になっています。そして逆説的ではありますが、このような地球規模の警告（温暖化）が意味することは、それが地球寒冷化への引き金とみなすことができるということです。

北半球の気候は北大西洋海流に関係しています。

太陽からの熱は、赤道に届き、広大な海洋によって北へと運ばれます。

しかしグローバルな警告としては、両極の氷が解けることによって、こうした流れは混乱するとしています。

結局のところ、まず地球は温暖化していくということです。

もしそれに対してすぐに何らかの行動を起こさなければ、私たちの子供たち、孫たちがその代償を支払うはめになります。

化石燃料の消費と環境汚染が今の割合で続くと、氷冠は二〇三九年には消失するでしょう。


このようなこと（両極氷床の消失）は以前には起こっていません。そして、二〇〇五年、二〇〇六年、二〇〇七年は、気候変化に関する兆候が見られるでしょう。そして、潮流は塩と淡水のバランスによりますが、誰も、どのくらいの淡水が大洋に流れ込むことになるかを知りません。けれども、これが氷河期を引き起こということを私たち（予知の知性体？）は皆知っています（第一部の第三章を参照）。

しかし、その後に氷河期をもたらすことになる、セ氏七〇度ほどになるまで気温上昇は続きます。今後、嵐、ハリケーン、竜巻などが起こりますが、私たちはできる限り多くの人々を救わなければなりません。

貴殿の英断に期待しております。


ジュセリーノ・ノーブレガ・ダ・ルース（住所）」


人間の行いがもたらす、かつてない激しい気候変化の顛末が、ここに述べられている。気候変動の専門家には、この文書は爆弾に等しいだろう。このまま何も行動を起こさなければ、二〇三九年に世界の気温が、セ氏七〇度にもなるという限界点が示されているからだ。

しかし最近の予知文書によると、もっと早まる可能性がある。

二〇〇六年にブラジルの環境大臣に出された、長文の気候変動の概要（**文書25**）によると、「二〇二五年までに、世界の各地でセ氏六三度から七四度になる」と書かれているからだ。

ともかくその後、世界は突然、氷河期に突入していくのである。これによる急激な寒冷化のために、一部を除いて、地球上のほとんどの地域が、生存に適さなくなるということを意味している。

最初の警告文書が一九七二年に出されていたということは重要である。この当時に各国の科学者や政治家にジュセリーノ氏が送った、この類の数百通もの警告書が、科学者に行動を起こさせたと考えられるからである。

第一部の気候変動に関する章で説明されているように、氷河期に入る前に急激な温暖化現象が過去に起きていたということは、ジュセリーノ氏の警告により実施されたとされるグリーンランド氷河のボーリング調査によって発見されたものである。この氷床サンプルが証明した、氷河期が繰り返されるリズムは、世界の気象学者の常識となっている。

今回の温暖化は、過去の自然現象のような比較的緩慢な温暖化とちがい、人間の未曾有の大規模な所業の帰結として、急激に加速される形で起き、ついには現在の文明を崩壊させると、ジュセリーノ氏は警告しているのである。この詳細予言は**文書21**に出てくる。

また最近、なぜ科学者たちがこれほどまでも、地球温暖化の防止を叫んでいるかというと、この突然で致命的な氷河期の到来を知っているからではないだろうか。二酸化炭素の排出量を削減するなど、人為的原因を取り除くことによって、温暖化を防げば、少しでも寒冷化が緩和される可能性があるということであろう。

ジュセリーノ氏から直接聞いたことだが、「デイ・アフター・トゥモロー」という映画には、大都市が突然氷結していく場面が出てくるが、その映像をはるかに上回るような寒冷化が、ニューヨークを襲う情景を夢で見たという。

このような警告と同じ内容の文書を受け取っているはずのノルウェーが、二〇〇七年のノーベル平和賞を、四千人もの気候変動専門の科学者を擁する国連のＩＰＣＣと、温暖化防止の旗手であるアル・ゴア氏に与えたのも当然であろう（**文書3**参照）。

ノーベル平和賞委員会が発表した受賞理由には、「気候変動が起こす水や食料不足、あるいは環境難民によって起きる内乱や戦争を防止できるから……」という一項が入っている。

しかし、まもなく気候変動が原因で戦争が起きるということを、ジュセリーノ氏は他の文書で警告している。

文書17　アメリカ大使館あて（二〇〇六年六月五日）

予知内容――――

・カリフォルニアを襲う、二度の巨大地震

・イエローストン火山の噴火

・ハリケーン被害
・カナリア諸島の噴火によるフロリダの崩壊

近い将来、アメリカ合衆国を襲う重大災害を列記して、首都ブラジリアにあるアメリカ大使館に手紙（17―1～2）を出している。

この文書は、二〇〇七年六月五日に、大使館あての十番目の手紙であることが、手紙ナンバーから分かる。

その四日後の六月九日にアメリカ大使館に届けられたという配達証明（17―3）があり、中央部に手紙の期日と文書番号が記され、その下に受取人がサインしている。

さらにこの手紙と配達証明書は、控えとしてのシリアル・ナンバーが付けられ、二〇〇七年の八月二十九日に登記所に登録されている。

「アグアス・デ・リンドーヤ発信
二〇〇六年六月五日　手紙ナンバー10（二通）
主題：地震と噴火について

Águas de Lindóia, June , 05 of 2006

Letter nº 10/05/06/2006–two ways

Subject: about Earthquake and eruption

Dear Mister Ambassador of USA,

Scientists have been looking for centuries for some sort of global pattern to explain earthquakes.They have discovered sixteen " weakness belts " which trace full circles around the globe.

The reality of seismic(Earthquake) chains – like the SAN ANDREAS fault in California – has been realized for years.That's the problem which worries me a lot because thousands of innocent people may die. I foresee, through the eyes of some expert whose opinions we read,that we are heading for some disaster that seems too remote to be real. We should take more notice,perhaps,and not just dismiss the matter as too irrevelant or too horrible to think about.

Messages:

1. Behold, I saw an angel come down from heaven,having the key of bottomless pit and a great chain in his hand,and I saw thrones ,and they sat upon them,and judgment (judgment) was given unto them,and I saw the souls of them that were beheaded for the witness of my old words which I have seen a long time ago,and through my dreams I could see that California will have a 10.8 degrees earthquake in 2026,and july will be the month,and 17 will be the day.But first,we ill have a 8.9 degrees of Richter scale in São Francisco in February 09 – 2023.It may cause thousand of deaths.;

2. And I saw a new heaven and a new earth:for the first heaven and the first earth were passed away and there was no more time to wait because the yellowstone Volcano will blow up and a big eruption will

AUTENTICAÇÃO

0007AA061361

文書17―1
アメリカ合衆国を襲う大災害の予知を伝えた、大使館あての10番目の手紙

come up and will get Livestone city_ ,and will spread to Cansas City, Nebrasca,etc

Smokes is going to be(stand) in everywhere and it will cause thousand of deaths all over the country.(West of USA will be destroyed by Pyroplastic smokes).

This erupition will be in November 26 of 2027.

2003 Worldwide will run a big risk and the information Service must be set up.;

3. 4(four) Hurricanes will reach USA,MEXICO,Costa Rica between October 10 and December 06 of 2006,and may cause destruction in USA ,and cause thousands of homeless and many may die;

4. Florida will be destroyed by Canarias Volcano which will cause a big Tsunami between [illegible] Novemeber 1 to 25 of 2013. We tell about Cumbre Vieja Volcano-Potential Collapse and mega-tsunami at La Palma, Canary Islands. (Big tsunami).

Need we blame anyone? -Someone nearly always is blamed for a disaster,or for the gravity of its effects,and the amount of publicity the scapegoat receives differs considerably. Is it useful to blame someone after the event? Doing so doesn't restore the lost lives and property.But,every step we take towards improving the conditions under which we live opens up one more potential pathway to disaster. And we can break this vicious circle which affect people with actions to prevent.Therefore, I am giving you this important early information.

Yours truly,

Prof. Jucelino Nobrega da Luz (011) 7445.7077

Caixa Postal: 54 Águas de Lindóia-S.P. Cep:13940-000 (Brasil)

TABELIÃO DE NOTAS E PROTESTOS DE ÁGUAS DE LINDÓIA-SP
AUTENTICAÇÃO
05 JUN. 2006

AUTENTICAÇÃO
0007AA061369

ESTA FOTOCÓPIA FOI EXTRAÍDA POR MIM E CONFERE COM O ORIGINAL § 2/70 DA CORREGEDORIA DA JUSTIÇA DO ESTADO DE SÃO PAULO. ÁGUAS DE LINDÓIA 05/06/2006
MAURÍCIO VITTORIO ANTÔNIO DI BONITO - ME

文書17―2
アメリカが地震と津波で崩壊すると伝えている

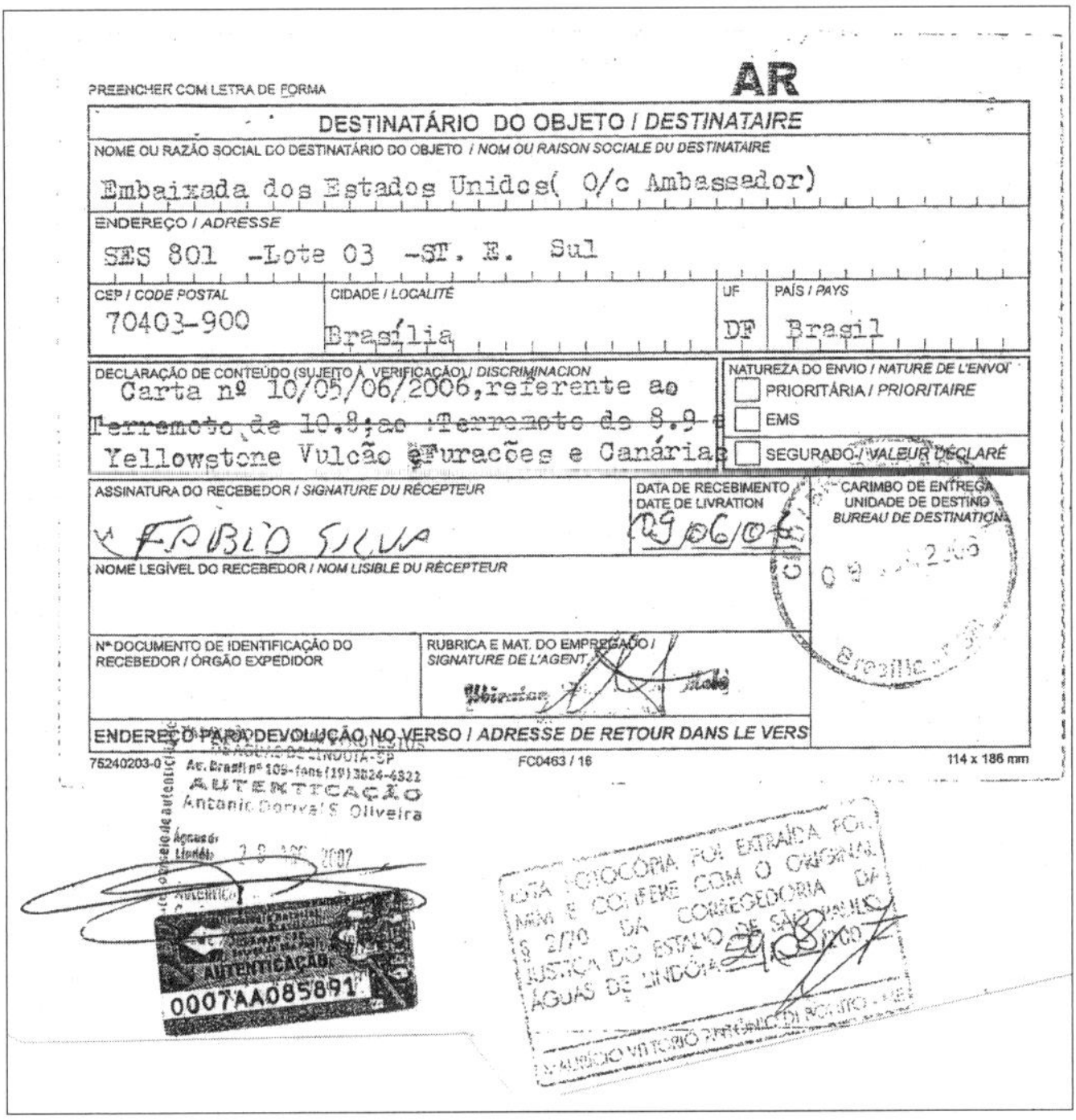
AR

PREENCHER COM LETRA DE FORMA

DESTINATÁRIO DO OBJETO / *DESTINATAIRE*

NOME OU RAZÃO SOCIAL DO DESTINATÁRIO DO OBJETO / *NOM OU RAISON SOCIALE DU DESTINATAIRE*

Embaixada dos Estados Unidos(O/c Ambassador)

ENDEREÇO / *ADRESSE*

SES 801 -Lote 03 -ST. E. Sul

CEP / *CODE POSTAL*	CIDADE / *LOCALITÉ*	UF	PAÍS / *PAYS*
70403-900	Brasília	DF	Brasil

DECLARAÇÃO DE CONTEÚDO (SUJEITO À VERIFICAÇÃO) / *DISCRIMINACION*

Carta nº 10/05/06/2006,referente ao ~~Terremoto de 10.8;ao :Terremoto de 8.9~~ Yellowstone Vulcão eFuracões e Canárias

NATUREZA DO ENVIO / *NATURE DE L'ENVOI*

PRIORITÁRIA / *PRIORITAIRE*

EMS

SEGURADO / *VALEUR DÉCLARÉ*

ASSINATURA DO RECEBEDOR / *SIGNATURE DU RÉCEPTEUR*

FABIO SILVA

DATA DE RECEBIMENTO / DATE DE LIVRATION

09/06/06

CARIMBO DE ENTREGA UNIDADE DE DESTINO / *BUREAU DE DESTINATION*

NOME LEGÍVEL DO RECEBEDOR / *NOM LISIBLE DU RÉCEPTEUR*

Nº DOCUMENTO DE IDENTIFICAÇÃO DO RECEBEDOR / ÓRGÃO EXPEDIDOR

RUBRICA E MAT. DO EMPREGADO / *SIGNATURE DE L'AGENT*

ENDEREÇO PARA DEVOLUÇÃO NO VERSO / *ADRESSE DE RETOUR DANS LE VERS*

75240203-0　FC0463 / 16　114 x 186 mm

AUTENTICAÇÃO

Antonio Donival S. Oliveira

AUTENTICAÇÃO

0007AA085891

ESTA FOTOCÓPIA FOI EXTRAÍDA POR MIM E CONFERE COM O ORIGINAL § 2/70 DA CORREGEDORIA DA JUSTIÇA DO ESTADO DE SÃO PAULO ÁGUAS DE LINDÓIA

文書17―3
アメリカ大使館への配達証明書。中央部に受取人のサインがある。下には後日登記所に保管されたという印が押されている

親愛なるアメリカ合衆国
大使閣下

　科学者たちが、これまで何世紀にもわたって地球規模での地震予知を研究してきました。そして、地球をはっきりと周回する十六のぜい弱な断層帯を発見しています。

　地震の連鎖が現実のものとなる可能性については、カリフォルニアのサンアンドレアス断層のように、ここ数年の間に認識されてきました。それはたくさんの一般の人々を死に至らしめるなど、深刻な問題です。

これは、専門家の考えを霊視して、その方々の目を通して予言したものです。また私たちは、現実とはかけ離れたいくつかの病気と出合おうとしています。そして私たちは、これまで考えることができないくらいものすごい状況が起こりうることにもっと注意すべきです。ただ同じくらい、その件を悲観しすぎるべきではありません。

メッセージ――

1）私は天使が天国から舞い降りるのを見ました。底知れない穴を開く鍵を持ち、大きな鎖を手にしています。そして、それらが王座に座っているのを見ました。審判が下されます。それらは私が以前に夢の中で見た件に関することです。

カリフォルニアは、二〇二六年七月十七日にマグニチュード10・8の地震に見舞われます。それより先、二〇二三年二月九日に、マグニチュード8・9の地震がサンフランシスコを襲います。それによって数千人の死者が出ます。

2）そして私は新しい天国を見ました。そして新しい地球を見ました。最初の天国と地球は滅びました。もはや時間はありません。なぜなら、イエローストン火山が噴火し、それはリビングストン、そしてカンザスシティー、ネブラスカ州等まで広がっていくからです。

さらに、火山から出る煤煙がいたる所へ飛び散り、アメリカ全土に多数の死者を出す原因となります。

３）四個のハリケーンが二〇〇六年十月から十二月の間にアメリカ合衆国、メキシコ、コスタリカに上陸します。それによりアメリカ各地は破壊され、多くのホームレスや死者が出ます。

４）フロリダは、二〇一三年十一月一日から二十五日の間にカナリア諸島の火山噴火による巨大津波が発生することで崩壊します。さらにカナリア諸島のラ・パルマ島のコンブリ・ビジャ火山噴火は、超巨大な津波を起こし、壊滅的な崩壊を招きます。

誰かを責める必要があるでしょうか。たいていは誰かが病気の責任を負ったり、影響の重大さによって非難されたりして、スケープゴートになります。このように何か起こった後に、誰かを非難するのは意味のあることでしょうか。そんなことをしても亡くなった命や財産は戻りません。しかし、私たちが生きる状態を改良しようとしてとるあらゆる方策が、災害にもう一つの可能性を開きます。そうすれば私たちはこの悪循環を壊すことができます。このような行動こそ人々に影響を与えることができます。私は、この重要な情報を早い段階でお知らせ致しました。

ジュセリーノ・ノーブレガ・ダ・ルース（住所）」

カリフォルニアのサンアンドレアス断層が動き出すのは二〇二〇年で、それから二〇三八年までに、五回ほどの大地震に見舞われる。そのうちの二回が第1項に出ている。まだ未来のことである。

もう一つの大災害は、第2項のイエローストン火山の噴火である。すでにこの地方の地盤の隆起が観測されているというニュースが流れており、映画「スーパー・ボルケーノ」を地でいく状況が考えられる。他の予知文書によれば、発生するのは二〇二七年十一月二十六日である。ジュセリーノ氏が見た情景は、「古い地球は滅び、新しい地球を見た」というほどだから、そうとうすさまじいものであろう。

第3項については、この時期確かにアメリカはハリケーンに悩まされており、十万個の住宅が破壊されたと報道されている。

第4項のカナリア諸島の津波は、一五〇メートルもの津波が大西洋岸一帯を襲うといわれ、この災害に関しては**文書21**と「監修者解説」で考察する。

文書18　中華人民共和国主席あて　（一九七六年九月二十三日）
同　（一九八九年十月十六日）

予知内容 ――

・ワイヤレス・フォン、セルの使用

・鳥インフルエンザの流行と突然変異
・エイズの発生
・森林破壊が招く世界人口の減少

最初の文書（18―1）は、ジュセリーノ氏が十六歳で中学生の頃の手紙である。手書きだが英語で書かれ、二枚になっている。二枚目には、二〇〇三年の再発送レシートが張ってある。書いた用紙は、英語の教科書のようで、テキスト項目の柱などが消されている。

「サント・アンドレ発信　一九七六年九月二十三日　手紙ナンバー001
親愛なる中華人民共和国主席閣下
過去三年の間、私は素晴らしいお言葉を伴った神の福音のおかげで自分の務めを楽しみました。
私は自分の立場を受け入れました。なぜなら、私の研鑽において素晴らしい進歩を得る機会をいただき、そして、私が最近完璧なものにした能力を発揮できる良い機会を得たからです。
そして私は、一九八〇年代から一九九〇年代にかけて人類がセルと呼ばれるワイヤレス・フォンを使うようになる夢を見ました。

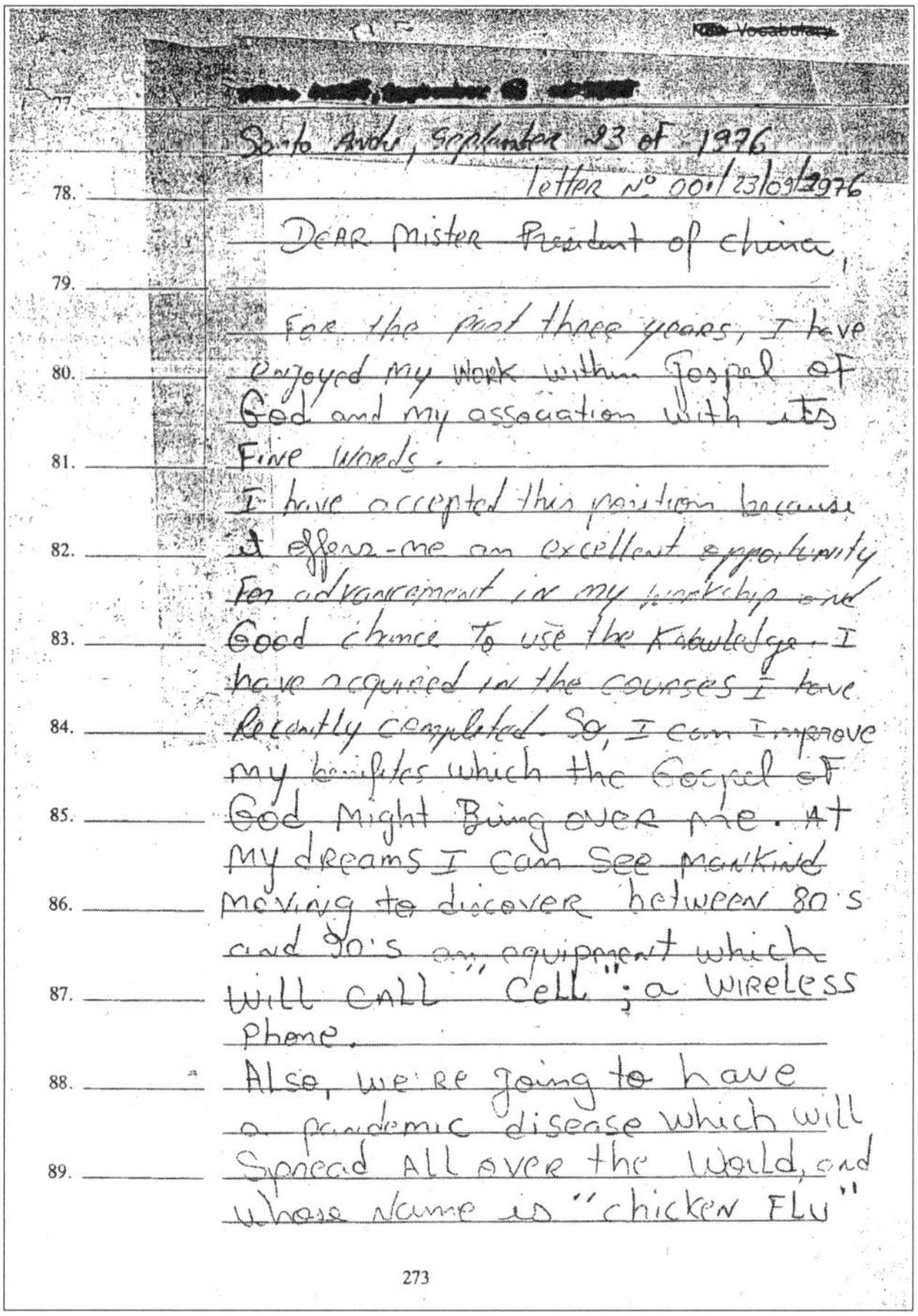

Vocabulary

[redacted]

Santo André, September 23 of 1976

letter Nº 001/23/09/1976

Dear Mister President of China,

For the past three years, I have enjoyed my work within Gospel of God and my association with its Fine Words.

I have accepted this position because it offers me an excellent opportunity for advancement in my worship and good chance to use the knowledge I have acquired in the courses I have recently completed. So, I can improve my benefites which the Gospel of God might bring over me. At my dreams I can see mankind moving to discover between 80's and 90's an equipment which will call "Cell"; a wireless phone.

Also, we're going to have a pandemic disease which will spread all over the world, and whose name is "chicken FLU""

273

文書18—1
ジュセリーノ氏が中学生のころ、英語テキストに書き込んだ中華人民共和国主席への最初の手紙

さらに、鳥インフルエンザと呼ばれる病気が世界的に大流行しますが、それは二〇〇三年に現れるでしょう。一九八〇年代にはエイズというウイルスが流行します。その両ウイルスは、アジア、アフリカ、ヨーロッパ、そして南米、中米、北米の美しい都市を壊滅させるでしょう。
貴殿は貴国の全国民を守らなければなりません。

ジュセリーノ・ノーブレガ・ダ・ルース（署名・住所）」

予知の警告文書を送り始めて数年が経ったこのころに、自分の予知能力に、次第に自信をつかみ始めた体験が書かれている。すでにこの文書のように世界各国に手紙を書き始めているようだが、この文が手紙として送られたかどうかは確認できない。というのは、後出の**文書23**が、この二カ月前に手紙ナンバー００１として出されているからである。しかし、その両方が実際に発送されていることも考えられる。おそらく中学生が発送文書の管理をしているとは思えないわけで、次から次へと郵送した可能性もある。

アメリカ英語圏では、携帯電話のことを「セルラーフォン」というが、これは一九八〇年ころに普及し出したセルラー方式と呼ばれる移動電話からきており、現在の世界的普及を見事に言い当てている。

また鳥インフルエンザも、この文書どおり二〇〇三年にアジアで流行が始まっている。

そして、エイズの症例が初めて報告されたのが、一九八一年、アメリカのロサンゼルスであった。現在までに感染者は世界中で五千万人に達しているといわれる。この状況も見事に予見しているといえる。

驚くべきは、「セル」にせよ「エイズ」にせよ、その来るべき時代に使われる固有名詞を明記している点である。手紙には「素晴らしいお言葉を伴った神の福音」という言葉を使っているが、これは例の「助言者」であろう。その指導によって体験を積み重ね、この予言者への道を彼は自分で受け入れたと言っている。そしてその道を実行することによって、さらに自信を深めたのだろう。

中国の国家主席に対する予知警告はさらに次の文書（18―2）へと続く。このころにはタイプライターを使っている。

「ブエノ・ブランド発信　一九八九年十月十六日　手紙ナンバー002（二通）

親愛なる中華人民共和国主席閣下

老若男女問わず世界中の人々が、予言された出来事が現実のものとなってきていると感じています。二〇〇七年までにエイズに対する治療法はありませんし、そのうえ、H5M1型鳥インフルエンザによって二〇〇四年、二〇〇五年、二〇〇六年、二〇〇七年と、多くの死者が出るといったように、病気はますます広がっていくでしょう。

近い将来、五百万人が亡くなります。二〇〇五年には、急速に壊滅的な病気が広がり、それは中国、インドネシア、トルコ、ドイツ、フランス、スペイン、日本、カナダ、ポーランド、ロシア、フィリピン、タイ、ポルトガル、ハンガリー、さらにアフリカ大陸へと及んでいくのです。そしてアメリカにも広がります。また、その病気は人類にとっては最悪となる突然変異を起こすでしょう。

ここで私が一九七六年一月五日にお出し致しました手紙を思い出していただけますでしょうか。私は地球の真の姿、気象の変化について以下のようなことを述べました。もし人類が二〇四三年まで森林破壊を続ければ、世界人口の八〇パーセントは失われるでしょう、と。

さあ、私たちの地球を救うチャンスです。今まさにそのときなのです。

早速のご返信お待ちしております。

ジュセリーノ・ノーブレガ・ダ・ルース（住所）」

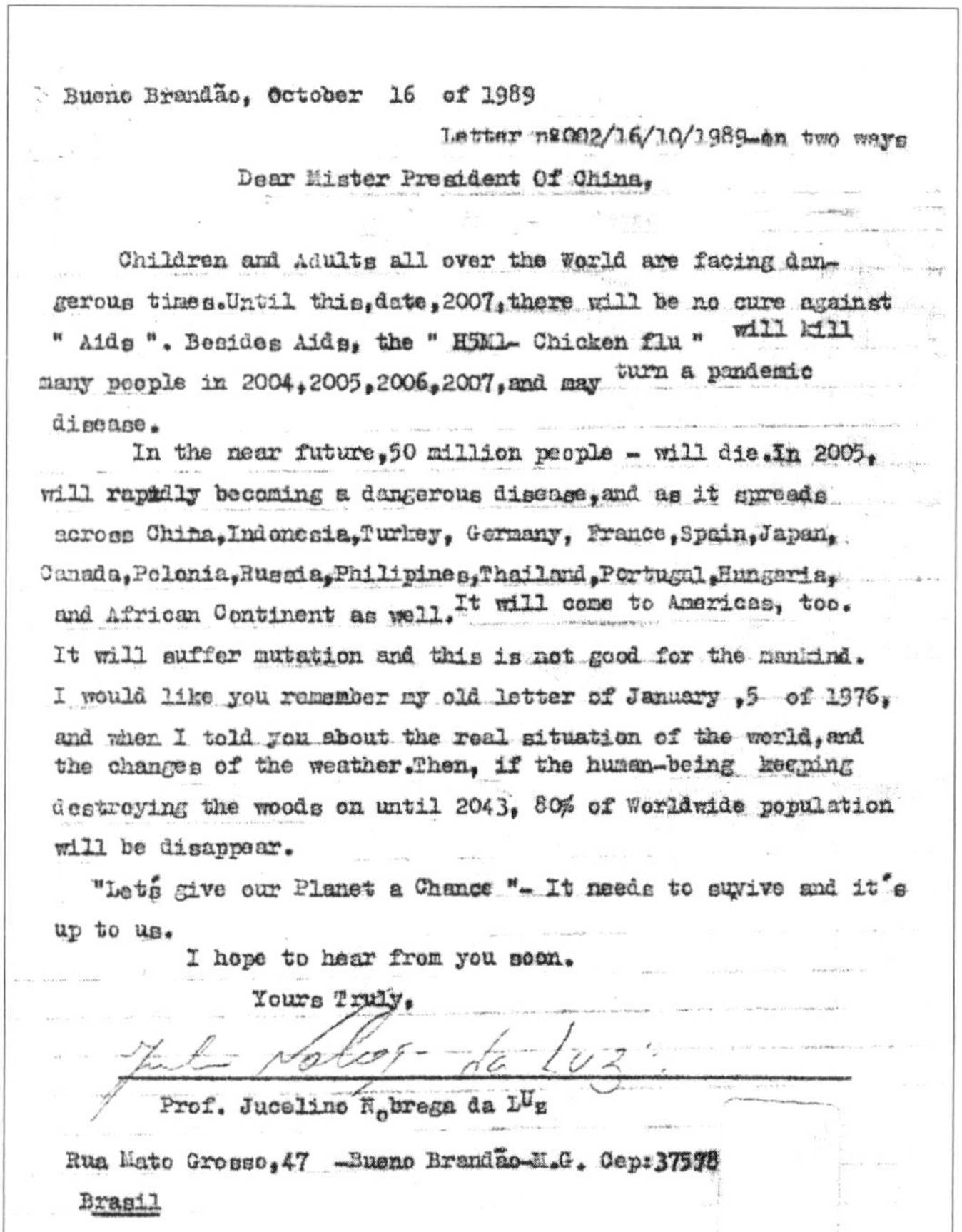

Bueno Brandão, October 16 of 1989

Letter nº002/16/10/1989-on two ways

Dear Mister President Of China,

Children and Adults all over the World are facing dangerous times.Until this,date,2007,there will be no cure against " Aids ". Besides Aids, the " H5M1- Chicken flu " will kill many people in 2004,2005,2006,2007,and may turn a pandemic disease.

In the near future,50 million people - will die.In 2005, will rapidly becoming a dangerous disease,and as it spreads across China,Indonesia,Turkey, Germany, France,Spain,Japan, Canada,Polonia,Russia,Philipines,Thailand,Portugal,Hungaria, and African Continent as well.It will come to Americas, too. It will suffer mutation and this is not good for the mankind. I would like you remember my old letter of January ,5 of 1976, and when I told you about the real situation of the world,and the changes of the weather.Then, if the human-being keeping destroying the woods on until 2043, 80% of Worldwide population will be disappear.

"Let's give our Planet a Chance "- It needs to suvive and it's up to us.

I hope to hear from you soon.

Yours Truly,

Prof. Jucelino Nobrega da Luz

Rua Mato Grosso,47 -Bueno Brandão-M.G. Cep:37578

Brasil

文書18―2
中国主席への２度目の手紙。鳥インフルエンザの流行と温暖化による人口の減少を警告している

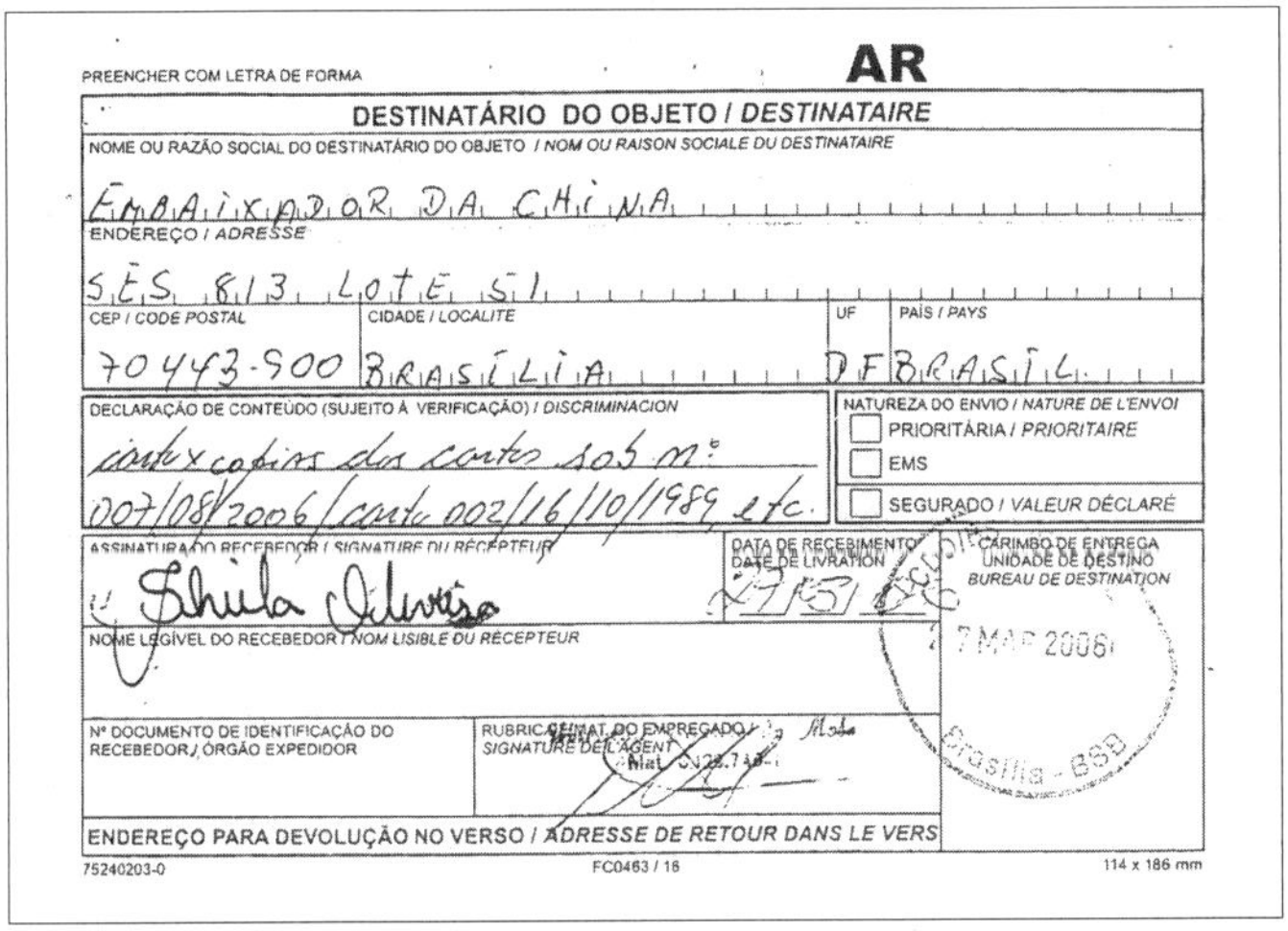

PREENCHER COM LETRA DE FORMA　**AR**

DESTINATÁRIO DO OBJETO / *DESTINATAIRE*

NOME OU RAZÃO SOCIAL DO DESTINATÁRIO DO OBJETO / *NOM OU RAISON SOCIALE DU DESTINATAIRE*

EMBAIXADOR DA CHINA

ENDEREÇO / *ADRESSE*

SES 813 LOTE 51

CEP / *CODE POSTAL*	CIDADE / *LOCALITE*	UF	PAÍS / *PAYS*
70443-900	BRASÍLIA	DF	BRASIL

DECLARAÇÃO DE CONTEÚDO (SUJEITO À VERIFICAÇÃO) / *DISCRIMINACION*

NATUREZA DO ENVIO / *NATURE DE L'ENVOI*
- PRIORITÁRIA / *PRIORITAIRE*
- EMS
- SEGURADO / *VALEUR DÉCLARÉ*

ASSINATURA DO RECEBEDOR / *SIGNATURE DU RÉCEPTEUR*

DATA DE RECEBIMENTO / *DATE DE LIVRATION*

CARIMBO DE ENTREGA / UNIDADE DE DESTINO / *BUREAU DE DESTINATION*

27 MAR 2006

Brasília - BSB

NOME LEGÍVEL DO RECEBEDOR / *NOM LISIBLE DU RÉCEPTEUR*

Nº DOCUMENTO DE IDENTIFICAÇÃO DO RECEBEDOR / ÓRGÃO EXPEDIDOR

RUBRICA E MAT. DO EMPREGADO / *SIGNATURE DE L'AGENT*

ENDEREÇO PARA DEVOLUÇÃO NO VERSO / *ADRESSE DE RETOUR DANS LE VERS*

75240203-0　FC0463 / 16　114 x 186 mm

文書18―3
1989年の予知文書を受け取ったという中国大使館の配達証明書。再送日は2006年３月27日

この手紙に対し、当初から中国がきちんと認識したのかどうかは分からない。私どもに送られてきたこの書簡には、二〇〇六年三月二十七日にブラジルの中国大使館が、この二十年前の手紙を添付された七度目の書簡を受け取ったという配達証明書（18―3）が付けられていた。

さらにこの文書はコピーされて、一九九七年にハンガリー政府に送られ、また二〇〇二年にアルメニアにも送られている。いずれも手紙を受理した政府担当者のサイン入り返信書簡が来ている。

二〇〇八年現在、鳥インフルエンザは、まだこの予知ほどの拡大を見ていないのは、このように多数の警告書簡をジュセリーノが出したことによって、防疫体制が敷かれたためなのだろうか。
しかし、二〇四三年に、世界の人口が八〇パーセントも減少するという未来シナリオは、ここでもはっきり示されている。

文書19　タイ王国大使館あて（二〇〇五年八月十九日）とタイ王国大使館からの返書（二〇〇五年九月二十日）

予知内容——
・二〇〇九年に起きるインドネシアの大地震
・鳥インフルエンザの流行

「ポウゾ・アレグレ発信
二〇〇五年八月十九日　手紙ナンバー003（二通）
親愛なるタイ王国大使閣下
私は以前にお送りした手紙の中で、貴国や他の国々で起こるだろう津波について警告しました。しかし、津波は来年ふたたび襲ってきそうです。というのは、また別の大地震が二〇〇九年にインドネシアで起こってしまうからです。タイのビーチは大変危険な状況になります。そこで、次の津波が来る前に、予言としてお伝え致します。

さらに私は、多くの人々を死に至らしめる新しい病気についても心配しております。病気の流行は全世界に広がります。というのも、政府機関が地球環境についてあまり気に留めず十分な措置を取らないからです。すでに、危険な病原菌がアジア地域で広がってきています。このため最終的には膨大な数の死者が出ることになります。私は皆様がこのことを理解され、防止することによって、国民の皆様が助かるように希望します。

早急なご返事をお待ちします。念のため、一九九八年七月十四日にお送りした最初の手紙のコピーもお送りします。

ジュセリーノ・ノーブレガ・ダ・ルース（電話番号）」

添付された初期の文書（「予言集I」13―9文書）では、二〇〇四年に起きたスマトラ沖大地震の警告が記されている。

二〇〇九年にインドネシアで起きる大地震とは、十二月十六日にマグニチュード7・8で、数千人の死者が出るとされる予知のことで、これを警告している。

そして「新しい病気」とは、鳥インフルエンザであろう。

タイ政府は、すでにこの時点で、ジュセリーノ氏によるスマトラ沖大地震の予知を認識して

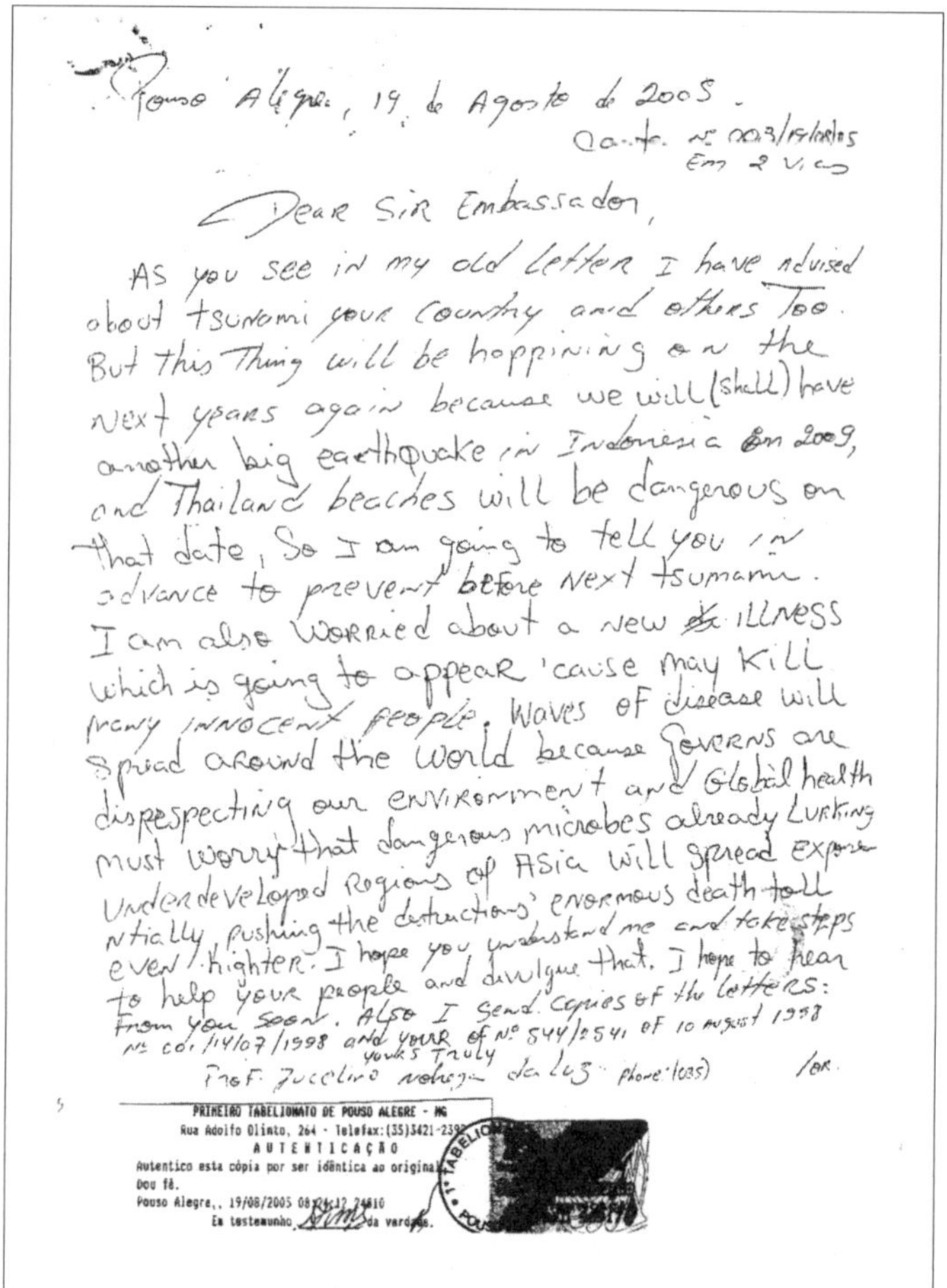

Pouso Alegre, 19 de Agosto de 2005.
Carta nº 003/19/08/05
Em 2 vias

Dear Sir Embassador,

As you see in my old letter I have advised about tsunami your country and others Too. But this Thing will be happining on the next years again because we will (shall) have another big earthquake in Indonesia Em 2009, and Thailand beaches will be dangerous on that date, So I am going to tell you in advance to prevent before next tsunami. I am also worried about a new illness which is going to appear 'cause may kill many innocent people. Waves of disease will spread around the World because Governs are dispespecting our environment and Global health must worry that dangerous microbes already Lurking underdeveloped Regions of Asia will spread exponentially, pushing the destructions' enormous death toll even highter. I hope you understand me and take steps to help your people and divulgue that. I hope to hear from you soon. Also I send copies of the letters: nº 001/14/07/1998 and your of nº 544/2541 of 10 August 1998

yours Truly
Prof. Jucelino Nobrega da Luz · phone (035) /OR.

PRIMEIRO TABELIONATO DE POUSO ALEGRE - MG
Rua Adolfo Olinto, 264 - Telefax:(35)3421-2392
AUTENTICAÇÃO
Autentico esta cópia por ser idêntica ao original.
Dou fê.
Pouso Alegre,, 19/08/2005 08:24:12 24810
Em testemunho ______ da verdade.

文書19—1
2009年にインドネシアで起きる大地震を警告したタイ王国大使館あて文書

おり、この手紙で返答を求めているので、二カ月ほどして、ていねいな返信（19―2）を送ってきている。

返書はタイ王国のレターヘッドが付いた大使館の便箋で来ている。二枚つづりで、文末には大使自身のサインが入っている。

「手紙ナンバー0661／625　二〇〇五年九月二十日
親愛なるジュセリーノ・ノーブレガ・ダ・ルース殿

私どもは、二〇〇五年八月十九日付の貴殿からのお手紙に対しまして、大いに感謝の意を表するところです。その中で、二〇〇九年にインドネシアの巨大地震によってもたらされる、わが国に影響を及ぼすであろう津波についての情報をていねいにご提供いただきました。また合わせて、自然と地球環境の軽視によって発生し、人々を死に至らしめる病気についての情報にも感謝致します。

以上のことと関連する深刻な津波の影響について、あなたの情報をお知らせいただきたいと思います。タイ王国政府は、将来発生するであろう悲劇的な災害の影響を事前に防ぐための早期警報システム導入計画を開始致しました。二〇〇五年五月三十日、タイのタクシン・シナワ

EMBAIXADA REAL DA TAILÂNDIA
SEN - Av. das Nações - Lote 10
70400-900 Brasília, DF - BRAZIL
Tel.: (55 61) 224-6943 - Fax: (55 61) 223-7502
E-mail: thaiemb@linkexpress.com.br

No. 06001/625

20 September B.E. 2548 (2005)

Dear Prof. Jucelino Nohego da Luz,

I have the honour to acknowledge with thanks the receipt of your letter dated 19 August 2005 in which you kindly informed us that a new tsunami could possibly affect Thailand in 2009 as a consequence of gigantic earthquake that would happen in Indonesia, as well as expressed your kind concern on the possible outbreak of disease which might kill many innocent people around the world caused by the disrespect of natural environment and global health.

In this connection, I would like to inform you that after being severely affected by the tsunami, the Royal Thai government has initiated a plan of setting up an early warning system in order to alert, avoid and prevent the devastating effects from the possible catastrophic disaster in the future. On 30 May 2005, Prime Minister Dr. Thaksin Shinawatra of Thailand presided in the ceremony of establishment of the National Disaster Early Warning System, which makes Thailand the first country amongst those affected by the Tsunami occurred on 26 December 2004, that established the said system. The National Disaster Early Warning System will link its information with the Earthquake Warning Centers of Japan and Hawaii, and whenever it detects some natural anomalies which may cause natural disaster, a warning will be sent to broadcast on national television and radio networks, as well as in all the mobile phone networks. The warning towers will also be built on every beach in order to spread alert to tourists. The National Disaster Early Warning System will not only monitor the occurrence of Tsunami, but also earthquakes, flood, wild fire, and any other disasters. The Thai government has also planned to improve public awareness and education in relation of public safety, not only for the benefit of the Thai nationals but also for the tourists.

文書19―2
2カ月後にジュセリーノ氏に送られたタイ王国のレターヘッド付き返書の1枚目

ット首相は国家防災早期警報システムの設置を発表しております。タイ王国は、二〇〇四年十二月六日に起こった津波の被害国の中では最初に前記システムを立ち上げました。

このシステムは、日本やハワイの地震警報センターともつながっております。さらに、自然災害につながるような異変が見つかれば、いつでも全国のテレビやラジオのネットワーク、さらには携帯電話網を通じて、警報を発するようになっております。

また監視台も、旅行者等に対してお知らせするために各ビーチにつくっていきます。国家防災早期警報システムは、津波発生の監視だけではなく、地震、洪水、山火事など、ほかの災害についての監視も行います。タイ政府は、タイ王国の同胞のためだけではなく、訪れていただいた旅行者・観光客の方々のためにも、公共認識と公安に関する教育を発展させていく所存です。

次に、多くの人々の生命を脅かすようないくつかの不治の病を引き起こすかもしれない自然環境の破壊に関する貴殿の心配に対してお答え致します。わが国では、急速な経済成長の結果として、環境問題が増加してしまいましたが、タイ王国政府は一九九七年に環境管理に対する法整備をするという方針を決めました。そして、これによる環境管理のための新しい枠組みでは、公的機関の各部署をより完備させ、国際機関、非政府組織、および地方の共同体と同様に、より地域密着型になっております。

私は、自然環境災害と保護に関しまして、タイ王国政府によって実施された対策が適切であり、将来起こりうる大災害がもたらす多大な被害から、タイ王国と国民を守るのに役に立つと確信しております。

しかしながら、ここで改めまして、貴殿の親切なわが国に対する関心、およびタイ王国とわが国民に対する有益なる助言に対しまして、感謝の意を表します。

タイ王国大使（署名・住所）」

文書20　南アフリカ共和国大統領あて（一九九〇年一月十二日）

予知内容――――
・大統領のデクラーク氏とマンデラ氏の同時ノーベル平和賞受賞
・同国内で起きる暴動とテロの増加
・疫病の拡大と気候変動の激化

「サント・アンドレ発信　一九九〇年一月十二日（二通）
親愛なる南アフリカ共和国大統領閣下
もし私たちが目前の危険を無視する可能性があるとすれば、今後とも災害に対して無策を続けるでしょう。なぜなら、まだ起こっていないことに対しては無視しがちだからです。私たちは、将来起こる災害や暴動に対して十分に有効な対策をしているといえるでしょうか？　起こらないかもしれない災害や暴動に対して緊急の対策を備えておくことは、公金の無駄遣いでしょうか？

そこで以下、私は今後起こるだろうことを予言という形でお伝え致します。

1）デクラーク氏（当時・大統領）とネルソン・マンデラ氏（当時・アフリカ民族会議指導者）がノーベル平和賞を一九九五年に受賞するという夢を見ました。

2）南アフリカ共和国の暴動は二〇〇五年、二〇〇六年と二〇〇九年の間に全国規模で激しくなり、犯罪や暴力が蔓延し、多数の死者が出るでしょう。しかし、もっと最悪なことが二〇〇九年と二〇一〇年に起こります。無法者や武装グループによって多くの人々が犠牲になるでしょう。たくさんの人々や一般市民が交通手段へのテロにおびえています。

3）エイズ、鳥インフルエンザ、マラリアといった、全種の病気がアフリカ大陸全土に広がるでしょう。そして二〇一一年までに、気温の上昇によって悲劇的な気候の変化が起こり、それは恐ろしい影響をもたらすでしょう。

私は、以上のことが間違いであってほしいのですが、来年には、これらのいくつかが現実の

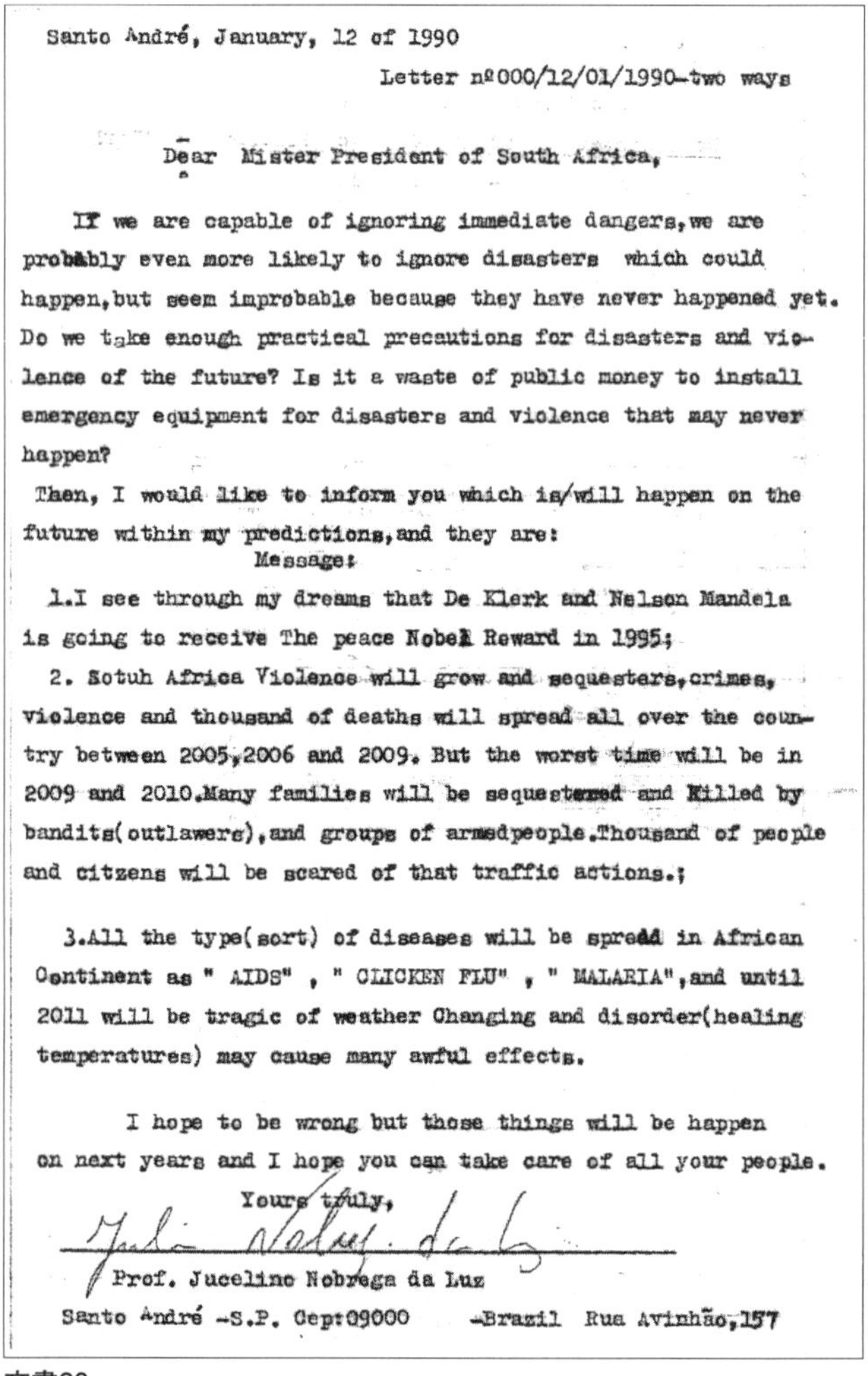

Santo André, January, 12 of 1990

Letter nº000/12/01/1990-two ways

Dear Mister President of South Africa,

If we are capable of ignoring immediate dangers,we are probably even more likely to ignore disasters which could happen,but seem improbable because they have never happened yet. Do we take enough practical precautions for disasters and violence of the future? Is it a waste of public money to install emergency equipment for disasters and violence that may never happen?

Then, I would like to inform you which is/will happen on the future within my predictions,and they are:

Message:

1.I see through my dreams that De Klerk and Nelson Mandela is going to receive The peace Nobel Reward in 1995;

2. Sotuh Africa Violence will grow and sequesters,crimes, violence and thousand of deaths will spread all over the country between 2005,2006 and 2009. But the worst time will be in 2009 and 2010.Many families will be sequestered and Killed by bandits(outlawers),and groups of armedpeople.Thousand of people and citzens will be scared of that traffic actions.;

3.All the type(sort) of diseases will be spread in African Continent as " AIDS" , " CLICKEN FLU" , " MALARIA",and until 2011 will be tragic of weather Changing and disorder(healing temperatures) may cause many awful effects.

I hope to be wrong but those things will be happen on next years and I hope you can take care of all your people.

Yours truly,

Prof. Juceline Nobrega da Luz

Santo André -S.P. Cep:09000 -Brazil Rua Avinhão,157

文書20

ネルソン・マンデラ氏のノーベル平和賞受賞を予知した南アフリカ共和国大統領あて文書

ものとなるでしょう。人々のためにすぐにしかるべき対策をとってください。

ジュセリーノ・ノーブレガ・ダ・ルース（サイン・住所）」

この文書(20)が出された時の南アフリカ大統領は、人種差別制度アパルトヘイトの廃止に尽力したデクラーク氏であった。その施策の原動力となったマンデラ氏が、同時にノーベル平和賞を受賞したのは予知より二年早く、一九九三年であった。

文書の裏には、同日付の郵便発送証明書が張られている。

第2項の国内暴動や、第3項の気候変動がアフリカに及ぼす被害が、今後ますます悲劇的な状況になるという予知文書は多数ある。

文書21　ブラジル環境大臣あて　（二〇〇〇年六月三十一日）と
日本の首相官邸、他マスコミあて　（二〇〇〇年七月〜）

予知内容――
・カナリア諸島の巨大津波被害
・温暖化で海流が変化し氷河期到来
・プレート・テクトニクス変動で太平洋の島々が消失

ポルトガル語のこの文書（21―1）は非常に重要である。文面は異例の長さで、四枚びっしりと書かれており、近未来の地球の変動について細かく説明されている。

そして、各ページの裏には、さまざまな所に送られた発送証明書（21―2〜3）が張られている。順番に列記すると、

・東京都千代田区の首相官邸―二〇〇〇年七月三十一日　配達証明
・ブラジルのレディ・テレビ―二〇〇四年十月十三日　受取返信メール
・サンパウロ新聞編集長―二〇〇四年六月二十九日　発送レシート
・グロボ新聞担当者―二〇〇四年六月二十三日　発送レシート
・ブラジル環境大臣（女性）への再送―二〇〇三年八月十八日　発送レシート

「二〇〇〇年六月三十一日　手紙ナンバー001（二通）

環境大臣閣下

人類は、自らの発展と努力によって、前途に待ち受ける多くの障壁を克服してまいりましたが、総合的カルマの作用によって変化が起きてきました。そして最近は、私の夢予知によって、

Inconfidentes, 31 de junho de 2000

Carta nº001/31/06/2000-em 2 vias

Exmo. Ministro do Meio-Ambiente,

Apesar de saber que muitas profecias negativas foram canceladas, modificadas ou amenizadas pelos esforços de progresso da humanidade, numa verdadeira auto-modificação do Karma coletivo, recentemente tenho estado preocupado com alguns assuntos que minhas pesquisas de sonhos me trouxeram. Meus sonhos e minha intuição aguçada me impeliram por algum tempo que eu procurasse o contato com autoridades tal como vosso Exmo. Ministro do Meio-Ambiente, para informar-lhe sobre estes assuntos. Se não avisar e acontecer ficarei com uma imensa sensação de remorço e responsabilidade nas costas. Se avisar posso ser considerado um maluco e não me atenderem; como algumas coisas que divulguei-apesar de não serem profecias -foram aproveitas, no fundo penso que poderia ser ouvido, quando me referisse sobre um Tsunami em 26 de dezembro 2004; estiagem no Sul do país no final de 2004 até abril de 2005; Ciclones e Tornados no Sul do País em 2004/2005/2006; Erupção Vulcânica no Congo em 2004; Grandes Tempestades na Moldávia e na Europa entre 2004 e 2005; o ataque terrorista no ano que vem contra os USA-World Trade Center em 11 de setembro de 2001; Ataque Terrorista na Espanha em 11 de março de 2004; Grandes vendavais em todo Brasil e sobre a Erupção Vulcânica em alguns anos de um Vulcão prestes a explodir nas ilhas Canárias. Isso tudo já avisado por mim, penso que poderia ser ouvido.

Sobre o que estou relatando anteriormente, pelo menos, oficialmente, nada existe de planos de contingência ou planos de emergência preventivos. Afinal, por motivo que não vale aqui citar, que os países e governos, tem seus estudos de política estratégica e do geo-político, seus serviços de informações e investigações, que pesquisam todos os assuntos que possam atingí-los. Mas será que pelo menos no Brasil, os "Top Secrets" estão inteirados das transformações que vem por aí?

文書21―1
世界中の政府に送られた地球大変動に関する警告書。４枚のうちの最初の１ページ

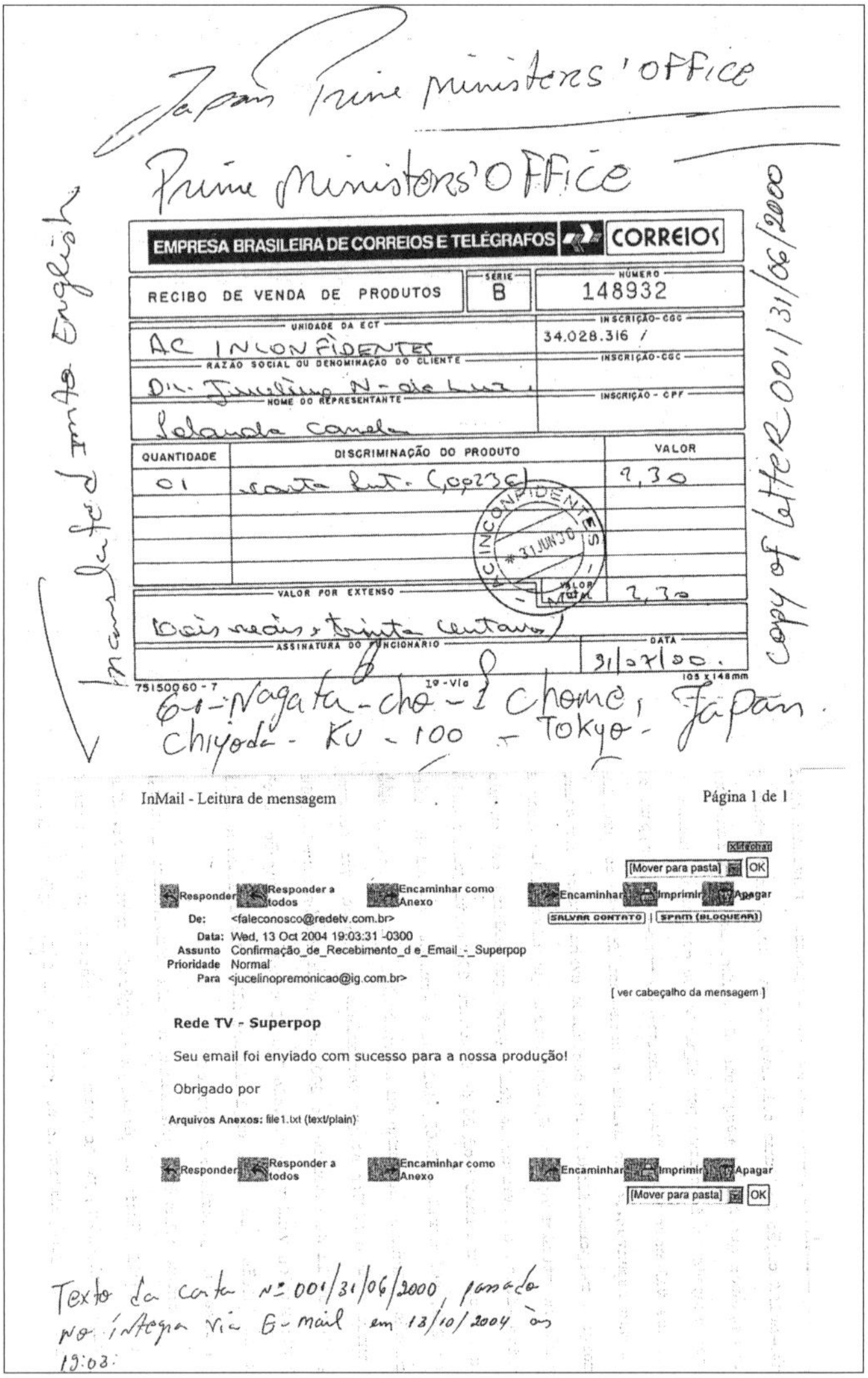

Japan Prime ministers' OFFice

Prime Ministers' OFFice

translated into English

copy of letter 001/31/06/2000

EMPRESA BRASILEIRA DE CORREIOS E TELÉGRAFOS CORREIOS

RECIBO DE VENDA DE PRODUTOS

SÉRIE B

NÚMERO 148932

UNIDADE DA ECT: AC INCONFIDENTES

INSCRIÇÃO-CGC: 34.028.316 /

RAZÃO SOCIAL OU DENOMINAÇÃO DO CLIENTE

INSCRIÇÃO-CGC

NOME DO REPRESENTANTE

INSCRIÇÃO - CPF

QUANTIDADE	DISCRIMINAÇÃO DO PRODUTO	VALOR
01	carta int. (C0P23E)	2,30
	VALOR	2,30

AC INCONFIDENTES 31 JUN 00

VALOR POR EXTENSO: Dois reais e trinta centavos

ASSINATURA DO FUNCIONÁRIO

DATA: 31/07/00.

75150060-7 1ª-Via 105 x 148mm

6-1-Nagata-cho-1 chome, Japan.
Chiyoda-KU-100-Tokyo-

InMail - Leitura de mensagem

Página 1 de 1

X Fechar

[Mover para pasta] OK

Responder | Responder a todos | Encaminhar como Anexo | Encaminhar | Imprimir | Apagar

SALVAR CONTATO | SPAM (BLOQUEAR)

De: <faleconosco@redetv.com.br>
Data: Wed, 13 Oct 2004 19:03:31 -0300
Assunto Confirmação_de_Recebimento_d e_Email_-_Superpop
Prioridade Normal
Para <jucelinopremonicao@ig.com.br>

[ver cabeçalho da mensagem]

Rede TV - Superpop

Seu email foi enviado com sucesso para a nossa produção!

Obrigado por

Arquivos Anexos: file1.txt (text/plain)

Responder | Responder a todos | Encaminhar como Anexo | Encaminhar | Imprimir | Apagar

[Mover para pasta] OK

Texto da carta nº 001/31/06/2000, passado na íntegra via E-mail em 13/10/2004 às 19:03.

文書21―2

日本の首相官邸への配達証明書（上）とブラジルのテレビ局からの受取メール（下）

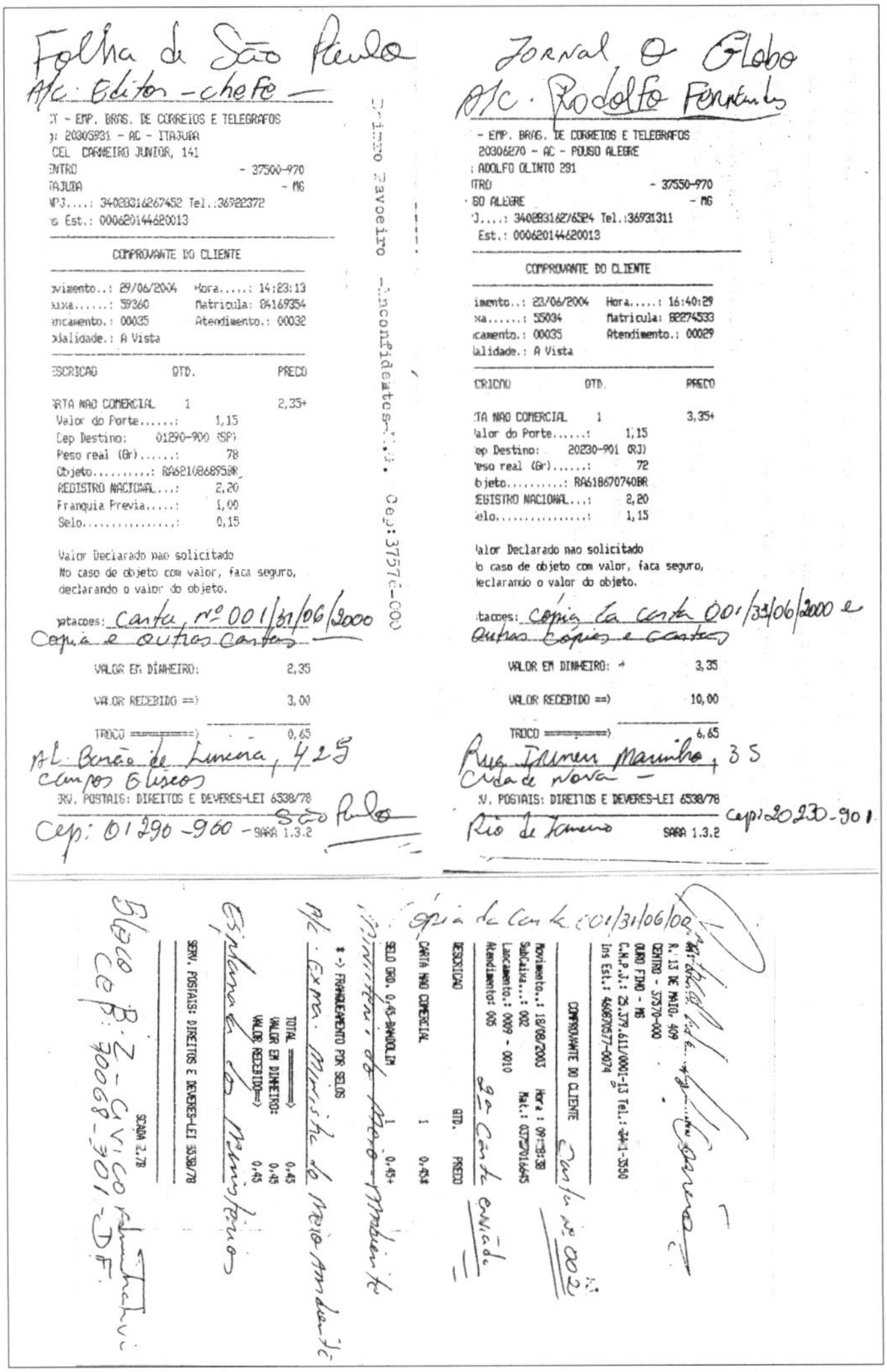

Folha de São Paulo
A/c: Editor-chefe

CT - EMP. BRAS. DE CORREIOS E TELEGRAFOS
: 20305931 - AC - ITAJUBA
CEL CARNEIRO JUNIOR, 141
ENTRO - 37500-970
TAJUBA - MG
NPJ....: 34028316267452 Tel.:36922372
s Est.: 000620144620013

COMPROVANTE DO CLIENTE

ovimento..: 29/06/2004 Hora.....: 14:23:13
aixa......: 59360 Matricula: 84169354
ancamento.: 00035 Atendimento.: 00032
odalidade.: A Vista

ESCRICAO QTD. PRECO
ARTA NAO COMERCIAL 1 2,35+
Valor do Porte......: 1,15
Cep Destino: 01290-900 (SP)
Peso real (Gr)......: 78
Objeto..........: RA621086895BR
REGISTRO NACIONAL...: 2,20
Franquia Previa.....: 1,00
Selo................: 0,15

Valor Declarado nao solicitado
No caso de objeto com valor, faca seguro, declarando o valor do objeto.

otacoes: Carta nº 001/31/06/2000
Copia e outras Cartas

VALOR EM DINHEIRO: 2,35
VALOR RECEBIDO ==) 3,00
TROCO ==) 0,65

Al. Barão de Limeira, 425
Campos Eliseos
ERV. POSTAIS: DIREITOS E DEVERES-LEI 6538/78
Cep: 01290-900 - São Paulo
SARA 1.3.2

Primo Zaveiro - Inconfidentes - ... Cep:37576-000

Jornal O Globo
A/c. Rodolfo Fernandes

- EMP. BRAS. DE CORREIOS E TELEGRAFOS
20306270 - AC - POUSO ALEGRE
ADOLFO OLINTO 291
TRO - 37550-970
SO ALEGRE - MG
J....: 34028316276524 Tel.:36931311
Est.: 000620144620013

COMPROVANTE DO CLIENTE

imento..: 23/06/2004 Hora.....: 16:40:29
xa......: 55034 Matricula: 82274533
camento.: 00035 Atendimento.: 00029
lalidade.: A Vista

CRICAO QTD. PRECO
TA NAO COMERCIAL 1 3,35+
alor do Porte......: 1,15
ep Destino: 20230-901 (RJ)
eso real (Gr)......: 72
bjeto..........: RA618670740BR
EGISTRO NACIONAL...: 2,20
elo................: 1,15

alor Declarado nao solicitado
o caso de objeto com valor, faca seguro, declarando o valor do objeto.

tacoes: Cópia da carta 001/31/06/2000 e outras cópias e cartas

VALOR EM DINHEIRO: 3,35
VALOR RECEBIDO ==) 10,00
TROCO ==) 6,65

Rua Irineu Marinho, 35
Cidade Nova
V. POSTAIS: DIREITOS E DEVERES-LEI 6538/78
Rio de Janeiro SARA 1.3.2
Cep: 20230-901

Cópia da Carta 001/31/06/00
R. 13 DE MAIO, 409
CENTRO - 37570-000
OURO FINO - MG
C.N.P.J.: 25.379.611/0001-13 Tel.:341-3550
Ins Est.: 46087677-0074

COMPROVANTE DO CLIENTE

Movimento..: 18/08/2003 Hora : 09:38:38
SubCaixa..: 002 Mat.: 03727016645
Lancamento..: 0009 - 0010
Atendimento: 005

DESCRICAO QTD. PRECO
CARTA NAO COMERCIAL 1 0,45+
SELO ORD. 0,45-BANDOLIM 1 0,45+
*-> FRANQUEAMENTO POR SELOS
TOTAL 0,45
VALOR EM DINHEIRO: 0,45
VALOR RECEBIDO==) 0,45

SERV. POSTAIS: DIREITOS E DEVERES-LEI 6538/78
SCADA 2.78

2ª Carta enviada
A/c: Exma. Ministra do Meio Ambiente
Ministério do Meio Ambiente
Esplanada dos Ministérios
Bloco B, 2 - Cívico
Cep: 70068-901 - DF

文書21－3
新聞社（上）や政府（下）への文書発送レシート

心配されるテーマがいくつか出ております。これらをお知らせしたいと思いますが、あまりにも信じ難いことだとして、皆様が拒否してしまうのではないかという思いから、このところ躊躇《ちゅうちょ》しておりました。しかし、もしこのまま報告しないでいますと、私の責任が果たせず、後に後悔することになりますので、これまでの幾度かのそしりにもかかわらず、皆様を信じ、あえてお伝え致します。

（中略――これまでに、スマトラ沖大地震や9・11テロ事件、そしてカナリア諸島の津波について警告してきたことに触れている）

このようにお知らせしてきましたが、正式には何の対策もなされず、私の努力は全く無駄な感じがしております。いろいろな政治的見解がおありでしょうが、政府の情報機関や調査部署、あるいはせめて政府の重責におられる方々は、これらのことをご存知なのでしょうか。

私が申し上げることは、このところ叫ばれてきた、ノストラダムスやスカリオンの世紀末予言とは違います。重要なのは民衆の一人ひとりの力であり、フォトンベルトの到来によって、地球の波動が向上し、次元上昇としてのアセンションが行われ、新しい時代に備えるための聖なる権利を受け取るということです。

アメリカはすでに、クラリオン（宇宙人の一種）のメッセージを受け取り、これから起きる世界変動の傾向に気付き、警戒しているということを、一九七二年に私は報告しました。

その変動の傾向とは、まず風（**監修者注**――ハリケーンや竜巻、あるいはカリフォルニアの山火事の原因となった季節風の熱波などの総称であるとともに、変動の潮流という意味にも掛けているように思われる）がアメリカを直撃するでしょう。

そして、これから数年後に、火山が必ず活動し始めます。山が海に没し、百五十メートルの津波が起き、爆発の十時間後にカリブやアメリカの東海岸に、時速八〇〇キロメートルのスピードで到着します。北アメリカの海岸線に住む人たちは、必ずこの時間内に避難しなければなりません。

この火山は、カナリア諸島の西の部分にありますが、東側にも九十メートルの津波が発生し、アフリカの海岸に破壊的な衝撃を与えます。

また、いくらか減衰した津波が北に向かい、ポルトガル、スペイン、アイルランド、イギリスを直撃します。

南側には、高さ六十メートルの水の壁が、ベネズエラ、ギアナ、そしてブラジルの北部など、南アメリカ北部地域に五時間で到達します。

この火山爆発による津波は、十九世紀に起きた、インドネシアのクラカトア火山の爆発よりひどいものになります。

私の予知夢では、島から南西と北西に対角線状に津波が広がっていき、大西洋を越えてアメリカ大陸の海岸を襲い、高さ十二メートルの津波が、内陸に向かって二十から六十キロの奥地まで侵入していきます。

こんどは、その水が引いていくとき、アマゾンの川で潮の干満に起きるポロロッカのような現象が、大規模に引き起こされます。

さらに地球温暖化によって、氷河期が到来するという衝撃的な報告を申し上げます。

これは次の十年間に北極の氷が解けて、メキシコ湾流が急に冷えていきます。さらに南極の氷も解けて、やがて西半球の大陸（南北アメリカとヨーロッパ）が寒冷化して氷結していくのです。これによって人間が生活できるのは、エクアドルの周辺だけになります。

この気候変動によって、世界の食料の生産と飲み水の供給が完全に変わり、この食料と水の問題が、戦争の原因になります。

そして、ニューヨークやヨーロッパ北部はシベリアのような気候になります。イギリスやスカンジナビアの島々は完全に凍結してしまいます。

この時期に生活可能なのは、フランス南部、イタリア、バルカン地方、ギリシャ、トルコ、ポルトガル、スペイン、そしてアフリカ北部だけです。

南半球についても、驚いたことに、ニューヨークと同じように、ブエノスアイレスはスカンジナビアのように寒くなり、そこから南に六百キロほど行ったバイアブランカやアルゼンチンはシベリアのように寒冷化します。したがって、アルゼンチンやウルグアイは人が生活するのが非常に困難になりますから、この地域から、大量の難民がブラジルに押し寄せることになります。といいますのは、ブラジル南部は、現在の赤道近くにあるセルトン（ペルナンブーコ州）のような暑さになるからです。しかし、セルトン自体は冷え始めるのです。

さらに予知夢で気付きましたのは、これから数年後に、海面上昇が激しくなり、ブラジルのいくつかの地域に、海が侵食してくるということです。このような状況は、巨大な天変地異の始まりであり、その後はさらに展開が加速していきます。

プレート・テクトニクスの変動が収まった後、次の新たな変化が起き出し、日本、フィリピン、インドネシアの島々が海に沈みます。同時にインドシナ半島（ベトナム、カンボジア、タイなど）、中国、韓国を巨大な津波が襲います。

それらが起きてから、新たなプレート・テクトニクスの引き戻しがあり、ハワイに津波と地震があります。そして、その後アメリカのカリフォルニアなど西海岸も破壊され、大量の人命が失われることになります。

私たちブラジル人にとって、最も危険な火山は、アフリカのセネガルからモロッコにいたる地域に、甚大な被害をもたらすカナリア諸島です。

大臣閣下、以前にご報告してきましたように、これからアメリカが、アフガニスタンとイラクに対し戦争を仕掛け、いったんは勝利しますが、その後起きるテロリストの反抗で起きる凄惨な攻撃と破壊に敗れるのです。もしこれらが何も起きなければ、このお手紙で申し上げた私の予知のすべて、この地球上における私たちの生活に関する将来的な状況を、すべて無視されてもかまいません。

ジュセリーノ・ノーブレガ・ダ・ルース教師　（署名・住所）」

最初に記述されている、スマトラ沖大地震、9・11テロも、まだ起きていない時点で書かれており、その後の主要な未来予知についてまとめられている。

その展望は、これまで一般の講演会や個々の事件警告書簡ではあまりふれられていなかった事柄が出てきている。

本人が書いているように、「あまりにも信じ難いことなので、人々が拒否し、そしりさえ受けたため、発表を躊躇した」という事情は、「予言集Ⅰ」にも表れており、著者のエンジオ氏も、その先については書いていない。

しかし、気付いている読者もおられると思うが、前作巻末の予言年表をはじめ、他の文書で散見されるように、今後二十〜三十年で「世界人口が八〇パーセント以上減少する」とか「国土が消える」というようなことの根拠として、単に温暖化だけでは説得力がないのである。どういう経緯でそうなるかが、この文書でようやく見えてきたといえよう。つまり、温暖化のピーク後に襲来する氷河期の到来、そして地球全体の地殻変動である。

この点について、二〇〇七年から二〇〇八年にかけて、ジュセリーノ氏が二度来日した際、監修者自身が会って直接確かめた内容等を巻末で説明したい。

文書22　アゾレス諸島地熱観測所長あて（二〇〇六年五月二日）とスペイン大使あて（二〇〇六年六月五日）

予知内容――――

- **オランダ、インドネシア、ニュージーランド、日本の消滅**
- **世界的な水不足**
- **アンデス氷河の消失**
- **温暖化が引き起こす二〇三八年までの具体的状況**
- **カナリア諸島の巨大津波**
- **直近傍証予言六件**

これも四枚に及ぶポルトガル語による文書である。一ページ目の一部と最後に張り付けてある同日付の発送レシートを掲示した（22―1）。

「ポルトガル領（アゾレス諸島サンミゲル島）ポンタ・デルガダ市　私書箱
地熱観測所長アントニオ・セラレイロ様
二〇〇六年五月二日　手紙ナンバー002（二通）

前略

地球の温暖化は確実で、継続的に問題を起こします。海岸に居住する人たちに降りかかることについては国連にも伝えましたが、オランダ、インドネシア、ニュージーランド、日本など、いくつかの国が、これから三十年以内に消えます。

私には将来の出来事を観察する能力があり、いくつかの災難の規模を縮小させるためには、自然に対する人類の完全な無知によってそれらが起きるのだということを、自覚しなければならないことが分かります。

二〇〇八年から、アジアやアフリカで水不足が始まり、それが南米など、ほかの国にも拡大していきます。例えば十五年以内に、アンデスの氷河が消失します。それによって、ペルー、エクアドル、ボリビア、コロンビアなどにおいて、飲み水や農業用水、そしてまた工業生産に影響する水不足を起こします。ブラジルの北部は最も影響を受ける地域となり、さらに南部で

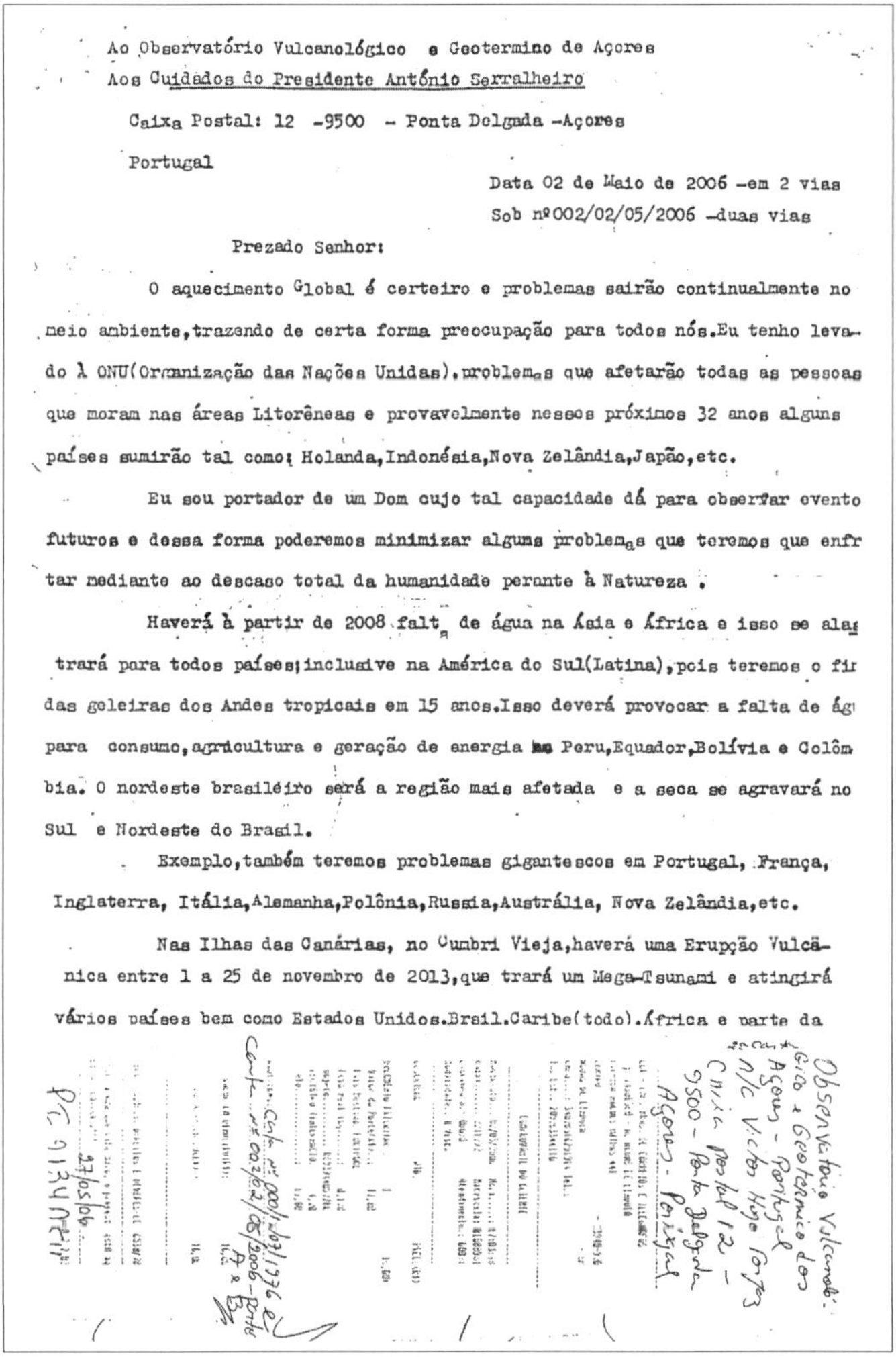

Ao Observatório Vulcanológico e Geotermino de Açores
Aos Cuidados do Presidente Antônio Serralheiro

Caixa Postal: 12 -9500 - Ponta Delgada -Açores

Portugal

Data 02 de Maio de 2006 -em 2 vias
Sob nº002/02/05/2006 -duas vias

Prezado Senhor:

O aquecimento Global é certeiro e problemas sairão continualmente no meio ambiente, trazendo de certa forma preocupação para todos nós. Eu tenho levado à ONU(Organização das Nações Unidas), problemas que afetarão todas as pessoas que moram nas áreas Litorêneas e provavelmente nessos próximos 32 anos alguns países sumirão tal como; Holanda, Indonésia, Nova Zelândia, Japão, etc.

Eu sou portador de um Dom cujo tal capacidade dá para observar evento futuros e dessa forma poderemos minimizar algumas problemas que teremos que enfr tar mediante ao descaso total da humanidade perante à Natureza .

Haverá à partir de 2008 falta de água na Ásia e África e isso se alas trará para todos países; inclusive na América do Sul(Latina), pois teremos o fir das geleiras dos Andes tropicais em 15 anos. Isso deverá provocar a falta de ágı para consumo, agricultura e geração de energia no Peru, Equador, Bolívia e Colômbia. O nordeste brasiléiro será a região mais afetada e a seca se agravará no Sul e Nordeste do Brasil.

Exemplo, também teremos problemas gigantescos em Portugal, França, Inglaterra, Itália, Alemanha, Polônia, Russia, Austrália, Nova Zelândia, etc.

Nas Ilhas das Canárias, no Cunbri Vieja, haverá uma Erupção Vulcânica entre 1 a 25 de novembro de 2013, que trará um Mega-Tsunami e atingirá vários países bem como Estados Unidos. Brsil. Caribe(todo). África e parte da

文書22―1
アゾレス諸島地熱観測所に送った気候変動とカナリア諸島の噴火に関する警告書

も干ばつが起きます。

さらに、同様の問題が、ポルトガル、フランス、イギリス、イタリア、ドイツ、ポーランド、ロシア、オーストラリア、ニュージーランドなどで大規模に起こります。

カナリア諸島のコンブリ・ビジャという所で、二〇二三年十一月一日から二十五日の間に、火山噴火が起き、それが高さ百五十メートルの巨大な津波を引き起こします。そしてブラジル、カリブ沿岸、アフリカ、ヨーロッパ、中央アメリカ、南米、北アメリカを襲い、史上最大の大惨事となります。

メッセージ――

1）極の氷が、二〇二八年までに半減することを観察しています。これによって鳥などの生物の生息地が破壊され、魚群の量が四五パーセント少なくなります。さらに永久凍土も四五パーセント減少します。
2）カナダと北アメリカには、海面上昇が著しく影響するようになり、交通、運輸など、生活のためのインフラが破壊されます。また果樹園に病害虫が発生したり、森林火災が多発し、さらに状況が悪化します。
3）南アメリカの氷河は十五年以内になくなります。これによる水不足が各国を苦しめます。そしてブラジルの乾燥した地域の干ばつが悪化し、気温が六度上昇し、アマゾンの東の地域が半砂漠化します。そして二〇二七年までに完全に砂漠化する可能性があります。

また人々を脅かすようなハリケーンがカリブ沿岸を襲うようになり、その発生率が六〇パーセント増加します。それで二〇一九年までに、穀物の栽培地が減少するとともに、結局、温暖化はマングローブの沼地を破壊してしまいます。島国では雨が減少し、飲み水が止まってしまうでしょう。それによって観光地が九〇パーセント減少します。

4）ヨーロッパは恒常的に猛暑が多発するようになり、山火事が増加します。また海面上昇による海岸線の侵食が激しさを増します。そして、アルプスの氷河が二〇一八年までに消えてしまいます。水不足により、多くの病気が発生し、人々が死亡するでしょう。

5）アジアでは季節の降雨のリズムが変化し、農業に悪影響を与えます。さらに人口増加が飢えを引き起こします。またヒマラヤの氷河は、二〇三五年までに、五十万平方キロメートルから三万平方キロメートルまで減少し、中国とインドは度重なる氷河湖決壊洪水のために、飲み水の不足が深刻になります。そしてメコン川とブラマプトラ川流域は、二〇三三年までに激しい洪水の結果、農業がダメージを受け、収穫量が激減します。

6）アフリカは、二〇二八年までに農地が格段に減少し、乾燥地が拡大します。これによって生態系の劇的な変化が起き、絶滅の危機のため、多くの飢え、渇き、対立、抗争が全域に拡大します。

7）オーストラリアとニュージーランドも、多くの生態系が変化し、二〇三七年までに海域の珊瑚礁が三五パーセント減少し、また大河の水量が減り、二〇三九年には消えてしまいます。

8）南極の氷が八〇パーセント減少します。特に南極の西部は八五パーセントも少なくなり、これによって引き起こされる海面上昇は、ブラジルをはじめ世界の国々に影響します。

これらは暗いシナリオですが、発表しなければならないのです。そこで、これらが発生することを証明するために、いくつかの例を挙げてみます。

A）南太平洋のソロモン諸島で、二〇〇七年四月一日から二日の間に、マグニチュード8・2の地震が起きて、二～三メートルの津波が発生します。震源地は首都のホニアラから三百四十五キロメートルで、ギゾ市から四十五キロメートルの地点です。

B）二〇〇六年の終わりから二〇〇七年の五月にかけて、ブラジルの航空界には多くのストライキや運行停止などの混乱が起きます。

C）ブラジルをはじめ世界各地で、クモやサソリなどの節足動物が増えるでしょう。特にリオデジャネイロ奥地やサンパウロ近郊などです。

D）二〇〇六年夏からポルトガルは猛暑となり、山火事が頻発します。二〇〇七年はもっとひどくなります。

E）イランのテヘランにあるイギリス大使館で、二〇〇七年四月一日にテロが起きますが、これは二百人ほどのイラン人が、水争いでイギリスに抗議をするために起こすのです。またブラジルでは洪水のため、全国的に多くの混乱が起き、サンパウロは最もひどくなります。二〇二三年五月十六日に、ハリケーンによる百三十キロメートルもの広がりを持つ雲によって、集中豪雨が首都サンパウロを襲い、これはブラジルで起きる最も悲惨な災害の一つになります。

F）アメリカのニューヨークも、二百キロメートルもの大きさの、気象変動による黒い雨雲によって、大災害に見舞われます。

ジュセリーノ・ノーブレガ・ダ・ルース　（署名）」

未来のことに関しては、巻末で触れるとして、過去のことになった傍証予言を検証してみよう。

A項は、ほとんどこの予知どおり地震が発生している。

B項も、ブラジル航空路線は、混乱が起きた。

C項は情報が得られない。

D項に関しては、四月二日に、テヘランのイギリス大使館前で大規模な暴動が発生したというニュースが流れている。しかしこれが水争いで起きたかどうかは確認できない。

またサンパウロやニューヨークの、巨大な黒い雲による集中豪雨の発生は、まだだいぶ先のことだが、「ひどい情景だった」とジュセリーノ氏は電話で言ってきている。

次の文書（22―2）も、温暖化やカナリア諸島の津波について補足する内容なので掲載しておく。

カナリア諸島はスペイン領であり、この国に注意を促す必要があるのだろう。

すでに七度目の手紙であり、文章は単刀直入に用件に入っている。

文書が登記書に登録された印が下部に押されている。裏には発送の四日後にスペイン大使館に送付されたという、受取人のサインが入った配達証明書（22―3）が張ってある。

「アグアス・デ・リンドーヤ発信

二〇〇六年六月五日　手紙ナンバー007（二通）

スペイン大使閣下

ヨーロッパの熱波や干ばつは、この先三年間最もひどくなり、多くの水不足が起こることを

私はとても心配しています。そしてこのことは貴国にも影響が及びますので、貴国の政府はこ

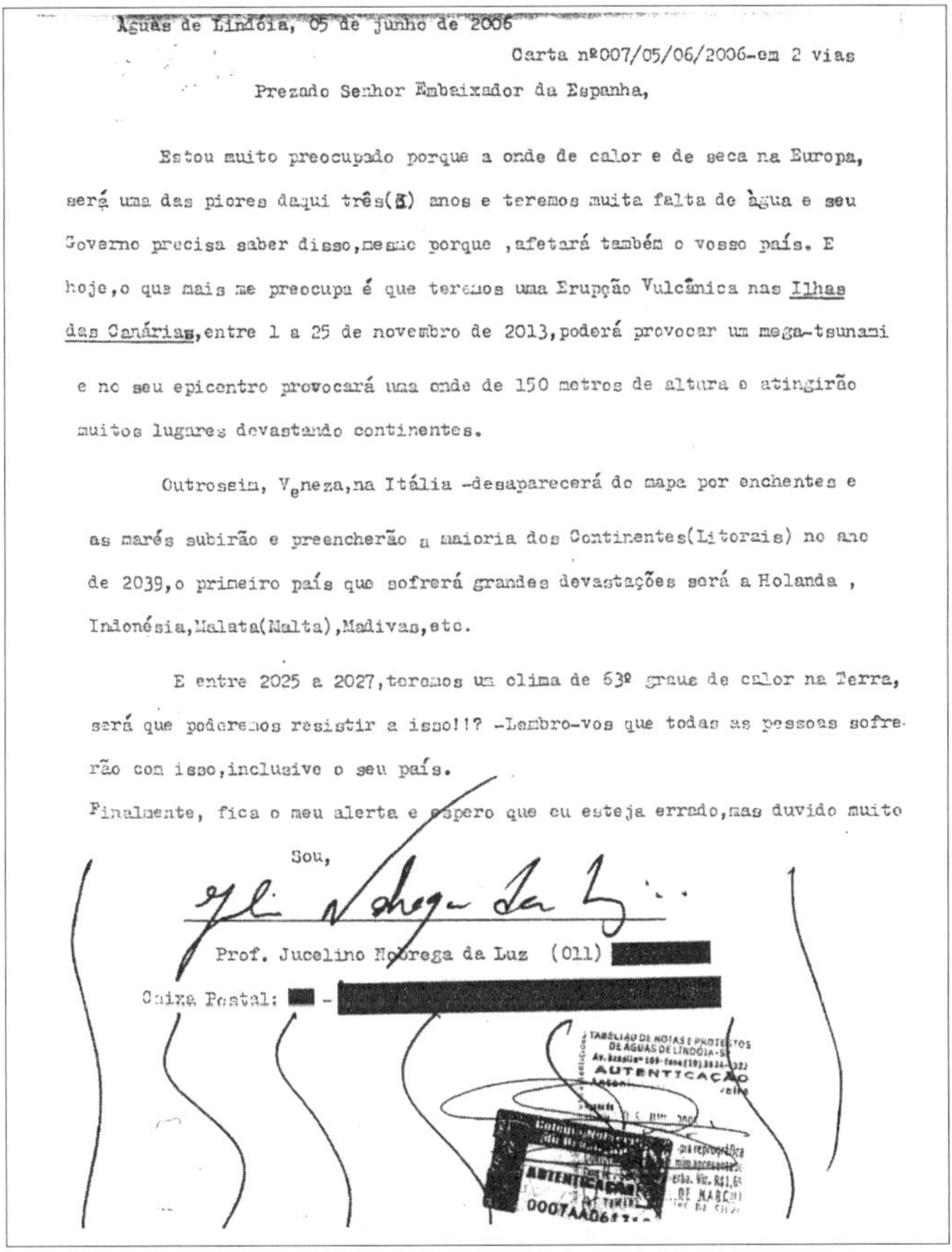

Águas de Lindóia, 05 de junho de 2006

Carta nº007/05/06/2006-em 2 vias

Prezado Senhor Embaixador da Espanha,

Estou muito preocupado porque a onde de calor e de seca na Europa, será uma das piores daqui três(3) anos e teremos muita falta de àgua e seu Governo precisa saber disso,mesmo porque ,afetará também o vosso país. E hoje,o que mais me preocupa é que teremos uma Erupção Vulcânica nas Ilhas das Canárias,entre 1 a 25 de novembro de 2013,poderá provocar um mega-tsunami e no seu epicentro provocará uma onde de 150 metros de altura e atingirão muitos lugares devastando continentes.

Outrossim, Veneza,na Itália -desaparecerá do mapa por enchentes e as marés subirão e preencherão a maioria dos Continentes(Litorais) no ano de 2039,o primeiro país que sofrerá grandes devastações será a Holanda , Indonésia,Malata(Malta),Madivas,etc.

E entre 2025 a 2027,teremos um clima de 63º graus de calor na Terra, será que poderemos resistir a isso!!? -Lembro-vos que todas as pessoas sofrerão com isso,inclusive o seu país.

Finalmente, fica o meu alerta e espero que eu esteja errado,mas duvido muito

Sou,

Prof. Jucelino Nóbrega da Luz (011) [redacted]

Caixa Postal: [redacted] - [redacted]

文書22―2
カナリア諸島噴火の期日が明記されている予知文書

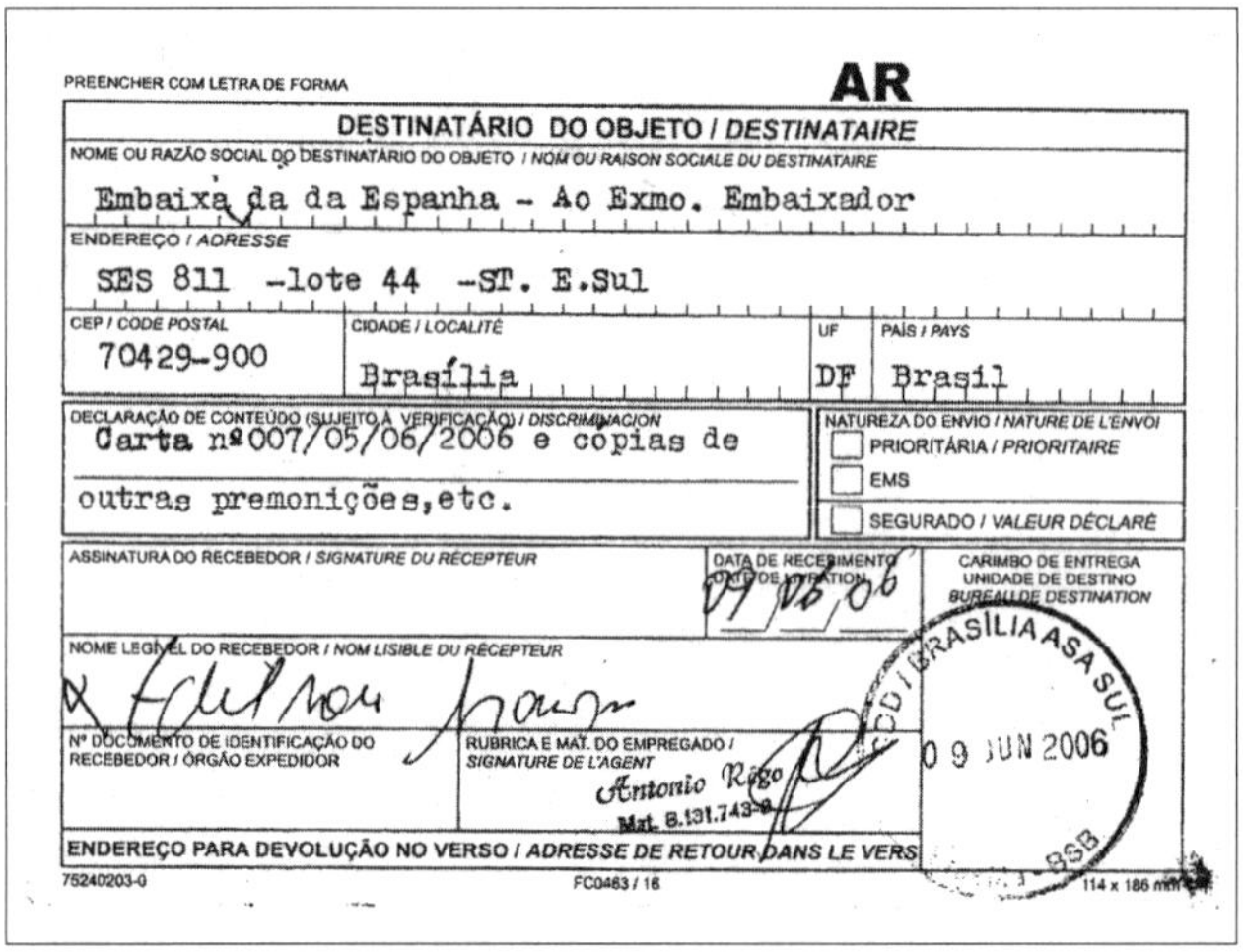
PREENCHER COM LETRA DE FORMA
AR
DESTINATÁRIO DO OBJETO / *DESTINATAIRE*
NOME OU RAZÃO SOCIAL DO DESTINATÁRIO DO OBJETO / *NOM OU RAISON SOCIALE DU DESTINATAIRE*
Embaixada da Espanha - Ao Exmo. Embaixador
ENDEREÇO / *ADRESSE*
SES 811 -lote 44 -ST. E.Sul
CEP / *CODE POSTAL* 70429-900
CIDADE / *LOCALITÉ* Brasília
UF DF
PAÍS / *PAYS* Brasil
DECLARAÇÃO DE CONTEÚDO (SUJEITO À VERIFICAÇÃO) / *DISCRIMINACION*
Carta nº007/05/06/2006 e copias de outras premonições,etc.
NATUREZA DO ENVIO / *NATURE DE L'ENVOI*
PRIORITÁRIA / *PRIORITAIRE*
EMS
SEGURADO / *VALEUR DÉCLARÉ*
ASSINATURA DO RECEBEDOR / *SIGNATURE DU RÉCEPTEUR*
DATA DE RECEBIMENTO / DATE DE LIVRAISON 09/06/06
CARIMBO DE ENTREGA UNIDADE DE DESTINO *BUREAU DE DESTINATION*
NOME LEGÍVEL DO RECEBEDOR / *NOM LISIBLE DU RÉCEPTEUR*
Nº DOCUMENTO DE IDENTIFICAÇÃO DO RECEBEDOR / ÓRGÃO EXPEDIDOR
RUBRICA E MAT. DO EMPREGADO / *SIGNATURE DE L'AGENT*
Antonio Rêgo
Mat. 8.131.743-8
BRASÍLIA ASA SUL
09 JUN 2006
BSB
ENDEREÇO PARA DEVOLUÇÃO NO VERSO / *ADRESSE DE RETOUR DANS LE VERSO*
75240203-0
FC0463 / 16
114 x 186 mm

文書22—3
スペイン大使館への配達証明書。カナリア諸島はスペイン領である

のことを知る必要があります。

さらに私がいま最も気がかりなのは、カナリア諸島で二〇一三年十一月一日～二十五日の間に、火山が噴火することです。超巨大津波を起こす可能性があります。そしてその震央では一五〇メートルの高さの波が発生し、多くの場所や大陸を破壊的に襲います。

さらに、イタリアのベニスは洪水によって地図から消えます。そして二〇三九年には海が上昇して、ほとんどの大陸（の海岸）をのみ込みます。大きな破壊で最初に苦しむのはオランダ、インドネシア、マルタ、モルジブといった国です。

そして二〇二五年から二〇二七年の間に、地球で気温がセ氏六三度に達します。これに耐えることができるでしょうか。あなたの国を含め、すべての人がこのことで苦しむのがお分かりになるでしょう。
最後に、このように私の警告をお伝えしましたが、私はそれが間違っていることを願っています。しかし私には疑いの余地がありません。

ジュセリーノ・ノーブレガ・ダ・ルース（署名・住所）」

文書23　各国の政治家、外交官、大学あて（一九七六〜二〇〇二年）と新聞広告記事の掲載（一九八九年四月二十七日）

予知内容――
・一九八二年から二〇一三年までの重大事件三十項

この文書（23―1〜3）は、ジュセリーノ氏がなんと十六歳にして書いたことになる。サンドラ・マイア女史の解説によると、書かれた日に、この手紙ナンバーで中国国家主席に送られているという。すでにこの年代で、これらの予知が氏に降りていたということは驚きである。
そしてこの予言リストは、その後世界中にまかれていったという痕跡が明瞭なのだ。

①　まず興味深いのは、一九八九年にサンパウロにあるプリメイラモ新聞社に記事広告を出

Santo André, july 17 of 1976

letter nº000/17/07/1976-two ways
Copy of old scriptures of july/17/1976.

Dear Mister(Maddam),

And there came one of the seven algels which had the seven dreams, and talked with me, saying unto me, come hither: I will show unto thee 30 predictions dreams where now I ask you to show them all over the world and their governments must follow them up and prevent their people to take care of. This I bring to all nations which thinks are the sovereign about their poor people, and are betraying them with wars to satisfy their Economic purposes.

For of this sort are they which creep into houses, and lead captive silly woman laden with sins, led away with divers lusts, ever learning, and never able to come to the knowledge of the truth.

Messages:

1. I see through my dreams Denmark newspaper makes a caricature of Arabic people God, and it will cause revolt all over Arabic Countries in 2006; also I can see Chicken flu getting in Denmark at the same date(2006);
2. I Also see Through my dreams In Tel Aviv an attempt by Jihad Islamic where will kill 21 and 70 will be hurt- Israel in july 1 of 2001.;
3. I see in Turkey a big earthquake in august 17 of 1999, which will destroy Istambul until Golcuk, covering an area of 130 km, and will cause more than 40 thousands death.;
4. I see in Mexico, at Mexico city an earthquake of 8,1 degrees in 1985 which will cause seious, I say, serious problems there.;
5. I see in Colombia an earthquake in january 25 of 1999, of 6,2 degrees at Richter Scale which will cause 1,2 thousand deaths and over 4,4 will be hurt, and this will be the worsiest of all.;
6. I see through my predictions in aphegahistan two earthquakes: one in Rustac

文書23―1
1976年から世界中に発送された予言リスト。的中率は90%以上といえる

of 6,1 degrees that will kill 4,5 thousand people in february 4 of 1998,and the second will be in may 30 of 1998,on North of the country at Takhar province,and will kill 3 thousand people and will destroy some villages.;

7. As the all angels have told me about the predictions, I see Iran will have an earthquake in may 10 of 1997,and more than 2 thousand people will die,its scale may be 7,1 degrees;

8. And we willhave the worst earthquake in Russia in may 28 of 1995,and will kill more than 1900 people at Neftegorsk City,North of Sakhalin Island;

9.Colombia will have an earthquake in june 6 of 1994,and thousand of people will die,and the localisation is Paez River Valley(Valey).;

10.In India will have an earthquake in september 30 of 1993,where more than 21 people will die and 36 villages will be destroyed,it will be 6,4 degrees;

11.In Indonesia will have an earthquake in december 12 of 1992 at Nusa Tenggara provincy,I say,province.;

12.In Phillippines will have an earthquake in july 16 of 1990,and it is of 7,7 degrees and may kill 2 thousand people and let 3,5 thousand people hurt, and almost 148 homeless.;

13.In Iran will have an earhtquake in june 21 of 1990,within 35 thousand people deaths, 100 hundred thousand people homeless,and it will be 7,7 degrees.;

14.In Equador will have an earthquake in March 5 of 1987,more thanthousand people died(will be died),and it will be in EL REVENTADOR;

15.I El Salvador will have an earthquake in october 10 of 1986,and 1,5 thousand people will die,20 thousand people will be hurt,and 300 hundred thousand people homeless,it may be at 7,5 degrees.;

16.In Mexico will have an earthquake in september 19 - 1986,between 5 and 11 thousand people will die;

17.In Iemen will have an earthquake in october 13 of 1982,where 3 thousand people will die and it will be in Dhamar province,and it will be of 6 degrees;

文書23―2
1982年から2013年までの主要予言30項

18.In Italy will have an earthquake in november 23,1980,and it will kill
2 thousand people or more...and it will be in EBOLI,its epicenter.;

19.I^N Argelia will have an carthquake in october 10 of 1980,it will kill
more than 2 thousand people and its scale is 7,3 degrees .It will be in El
A_snam;

20.I_n Japan will have an carthquake in january 17 of 1995,in Kobe city,
and it will be of 7,3 on Richard scale;

21.Pope John Paul II,will have to face an attempt against his life between
1981 until 1986 and he will be hert by shot.But he will die in 2005 only.;

22.I See the Vucane Kilauea(Havai) comes into eruption and cause big pro-
blem in 1983;

23. Canary Island will cone into eruption between 1 to 25 of November 2013,
and It will cause a Big-tsunami and it will cause thousands of death all
over the Ceean Cost;

24.Popocatepeti Vocano will come into eruption in 1997,in Mexico,and it
will cause serious problems there;

25.I AAAAA see in 1996,october,a big vocano which will come into eruption
I^n Russia,and it will cause serious problem to that place;

26.Krakatoa Volcano in Indonesia will wake up in 2015. And july MI will also
wake up in 2012(both may kill thousand of people).
Also I see EL CHICÓN -Mexican Vulcano,comes onto eruption in 1982;

27.I see in New Orleans -USA- Three Hurrecanes causing destruction in 2005,
Their names are Rita,Katrina and Wilma;

28.I See a big storm gets Philippines in august of 1995,and it will kill 100
hundred people and will let more than 60 thousand homeless;

29.In Republic Domenican in 1979,it will have hurricanes and their names are:
David and Frederick,and it will kill more than 2 thousand people;

30. I see in 1996,in China will come the first case of Chicken Flu,and will

文書23—3
各国元首、外交官、大学に送られている予言リストの3ページ目したときの領収書（23―4上）が存在していることである。そこにはさらに「一九九一年五月十七日に、国際新聞ニュースに記事広告を依頼した」と書かれている。

さらにこの文書に対する、世界各国からの礼状が存在している。
②　イギリスのコベントリーにあるヘンリー・カレッジの理事長から、一九九四年十二月十五日の消印がある返信が来た封筒（23―4下）。
③　オランダのルーベンにあるカトリック大学からの、一九九一年五月十七日の返信封書のロゴマーク（23―5上）。
④　マルタ共和国の大統領府から、一九九七年八月二十九日に来た返信文（23―5下）。大統領秘書官のサインが入っている。ほかに二〇〇六年にも来ている。
⑤　ルクセンブルグ大使館から、一九九九年一月十六日に礼状。
⑥　南アフリカ大使館からの、二〇〇二年十月一日付け礼状。
イタリア大使館から、一九九九年九月二十日付け礼状。

その他多数存在している。


各条項に、サンドラ・マイア女史の事実検証解説が付いていたので、段落を下げてそれぞれ記入してある。

最初のまえがきに、戦争そのものが経済目的で起こされているという、厳しい言葉が、比喩

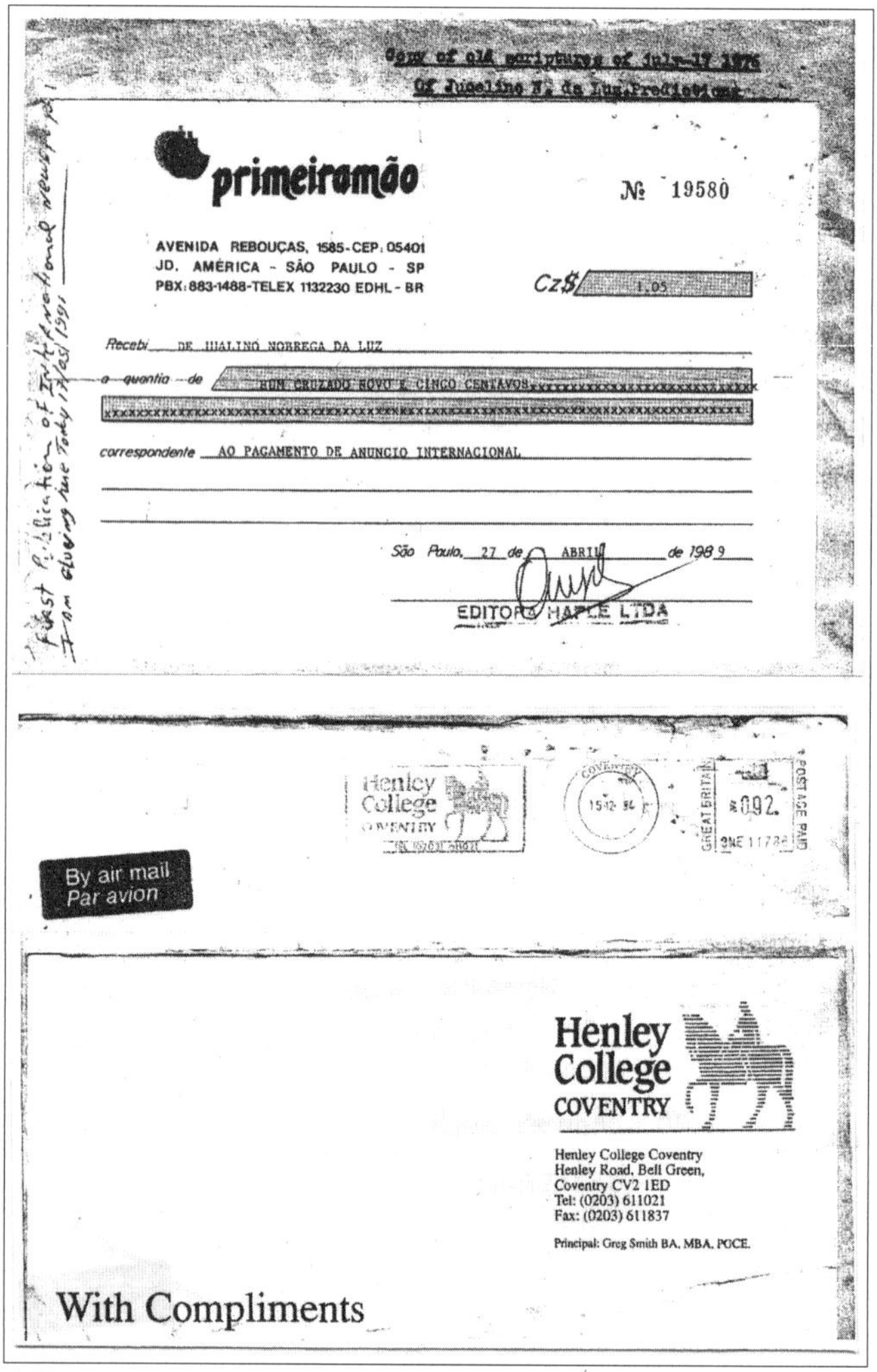

Copy of old scriptures of July-17 1976
Of Jucelino N. da Luz Predictions

First Publication of International newspaper

primeiramão

№ 19580

AVENIDA REBOUÇAS, 1585-CEP: 05401
JD. AMÉRICA - SÃO PAULO - SP
PBX: 883-1488-TELEX 1132230 EDHL - BR

Cz$ 1.05

Recebi DE JUALINO NOBREGA DA LUZ

a quantia de HUM CRUZADO NOVO E CINCO CENTAVOS

correspondente AO PAGAMENTO DE ANUNCIO INTERNACIONAL

São Paulo, 27 de ABRIL de 1989

EDITORA HAPLE LTDA

Henley College COVENTRY

GREAT BRITAIN 0.92 POSTAGE PAID

By air mail
Par avion

Henley College COVENTRY

Henley College Coventry
Henley Road, Bell Green,
Coventry CV2 1ED
Tel: (0203) 611021
Fax: (0203) 611837

Principal: Greg Smith BA, MBA, PGCE.

With Compliments

文書23―4
文書を記事広告にしたときの新聞社の領収書（上）と、イギリスのヘンリー・カレッジからの返礼封書（下）

Certificaat Nederlands als Vreemde Taal

Vriendelijke groet.

Certificaat Nederlands als Vreemde Taal
Université Catholique de Louvain
Posthus 12, B-1348 Louvain-la-Neuve
BELGIË - tel. (32) (10) 47 29 95 ; fax (32) (10) 47 49 49
Bezoekadres : Chemin de Florival 1, Louvain-la-Neuve

L-UFFIĊĊJU TAL-PRESIDENT　　MALTA　　OFFICE OF THE PRESIDENT

29th August, 1997.

Prof. Jucelino Nobrega da Luz
R. Mato Grosso, 47
CEP 37578-000 BEUNO BRANDÃO - MG
Brasil.

Dear Prof. Nobrega da Luz,

Your letter dated 26th June, 1997 has been forwarded for the attention of His Excellency, Dr. Ugo Mifsud Bonnici, President of Malta and the Ministry of Education and National Culture.

Yours sincerely,

ACHILLE MIZZI
Secretary to The President

AMjg

文書23—5
オランダのカトリック大学からの返礼書のロゴ（上）とマルタ共和国大統領府からの返礼書（下）

とともに記されているのが印象深い。そしてそのことは隠されてしまっていると……。

「サント・アンドレ発信　一九七六年七月十七日　手紙ナンバー001

親愛なる皆様

そして、七つの夢を持った七人の天使の一人がやってきて、私と魅惑的に話をしました。私は、三十の予測夢を世界中どこでも見られるように示すつもりであり、各政府は、それに対して措置を取り、人々の安全を守らなければなりません。私がすべての国にもたらしたいのは、彼らの貧困に関する主権についてであり、経済目的を満たすための戦争で彼らが裏切られているることです。こうした類は、家にこっそり忍び込まれ、いくつかの欲情で連れ去られた愚かな女性がそうであるように、決して真実を知られることはないのです。

メッセージ（ジュセリーノ氏が見た夢）――

1）二〇〇六年に、デンマークの新聞が、アラブの神を中傷した風刺画を掲載することにより、アラブの国々の反感を引き起こします。そして同年、デンマークで鳥インフルエンザ・ウイルスが確認されます。

サンドラ・マイア女史による事実検証（以下同）——世界中の報道機関は二〇〇六年に、デンマークの新聞社が風刺画を描いたことにより、アラブの国々の反感を引き起こしたと報じた。そしてこの同じ年にデンマークは鳥インフルエンザ・ウイルスを確認した。この予言は的中した。

2）二〇〇一年七月一日に、イスラエルのテルアビブで、ジハードによるテロ攻撃が起き、二十一人の死者と七十人の負傷者が出ます。

——イスラエルの新聞は、二〇〇一年七月一日に、テルアビブでテロ攻撃が起きて、二十一人が死亡し、七十人が負傷したと報じた。また翌日には世界中にニュース報道された。この予言は的中した。

3）一九九九年八月一七日にトルコで大地震が起き、それによってイスタンブールからギョルジュクまで、およそ百三十キロメートルの地域が崩壊し、四万人以上の死者が出ます。

——国連の情報によれば、トルコでこの日にマグニチュード7・4度の地震が起きて、歴史的な街イスタンブールからギョルジュクまで、わずか四十五秒で百三十キロメートルの範囲に崩壊の傷跡を残した。死亡者数は四万人以上に達した。的中。

4）一九八五年に、メキシコシティーで、マグニチュード8・1の地震が起きて、深刻な問題を引き起こします。

——メキシコのメディアは同年、マグニチュード8・1の地震が起き、国に多くの問題をもたらしたと報じた。的中。

5）一九九九年一月二十五日に、マグニチュード6・2の地震がコロンビアで起き、一千二百人が死亡し、四千四百人以上の負傷者が出ます。

——コロンビアの新聞は、マグニチュード6・2の地震が、コーヒー産地で起きて、少なくとも一千二百人の死亡者と四千五百人が負傷したと報道した。この国での過去十五年間における最大の惨事になった。的中。

6）一九九八年の二月四日に、アフガニスタンのルスタクでマグニチュード6・1の地震が起き、四千五百人が死亡します。そして二度目の地震が一九九八年五月三十日に起こり、北部のタハールで三千人の命が失われ、いくつかの村が崩壊します。

——アフガニスタンの新聞は、国の北部タハールで地震が起きて、三千人ほどが死亡し、五十の村が崩壊したと報道した。ほぼ的中。

7）すべての天使から予言についてお告げがありました。一九九七年五月十日、イランで地震が起きて、二千人以上が死亡します。

——イランからの報道はこれを実証している。予知された日にマグニチュード7・1の地震があり、国の東部町村が被災し、二千人以上が死亡し、数千人が負傷したと報じた。的中。

8）一九九五年五月二十八日に、ロシアの北サハリンにあるネフチェゴルスクで地震が起き、一千九百人以上が死亡します。

——ロシアの新聞は、マグニチュード7・1の非常に悲惨な地震が起きて、サハリン島の北部、ネフチェゴルスクの町で一千九百八十九人が死亡したと発表した。的中。

9）一九九四年六月六日に、コロンビアのパズ・リバー・バレーで地震が起き、かなりの人数の死者が出ます。

——コロンビアの新聞は、予知された同日に、国の南西部にあるネバド・デル・ウィラ山で地震が起きて、一千人ほどが死亡したと発表した。的中。

10）一九九三年九月三十日、インドでマグニチュード6・4の地震が起き、二十一人以上が死亡。三十六の村が崩壊します。

——インドのラジオ局は、国の南東部で起きた連続的な地震で、三十六の村が完全に破壊されて、二万二千人以上が死亡したと報道した。揺れは五回に及び、最初はマグニチュード6・4が観測された。現地の当局によれば、全死亡者の数は決して知ることができないほどだと断言した。マグニチュードは的中したが、犠牲者の数ははるかに多くなった。

11）一九九二年十二月十二日、インドネシアのヌサ・テンガレ地方で地震が起きるでしょう。

——インドネシアの新聞は、一九九二年十二月十二日に、国の東ヌサ・テンガレ州の群島がマグニチュード6・8の地震に襲われて、少なくとも二千二百人が死亡したと発表した。的中。

12）一九九〇年七月十六日、フィリピンでマグニチュード7・7の大地震が起き、二千人が死亡、三千五百人の負傷者と百四十八人のホームレスが出ます。

——フィリピンの新聞は、マグニチュード7・7の地震で少なくても二千人が死亡、三千五百人が負傷したと発表した。この日に十四万八千人ほどが避難したと伝えられる。的中。

13）一九九〇年六月二十一日、イランでマグニチュード7・7の大地震が起き、三万五千人近い死者が出て、十万人以上がホームレスになります。

——イランの新聞は、国内で起きた最も悲惨な大惨事だと伝えた。この地震で三万五千人が死亡し、十万人が負傷、そして五十万人が避難したと伝えた。この日に起きた大地震は、マグニチュード7・7だった。的中。

14）一九八七年三月五日に、エクアドルのエル・レベンタドールで地震が起き、一千人以上が死亡します。

——エクアドルの新聞は、この地震で一千人以上の死者と、数千人の行方不明者が出ていると伝えた。震源地は国の首都、キトから東へ八十キロメートル離れたエル・レベンタドールだった。的中。

15）エルサルバドルで一九八六年十月十日、マグニチュード7・7の地震が起き、一千五百人が死亡し、二万人が負傷、三十万人がホームレスになります。

——エルサルバドルからの報道では、予知どおりの日に、国を襲ったマグニチュード7・5の地震で、千五百人が死亡し、二万人が負傷、そして三十万人が避難したと伝えた。的中。

16）一九八六年九月十九日に、メキシコで大地震が起き、五千人〜一万一千人が死亡します。
——メキシコの新聞は、一九八五年九月十九日に、六千人〜一万二千人が死亡して、四万人が負傷したと報じた。マグニチュード8・1の地震がメキシコシティーやその周辺を直撃した。（**監修者注**——第4項と重複しており、発生は一九八五年九月十九日である）

17）一九八二年十月十三日に、イエメンのダマル地方で、マグニチュード6・0の地震があり、三千人が死亡します。
——イエメンのテレビ局は、この予知された日に、国のダマル県でマグニチュード6・0の地震があり、三千人が死亡し、二千人が負傷したと伝えた。的中。

18）一九八〇年十一月二十三日、イタリアでエボリを震源とする地震が起き、二千人またはそれ以上の死者が出ます。
——イタリアの新聞は、マグニチュード7・2の地震があり、二千七百三十五人が死亡し、七千五百人が負傷、千五百人が行方不明になったと発表した。予知された日

19）一九八〇年十月十日に、アルジェリアのエル・アスナムでマグニチュード7・3の地震があり、二千人以上が死亡します。

——アルジェリアのラジオ局は、国連の初期の推定ではマグニチュード7・3の地震があったと伝えた。起きたのは一九八〇年十月十九日である。国の、特にエル・アスナムに被害があり、二千五百九十人の死者が出て、三十三万人が避難したと報じられている。九日遅れで発生。

20）一九九五年一月十七日に、日本の神戸でマグニチュード7・3の大地震が発生します。

——日本の新聞は、この日にマグニチュード7・2の地震が国の中央部で起きて、六千五百人ほどの人が死亡したと報じた。この半世紀で日本で起きた、最もひどい地震だった。神戸が最も被害を受けた。的中。

21）ローマ法王ヨハネ・パウロ二世が一九八一年から一九八六年の間に銃による暗殺を企てられます。しかし死亡するのは二〇〇五年です。

——一九八一年五月十三日、イタリアのすべての新聞が、ローマ法王ヨハネ・パウロ二世が銃撃されたことを報じた。そして法王が病気のため逝去したのが二〇〇五年四月二日であった（「予言集I」事件24文書参照）。的中。

22）ハワイのキラウエア火山が、一九八三年に噴火を始め、やがて重大な問題を起こす原因となります。

——ハワイのキラウエア火山は、一九八三年一月に噴火を始め、現在も噴火が続いている。二〇三八年に地殻変動を起こすという予知がある。

23）カナリア諸島で、二〇一三年の十一月一日から二十五日の間に火山が噴火し、超巨大津波を引き起こして、海洋に面した海岸では数千人が死亡します。

——未来のことだが、関連した警告文書が多数ある（本書巻末で解説）。

24）メキシコのポポカテペトル火山が一九九七年に噴火を始め、致命的な大問題を起こします。

——この予知された年に、現地の新聞はメキシコのポポカテペトル火山が過去最大の噴火を起こし、煙や火山灰が十三キロメートルの高さまで達したと報道した。

25）一九九六年十月、ロシアで大きな火山が噴火を始め、重大問題を引き起こします。

——ロシアの新聞はこの年の十月に七十年間も活動していなかった火山が噴火し始めたと報道した。

26）インドネシアのクラカタウ火山が、二〇一二年七月三一一日と、二〇一五年に噴火が始まり、数千人の死者が出ます。そして一九八二年、メキシコのエルチチョン火山が噴火します。

——メキシコのラジオ局は、一九八二年に、エルチチョン火山の噴火が非常に激しく、硫酸と塩酸が大量に噴出していると報じた。クラカトア火山の噴火は未来の問題である。

27）二〇〇五年に、アメリカ合衆国のニューオーリンズに、リタ、カトリーナ、そしてウィルマという名前の三つのハリケーンが襲来し、街が破壊されます。
——この年に北アメリカには、リタ、カトリーナ、そしてウィルマと呼ばれる三つのハリケーンが襲来し、被害が甚大で、国家的な問題になった。最もひどかったのがニューオーリンズだった。的中。

28）一九九五年八月、激しい嵐がフィリピンを直撃し、一千人が死亡し、六万人が家を失います。
——この年の八月に、フィリピンは台風に襲われ、一千人が死亡し、六万人が避難したとフィリピンの新聞は報じた。的中。

29）一九七九年、ドミニカ共和国にデビッドとフレデリックというハリケーンが襲来し、二千人以上が死亡します。
——ドミニカ共和国の新聞は、この年に、デビッドとフレデリックというハリケーンに襲われ、二千人の人命が奪われたと報じた。的中。

30）一九九六年に、中国で初めて鳥インフルエンザ・ウイルスが発生します。ワクチンが研究されてつくられますが、ウイルスは突然変異を起こします。
——中国の新聞はこの年に（初めての事件として）、鳥インフルエンザ・ウイルスが国内で発生したと報じた。そして、このウイルスが突然変異を起こして、他の国々まで広がる危険性があると報じた。

私は、以上のことが間違いであってほしいのですが、来年以降、いくつかは現実のものとなるでしょう。

ジュセリーノ・ノーブレガ・ダ・ルース（署名・住所）」

文書24　二〇〇八年〜二〇三六（二九）年までの予知リスト
（二〇〇六年六月五日　登記登録）

予知内容――
・未来三十年の地震、台風、干ばつなどに関する、主要災害五十六件

このようなリストは、時々作成して登記所に登録しているようである。

掲載した原文（24）は二〇二九年までの予知で、二〇〇六年六月五日に登記されているが、訳出した文章は本書原書に出ていた、その後に改訂された最新のリストで、二〇三六年まで延長され、予知件数も増加している。全体は七ページあるが、その一ページ目と、下に登記印を添付してある。

9/—

PROFESSIAS FUTURAS DE JUCELINO NOBREGA DA LUZ

AUTENTICAÇÃO NO VERSO

JNL relatou uma série de previsões que acredita ocorrerão nos próximos anos.Afirma que gostaria de estar errado,mas seu dever é dar o alerta. " A tentativa é que as pessoas se precavenham e governos tomem atitudes preventivas de socorro na eventualidade que as catástrofes se confirmem". Outro objetivo é metafísico,ou seja,que o ser humano mude seus pensamentos.Abandone o egoísmo e o materialismo exarcebado e com isso eleve a freqüência vibratória do planeta. " Com a força positiva emanada da mente de milhões de pessoas,seria gerada energia que se contraponha a intensidade dos fenômenos mais trágicos", explica ele.

Ano 2008 a 2029

1) Eis que então observei no dia 25 de janeiro de ~~200~~ (2009),um Terremto de 8.2 graus na Escala Richter atingir OSaka e Kobe -no Japão;

2.Eis que pude Observar [illegible],no dia 20 de janeiro de 2010,um Terremoto de 7,1 graus na Escala Richter atingir a Colômbia;

3.Eis que pude observar um Terremoto de 7,8 graus atingir o Afeganistão próximo a Takhar no dia 17 de fevereiro de 2011

4.Eis que pude observar que a África,sofrerá a pior crise d'água,onde há milhares morrendo de sede e a seca já está se alastrando por todo país.Há alguns comflitos por falta de água em 28 de fevereiro de 2008

TABELIÃO DE NOTAS E PROTESTOS DE ÁGUAS DE LINDÓIA-SP
AUTENTICAÇÃO
05 JUN 2006
Autêntico a presente cópia reprográfica
Dou fé . Selo pg.

AUTENTICAÇÃO
0007AA061362

está sendo uma das piores e já há

cont bilizam grandes prejuízos na

ieste do País em 03 de março de 20?? (2012)

ESTA FOTOCÓPIA FOI EXTRAÍDA POR MIM E CONFERE COM O ORIGINAL § 2/70 DA CORREGEDORIA DA JUSTIÇA DO ESTADO DE SÃO PAULO. ÁGUAS DE LINDÓIA 05/06/2006

文書24
2008年からの未来予知リストの１ページ目。下に登記印を添付した

なお、記されている内容は、それぞれ巻末の年表に入れ込んである。

「ジュセリーノ・ノーブレガ・ダ・ルースによる未来予言――


未来に起きると私が信じている数多くの予言を語ることに致します。

間違っていることを望んでいると断言させてもらいますが、しかし私の義務は警告をすることです。つまり〝この試みは、人々に警戒してもらうことであり、政府当局の方々に、万一大災害が起きてしまった場合を想定して、予防対策の姿勢をとっていただくためです〟。

もう一つの目的は、形而上学的なことです。すなわち、人間が思想を変えることです。極端な利己主義や物質主義を捨てることによって、地球の振動数を高めるためなのです。

私はこのことを〝数百万人の心が発するプラスエネルギー（祈り）により、最も悲惨な現象の激しさに対抗するエネルギーが生み出される〟と説明しています。

1）私は、二〇〇九年一月二十五日に、マグニチュード8・2の地震が日本の神戸や大阪の都市を直撃するのを見ました。
2）二〇一〇年一月二十日、マグニチュード7・1の地震がコロンビアを直撃するのを私は見ました。

3）二〇一一年二月十七日、マグニチュード7・8の地震がアフガニスタンのタハールの近くで起きるのを見ました。

4）私は、アフリカで以下の出来事を見ました。すなわち、最も深刻な水不足に苦しみ、そこで何千人もの人々が渇きで死亡していること、そして、干ばつが国中に広がっていることです。二〇〇八年二月二十八日に、水不足で多少の対立が起きるでしょう。

5）ブラジルの南部と北東部で干ばつが起こり、農業に大きな損害をもたらすことによって、二〇一一年三月三日、農業労働者たちの抗議反発が起こります。国の経済危機はそのとき最悪の状況になっているでしょう。

6）二〇〇九年三月十九日、ブラジルで警察官と犯罪人の衝突によって死者や反乱が広がり、大きなテロ攻撃によってリオデジャネイロは苦しみます。そして、暴力があちこちで広がっていきます。

7）二〇一〇年三月二十五日、北アメリカを竜巻が直撃し、いくつかの地域は大停電に襲われます。多くの死者数に政府は憂慮します。鳥インフルエンザの新しい事件が起き、国中に広がっていきます。

8）二〇一四年三月十二日、エクアドルの首都、キトの東をマグニチュード6・8の大地震が直撃します。

9）台風1号（Chanchu）が中国に接近し、フィリピンで一千人以上の死者を出した後、さらに強くなって香港を直撃します。それは二〇一六年四月二十九日のことで、大都市に数え切れない被害をもたらすでしょう。

10）ポルトガル、イギリスが水不足で大きな問題に直面した後、フランス、スペイン、その他のヨーロッパの国々にそれが広がっていきます。さらにその危機は、二〇一五年四月二十二日に拡大する見込みです。

11）続いて、ヨーロッパで洪水が起こり、数千人に被害をもたらします。フィリピンでは、二〇一七年四月二十八日、数千人が亡くなり、数千人が住宅を失う被害を受けるでしょう。

12）二〇一八年五月十六日、マグニチュード7・6の大地震がイランを直撃します。同国の東部では四千人以上の死者を数えるでしょう。

13）ロシアのネフチェゴルスクの町の近くを、マグニチュード7・8の地震が直撃し、数千人が死亡する可能性があります。それは二〇一九年五月二十三日に起きるでしょう。

14）二〇二〇年五月十四日、アフガニスタンのカシミール地方とタハール州の近くをマグニチュード7・3の地震が襲い、数千人の死者と数千人の負傷者を出します。多くの人が住宅を失うでしょう。

15）二〇二一年六月十日、コロンビアをマグニチュード6・3の地震が襲って国の南西部を直撃し、その結果、千人以上の死者と数千人の負傷者を出すでしょう。

16）二〇二二年六月七日、ペルーの沿岸地域で激しい揺れが起きます。マグニチュード9・1まで達して、数千人が死亡するでしょう。

17）二〇一二年六月九日、イスラエルのテルアビブでテロ攻撃によって八十人が殺されます。

18）二〇〇八年七月一八日、フィリピンでマグニチュード8・1の地震が起き、数千人が亡くなるでしょう。そして数千人が家を失います。

19）二〇二三年七月二十七日、フィリピンとバリで同時爆弾テロが起きて、数十人が死亡するでしょう。

20）二〇二四年七月二十六日、巨大なサイクロンがバングラデシュを直撃して数千人が死亡するでしょう。

21）ブラジルでは、土地を持たない労働者たちの大規模な暴動が国中へと広がり、道路で多くの衝突が起きます。北東部のいくつかの地域では、海面の上昇がいくつかの建物や住宅を危険にさらします。人々の心配は拡大し、洪水が北東の中心部に壊滅的打撃を与え、国の北部まで到達します。それは二〇一四年七月二十九日に起きるでしょう。

22）二〇二五年八月十九日、ギリシャの北西部と南部をマグニチュード6・8の地震が直撃し、多くの被害をもたらすでしょう。

23）二〇二〇年八月十五日、アメリカ・カリフォルニア州のボリナスの町でマグニチュード7・1の地震が起き、数千人の命が奪われるでしょう。これは大地震の前兆となるでしょう。

24）二〇〇九年八月二十四日、トルコでマグニチュード8・2の地震が起き、イスタンブールの町に破壊の爪あとを残すでしょう。
25）二〇一一年九月二日、マグニチュード7・6の地震がコスタリカに多くの問題をもたらします。国の中央部で数千人が死亡するでしょう。
26）二〇〇八年九月十三日、マグニチュード9・1の地震が中国を直撃し、百万人が死亡する可能性があります。
27）二〇二四年十月六日、インドでマグニチュード7・4の地震が直撃し、国の南西部で数千人の死者をもたらすでしょう。
28）最もひどい干ばつがブラジルを直撃するでしょう。国の南部で六十五の地区が災害に見舞われ、最も大きな危機に見舞われます。それは二〇〇八年十月十七日に始まり、翌年の三月まで続くでしょう。
29）二〇一八年十月十九日、エルサルバドルでマグニチュード8・1の地震が数千人の死者と負傷者をもたらすでしょう。
30）二〇二一年十月七日、メキシコでマグニチュード8・7の地震がメキシコシティーや周辺を直撃し、死者の数が二万人以上に上るでしょう。
31）二〇一五年十一月二十八日、マグニチュード7・7の地震がイタリアで起き、ナポリの町を直撃して数千人が死亡するでしょう。

32）二〇一〇年十一月二日、アルジェリアでマグニチュード7・9の地震が起きて、チェレフ県を直撃するでしょう。それによって、数千人が死亡する可能性があります。
33）二〇二四年十二月十一日、ロシアでマグニチュード7・5の地震が起きるでしょう。
34）二〇〇九年十二月十六日、インドネシアの東ヌサ・トゥンガラ州をマグニチュード7・3の地震が襲い、数千人が死亡するでしょう。
35）二〇一三年十一月一日から二十五日の間に、カナリア諸島で火山の噴火が始まります。それが超巨大津波を引き起こし、数百万人が命を奪われ、数百万人が負傷し、数百万人が家を失うでしょう。
36）小惑星が地球に衝突するコースで向かっています。それは二〇一八年から二〇一九年の間に接近し、見ることができます。小惑星の名は2002NT7で、二〇〇〇年に私によって発見され、二〇〇二年にメキシコシティーにあるアメリカの天文台によって確認されました。一～一〇〇のグラフでいえは、地球と衝突の可能性は六〇パーセントです。
37）二〇一五年三月十五日、サンパウロ市の都心でマグニチュード5・4の地震が起きます。
38）二〇一一年十月八日、エルスという名の致命的なウイルスが世界に現れ、感染した人は四時間で死亡するでしょう。
39）二〇一二年九月十二日、ブラジルで大きな黒い穴が現れ、それがアマゾンの砂漠化を象徴するでしょう（完全な砂漠化のプロセスとなる）。

40）二〇一四年十二月十六日、アフリカで水不足による反乱、そしてブラジルへの大量の移住が起きるでしょう。アジアで大きな対立が始まり、水を争って多くの死者が出るでしょう。

41）二〇一五年十一月二十六日には、地球の気温はセ氏五九度まで達するでしょう。そして多くの人の死亡がパニックを引き起こし、それは地球規模へと広がるでしょう。

42）二〇一六年、ジョージ・W・ブッシュに深刻な健康問題が起きて、緊急入院することになるでしょう。

43）二〇一七年七月十四日、アフリカやアジアは水不足の大きな危機に直面するでしょう。そして飢餓が国中へと広がり、病気があらゆる地域で増えていくでしょう。

44）二〇一七年十月四日、アフリカで気温が平均セ氏六〇度までに達し、新たな対立が表面化し、広がっていくでしょう。

45）二〇二九年六月十七日に接近する小惑星（アポフィス）が、地球と衝突するコースで向かっている位置が確認され、それが人類に大きなリスクをもたらすでしょう。

46）二〇二三年二月九日、マグニチュード8・9の地震がアメリカのサンフランシスコを直撃し、他の地域へと広がるでしょう。住民全員が影響を受けて、何千という死者が出るでしょう。

47）二〇二六年七月十七日、アメリカでマグニチュード10・8の大地震が起きて、地盤が割れ、大量の土が海へと流れ込みます。この地割れは広大なため、サンアンドレアス断層の破壊と分裂を引き起こし、数百万人が命を落とす可能性があります。

48）二〇一〇年六月十五日、アメリカの株式取引所は崩壊し、世界中が深刻な危機に直面するでしょう。

49）リオデジャネイロやサンパウロで、環境とかかわっている人たちの大きな会議が開かれます。なぜなら、状況がとても危険になってくるからです。潮流が数々の沿岸を直撃し始め、二〇二七年十二月二十七日には、リスクのある建物から避難するため、人々の後退プロセスが始まります。

50）続いて、同じくブラジルのセアラー州フォルタレーザでは、沿岸近くの住宅のほとんどが住める状態ではなくなります。なぜなら、彼らを住めなくしている大きな二つの問題があるからです、それは砂丘と潮流の進行です。同じように、ペルナンブーコ州のレシフェやオリンダ、セルジッペ州のアラカジュ、バイーア州のサルヴァドール、アラゴアス州のマセイオー、リオ・グランデ・ド・スールのナタールなどが深刻な状況に陥ります。それは二〇二八年八月五日に起きるでしょう。

51）続いて、海面の上昇によっていくつかの国々が憂慮し始めます。そして、オランダの堤防が大きな破裂を起こし、さらにキューバ、ドミニカ共和国、アイスランド、インドネシア、マダガスカル、スリランカ、パプアニューギニア、オセアニア、フィリピン、台湾、韓国、日本など、他の国も同じく二〇二九年九月二十四日に海面上昇で大きな問題に直面するでしょう。

52）二〇二六年二月十二日、ルアンダで干ばつが広がり、フツ族とツチ族の間で大きな対立が起きます。キガリでは多くの民家が襲われ、そこでは多くの飢餓があり、信仰心がありません。対立の他に、国を支配するのは干ばつです。

53）二〇二三年三月二十六日、東サモアでサイクロンが発生します。その名はオファで、ウポル島を直撃します。

54）二〇二六年九月七日、ユゴーという名のハリケーンが、西インド諸島にあるセントクリストファー・ネビス連邦で発生して多くの農園を破壊し、多数の命が奪われる可能性がありま す。

55）私は、二〇三六年に地球へ接近している小惑星を観察することができました。それは地球に衝突するコースで向かっています。

56）二〇一三年まで鳥インフルエンザ（H５N１型）が流行し、約七千三百万人が犠牲になる可能性があります。

文書25　ブラジル環境大臣あて　（二〇〇六年三月八日）

予知内容——

・天候不順と新ウイルスの発生
・年金や保険機関内の汚職
・アマゾン不正伐採の実情
・臓器売買の国際的な密輸組織による子供の誘拐

「ポウゾ・アレグレ発信　二〇〇六年三月八日　手紙ナンバー007（三通）
環境大臣マリナ・ダ・シルバ殿、ならびに
厚生大臣サライバ・フェリペ殿

世界は多くの時代の局面を通過してまいりました。しかし、現在のこの段階は地球のすべての人類にとって非常に深刻です。私たちは自己の限りない精神的な人生をより深く考えるべきであり、物質のみに焦点を置いた行動を休止する必要があります。つまり、単に肉体だけの存在ではないことを思い出さなければいけません。すでに語られているように、地球的財産とは、あるいはその豊さとは、大地に属することでありますが、それは精神的世界においては何の役にも立ちません。したがって、緊急にすべての人々がそのことに気付いて、地上での生活を精神面に重きを置いて生きていくようにしてください。ただし、それは物質的関心や日常の活動をやめることを意味しているのではありません。精神的な現実を受け入れることが必要だとい

Pouso Alegre, 08 de março de 2006

Carta nº 007/08/03/2006-em 3 vias

Exma. Ministra do meio-Ambiente Marina da Silva e Exmo. Mintro da Saúde Saraiva Felipe,

O mundo já passou por uma infinidade de fases, mas essa fase atual é uma das mais críticas para todo ser-humano eos habitantes atuais do mundo terreno necessitam de uma pausa em suas atividades de ordem puramente material, para meditarem um pouco na sua vida espiritual que é eterna, infinita, e não se resume à sua presente existência carna. Já lhes foi dito que os bens terrenos, a fortuna, a abastança, pertencem à Terra e de nada servem ao Espírito no mundo Espiritual. Há, portanto, necessidade urgente de que todas as pessoas disto se capacitem e procurem viver espiritualmente a sua vida terrena. E isso não significa que terão que se despreender dos seus interesses materiais, de suas atividades costumeiras, mas de ter um compromisso maior com nossa realidade espiritual. E aqui através de minhas premonições trago-lhes informações que julgo serem de extrema importância, pois há uma ligação muito forte na representação dos Exmos. Ministros(Meio-ambiente e Saúde), nesse caminho. E através das cópias sob nº001/23/09/1976 -enviada à várias Autoridades, inclusive do Brasil; carta sob nº002/16/10/1989, carta do Jornal Népszabadság-de 16/05/97; carta de 04/09/2002(Consulado Alemão), carta nº 001/22/07/94 e há outras enviadas na época para autoridades brasileiras, onde avisava sobre a Desertificação da Amazônia e a proliferação da "AIDS" e o surgimento H5M1 (Gripe Aviária). Nesse fato que venho alertá-los:

a) Se continuarmos destruindo a Amazônia, ela será desertificada até 2041;

b) Surgirá no Rio de Janeiro; ainda pior de que esse ano, a " Dengue Emorrágica, no ano de 2007(15 de jnaeiro de 2007), poderá matar mais gente do que

1º TABELIONATO POUSO ALEGRE - MG

文書25
ブラジルの環境大臣と厚生大臣に送った国内の事件に関する３枚の警告文書の１ページ目

うことです。ブラジルを含め、多くの国の当局者へ数多くの手紙のコピーを送りましたように、アマゾンの完全砂漠化、エイズの急増、そしてH5N1（鳥インフルエンザ）に関する報告をしてまいりました。その事実を警告いたします。

a）もしアマゾンをこのまま破壊し続ければ、二〇四一年までに砂漠化します。

b）二〇〇七年（一月十五日）にリオデジャネイロに最もひどい〝出血性デング病〟があらわれます。昨年よりも死者数が増える可能性があります。

c）二〇〇八年には〝ハンタウィルス〟が国民の健康に大きな問題になり、この年までに数千人が命を落とす可能性があります。

d）二〇〇七年から二〇〇九年（十二月から四月の間に）洪水がサンパウロ、リオデジャネイロ、ベーロ・オリゾンテ、アクレ、ペルナンブーコ、セアラーに災害をもたらします。

e）H5N1型ウイルス（鳥インフルエンザウイルス）が、二〇〇七年にブラジルに入ります。これは二〇〇六年の後半に早まる可能性があります（注意が必要です）。思い出してください、ブラジルには一九七五年から鳥インフルエンザはありません。ただ、アジアのように突然変異を起こしていません。

f）大都市では結膜炎が大きな問題となります。それが子供たちに影響を及ぼす可能性があります、それらは二〇〇八年に最も頻度が高くなるでしょう。

g）二〇〇八年以降、（最もひどい）水不足で大きな困難に直面しなければなりません。

h）リオデジャネイロに大きな危険をもたらすのは、アングラ・ドス・レイスの原子力発電所です。なぜなら、二〇〇九年に大きな問題が起こる可能性があるからです。

i）二〇一一年から二〇一三年の間に新しいウイルスが発生します。それによって数百万人が死亡するおそれがあります。その名は〝エルス〟です、四時間で死をもたらします。そして、それは全土に広がります。

j）ブラジルの社会保険は、二〇〇九年までに年金の支払いが遅れ始める可能性があります。それはこの時期に大きな赤字を抱えることになるからであり、このために国内に大きな対立が生まれます。

k）他の数多くの手紙に語ったように、もし何の対策もとらなければ極の氷が解けて海岸部分が水没し、多くの建物やビルが影響を受け、二〇二〇年（二月）までに数千人が死亡する可能性があります。

l）ブラジルの南や北部の一部地域で、二〇〇六年（十一月）から二〇〇七年（四月）の間にひどい干ばつが起き、農業従事者たちに損失をもたらします。

m）世界の政府当局が何もしなければ、二〇二五年までに地球の温度はセ氏六度から場所によってはセ氏七四度にまで達します。ブラジルの南部や北部も同様です。

n）ブラジルの保険システム内で大きな汚職問題があり、そこで何人かによって医薬品の横流しが行われています。また年金の搾取（農民やその他による汚職）や、ＩＮＳＳ（日本の社会保険庁にあたる）内の検査官や企業が絡む大きな汚職があります（ブラジリアの施設内で、これを隠すために放火が引き起こされることを知らせた手紙で私は告発しています）。

o）ＳＵＳ（ブラジルの統一保険システム）を通して患者が入院すると、病院は別料金を受け取っており、それは保険庁に損失を与える仕組みで行われています。また監査官が監視することなく医薬品が流れています。

p）不正な材木の伐採が続いており、何人かの監査官によって偽伝票が発行され、海外や国内の木材業者へ売買されています。この密輸が最も多い地域はパラー、アクレ、アマゾン、そしてホンドニア州です。

q）密輸による臓器の売買が増え続けています。そして残念ながら、このような不正にいくつかの国内や海外の病院がかかわっています（すでに一九九一年に私が知らせています）。そして最も深刻なのは、このような膨大な金額が絡む体系に、被害者の子供たちが誘拐され続けていることです。

よりよい世界を私たちが持てるために、物質的欲望で神の概念を踏みにじるような多くの快楽や、このような不正なシステムを行っている一部の人たちの奴隷にならないように、合理的な処置をとられるように願っています。

ジュセリーノ・ノーブレガ・ダ・ルース（署名・電話番号・住所）」

三枚つづりになっているこの警告文書（25）は、書かれた日に公証役場に登録されており、登録印が一ページ目の下にも見られる。そして同日に両大臣に郵送され、五日後の三月十三日付けの受取人サインが入った配達証明書がそれぞれ存在している。

文書26　イギリス大使館あて（二〇〇七年四月十八日）

予知内容――
・ロンドンのテロ事件
・インドやヨーロッパの熱波と豪雨
・中国南部の大洪水
・シベリアの炭鉱事故
・アメリカの森林火災

ポウゾ・アレグレ発信の手書きで出された予知文書（26―1～2）だが、二〇〇七年後半に起きる事件を警告している。文書下部に添付しているように、同日付でマイクロフィルムに登

Pouso Alegre, 18 de abril de 2007
carta nº 006/18/04/2007 - em 2 vias

A
Embaixada da Inglaterra
SES 801 - Lote 08 - St. ESUL
Brasília - DF - Cep. 70408-900

REG. DE TÍTULOS E DOC.
Serra Negra—E.S.P.
Protocolado
16450 -

Excelentíssimo Embaixador:

Em cartas anterios avisei sobre o seqüestro da menina Madeleine McCANN, que será subtraída de sua família em Portugal - na praia da Luz no dia 03 de maio de 2007, no Hotel Aldeamento Ocean Club (carta de 07 de abril de 1997), sob nº 001/07/04/1997. e apontei alguns eventos que aconteceriam no mundo e inclusive no Reino Unido, Escócia, etc.

mensagens:

1. Haverá um atentado contra o aeroporto de Glasgow, Escócia no último sábado de junho de 2007 e tentarão matar um dos autores que está internado no hospital escocês. Um outro atentado na sexta-feira, dia 29 de julho de 2007, em Londres e tentarão mais ainda em outras cartas de 2008, exemplo julho/agosto e setembro de 2008, em London (Londres); é motivado pela AL-Qaeda;

2. Onda de calor atingirá o Paquistão, Índia, Grécia em junho e julho de 2007, com médias de até 51 graus, e a chuva causará centenas de desabrigados no Paquistão.

3. Em maio de 2007 a China terá grandes enchentes no sudoeste da China e os municípios autônomos de Ganzi e Liangshan, na província de Sichuan, será prejudicada.

→ VIRE

Selo de Fiscalização
AJE 25367
RECONHECIMENTO DE FIRMA
POUSO ALEGRE - MG

R 2007

PRIMEIRO TABELIONATO DE POUSO ALEGRE - MG
Rua Adolfo Olinto, 264 - Telefax: (35)3421
Reconheco por VERDADEIRA a(s) firma(s) abaixo:
JUCELINO NOBREGA DA LUZ ##################################
Dou fé.
Pouso Alegre., 18/04/2007 16:03:06 4920
Em testemunho da verdade.
Maria Elisabeth de Almeida
Maria Elisabeth de Almeida

文書26—1
2007年のイギリスでのテロ事件を警告した文書。事件はいずれも被害が防止された

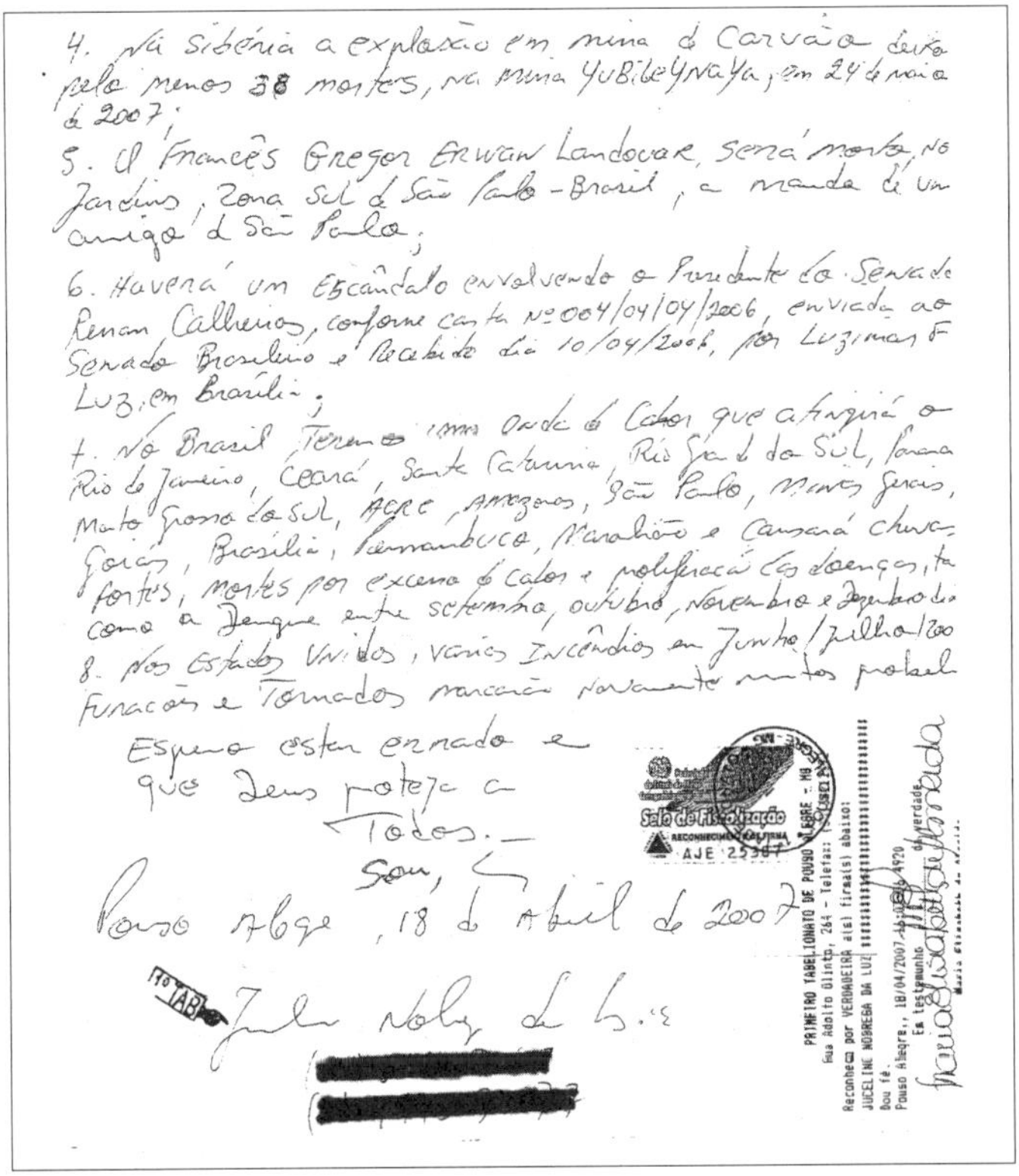

4. Na Sibéria a explosão em mina de Carvão deixa pelo menos 38 mortes, na mina YUBILEYNAYA, em 24 de maio de 2007;

5. O Francês Gregor Erwan Landouar, será morto no Jardins, Zona Sul de São Paulo - Brasil, a mando de um amigo de São Paulo;

6. Haverá um Escândalo envolvendo o Presidente do Senado Renan Calheiros, conforme carta Nº 004/04/04/2006, enviada ao Senado Brasileiro e Recebido dia 10/04/2006, por Luzimar F Luz, em Brasília;

7. No Brasil Teremos uma Onda de Calor que atingirá o Rio de Janeiro, Ceará, Santa Catarina, Rio Grande do Sul, Paraná, Mato Grosso do Sul, Acre, Amazonas, São Paulo, Minas Gerais, Goiás, Brasília, Pernambuco, Maranhão e causará chuvas fortes, mortes por excesso de calor e proliferação das doenças, tal como a Dengue entre setembro, outubro, novembro e dezembro de

8. Nos Estados Unidos, vários Incêndios em Junho/Julho/200 Furacões e Tornados marcarão novamente muitos prob

Espero estar errado e que Deus proteja a Todos.

Sou,

Pouso Alegre, 18 de Abril de 2007

[redacted]

Selo de Fiscalização
AJE 25367
PRIMEIRO TABELIONATO DE POUSO ALEGRE - MG
Rua Adolfo Olinto, 264 - Telefax:
Reconheço por VERDADEIRA a(s) firma(s) abaixo:
JUCELINE NOBREGA DA LUZ
Dou fé.
Pouso Alegre, 18/04/2007
Em testemunho da verdade.

文書26―2
2007年に起きたカリフォルニア州の山火事など、世界の気候変動による災害を予知している録されている。文書は二枚つづりである。

予知している内容は、この年の後半に起きた世界の主要事件を見事に的中させ、また一部で二〇〇八年の事件にも言及している。すでにこの手紙は首相あての六通目であることが、手紙ナンバーから分かるが、まえがき部分で、マデリン・マッカン事件（**文書10**参照）など、過去の警告文書に触れている。

メッセージは要約すると、以下の項目が列記されている。

1）二〇〇七年六月に、スコットランドのグラスゴーでテロ事件が起きる。また六月二十九日の金曜日に、ロンドンでテロ事件が起きる。加えて、二〇〇八年の七月、八月、九月に、アルカイダによる活動が起きる。

2）二〇〇七年の六月から七月にかけ、パキスタン、インド、ギリシャなどでは、気温がセ氏五一度に達する。またパキスタンでは豪雨による洪水のため数千人が死亡する。

3）二〇〇七年五月に、中国南部は大洪水に襲われる。

4）二〇〇七年五月二十四日に、シベリアのユビレイヤナ炭鉱で事故が起き、三十八人が犠牲になる。

5）サンパウロ市の南部地域で、友人の依頼でフランス人が殺害される。
6）二回にわたって予知警告文書を送っているように、ブラジル上院議長のスキャンダル事件が起きる。
7）二〇〇七年九月から十二月にかけて、国内各地に猛暑と豪雨が襲い死者が出て、デング熱が流行する。
8）アメリカに、二〇〇七年の六月から七月にかけてハリケーン、竜巻、山火事が多発する。気候変動のため、テキサスで洪水があり、西海岸で山火事が発生し、多くの傷跡を残す。

第1項にあるイギリスでのテロ事件は、いずれも予知された期日に起きたが、未遂で終わっている。スコットランドは自動車による自爆テロで、犯人二人がけがをし、失敗しているし、ロンドン中心街のテロは、予知された日に爆破装置が発見され、被害は未然に防ぐことができた。このような警戒が敷かれた裏には、この文書が功を奏した可能性が高い。

第2、3、4項は、残念ながら予知どおり発生してしまった。

第5項については、ブラジルで「レナン・ゲート」と呼ばれるほどの有名な事件に発展してしまったといわれる。また第7項のようなデング熱の危険性が現地で高まっている。

第8項の、アメリカ東南部の洪水や、カリフォルニアの山火事はわれわれの記憶にも新しい。

文書27　二〇〇四年登録文書・22項（二十三件）（二〇〇四年十一月十八日）

予知内容――
・エイズの特効薬が完成
・エンパイア・ステート・ビルへのテロ行動
・オサマ・ビン・ラディンの殺害
・アイルトン・セナ問題の再燃、その他

ポルトガル語の走り書きで、非常に読みにくいが、だいたいは二〇〇五年から二〇〇九年にいたる、興味深い事件の予知が22項（二十三件）にわたって記されている。文面は裏表二ページあり、二〇〇四年十一月十八日に公証役場に登録されている。

要点を列記すると以下のようになる。

1）ブラジルの代議士が飛行機事故に遭う
2）ダイアナ妃の死因疑惑が二〇〇六年に問題になる
3）ブラジルの有名人シルビオ・サントス氏の病状

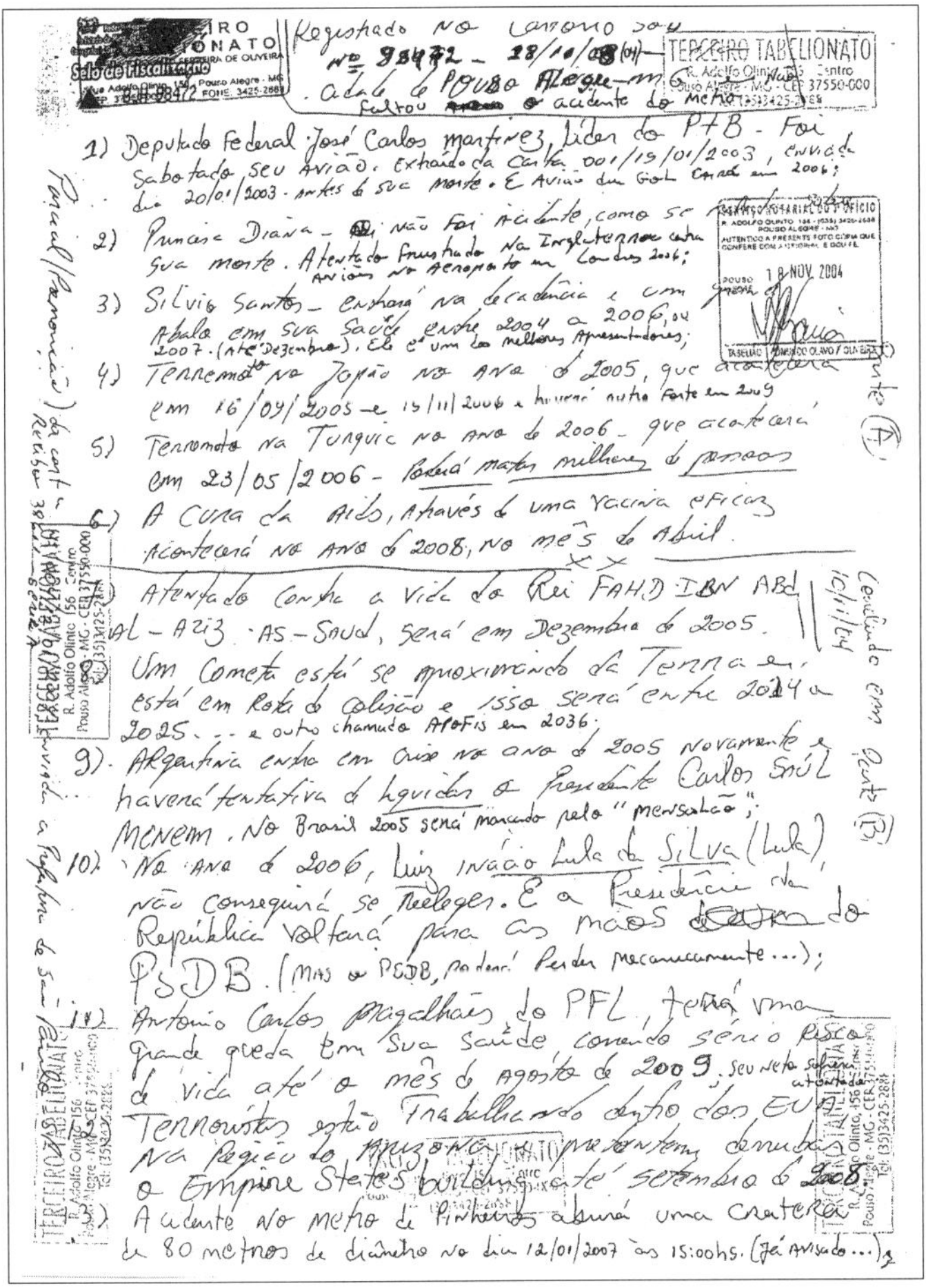
Registrado no Cartório sob
nº 93472 – 28/10/08 (01)
Cidade de Pouso Alegre – MG
Faltou o acidente do Metrô

1) Deputado Federal José Carlos Martinez, líder do PTB – Foi sabotado seu avião. Extraído da Carta 001/19/01/2003, enviada dia 20/01/2003 – antes de sua morte. E Avião da Gol caiu em 2006;
2) Princesa Diana – não foi acidente, como se ... sua morte. Atentado frustrado na Inglaterra contra aviões no Aeroporto em Londres 2006;
3) Silvio Santos – entrará na decadência e um abalo em sua saúde entre 2004 a 2006, ou 2007. (até Dezembro). Ele é um dos melhores Apresentadores;
4) Terremoto no Japão no ano de 2005, que acontecerá em 16/08/2005 e 15/11/2006 e haverá outro forte em 2009
5) Terremoto na Turquia no ano de 2006 que acontecerá em 23/05/2006 – Poderá matar milhares de pessoas
6) A Cura da Aids, através de uma vacina eficaz acontecerá no ano de 2008, no mês de Abril.
7) Atentado contra a vida do Rei FAHD IBN ABD AL-AZIZ AS-SAUD, será em Dezembro de 2005.
8) Um Cometa está se aproximando da Terra e está em Rota de colisão e isso será entre 2014 a 2025... e outro chamado APOFIS em 2036.
9) Argentina entra em Crise no ano de 2005 novamente e haverá tentativa de liquidar o Presidente Carlos Saúl Menem. No Brasil 2005 será marcado pelo "mensalão";
10) No ano de 2006, Luiz Inácio Lula da Silva (Lula), não conseguirá se Reeleger. E a Presidência da República voltará para as mãos do PSDB. (Mas o PSDB, poderá perder mecanicamente...);
11) Antonio Carlos Magalhães do PFL, terá uma grande queda em sua saúde, correndo sério risco de vida até o mês de agosto de 2009. Seu neto sofrerá atentado
12) Terroristas estão trabalhando dentro dos EUA na Região do Arizona e pretendem derrubar o Empire States building até setembro de 2008
13) Acidente no metrô de Pinheiros abrirá uma cratera de 80 metros de diâmetro no dia 12/01/2007 às 15:00hs. (Já Avisado...)

文書27
エンパイア・ステート・ビルへのテロ攻撃などが記された予知22項（23件）のリスト

4）二〇〇五年、二〇〇六年、二〇〇九年に起きる日本での地震
5）トルコで起きる地震
6）二〇〇八年にエイズの特効薬完成
7）二〇〇五年のテロ事件
8）二〇一四年、二五年、三六年に接近する小惑星
9）二〇〇五年に起きるアルゼンチンの経済破綻
10）二〇〇六年のブラジル大統領選で、労働党のアルキミン氏の不正工作によってルーラ氏は敗れる
11）ブラジル国会議員の健康問題
12）二〇〇八年の九月に、テロリストがアリゾナ地区からエンパイア・ステート・ビルを破壊するためにやってくる
12A）二〇〇六年にテロリストのザルカウイが逮捕殺害される
13B）二〇〇七年一月十二日に、サンパウロの地下鉄工事現場に八〇メートルの穴が開く
14）オサマ・ビン・ラディンが、アフガニスタンでパキスタン軍に殺され、激しい反撃が起きる（時期は書かれていない）
15）二〇〇六年に起きる清涼飲料メーカーの密輸スキャンダル
16）二〇〇八年にアメリカ、インド、中国、タイ、アフリカなどが猛暑となり、水不足のため

数千人の死者が出る

17）二〇〇七年一月に、アイルトン・セナは、一人のヨーロッパ人の不正で死んだことが明らかになる

18）二〇〇五年にイスラエルのシャロン首相は、待ち伏せされて命を落とすかもしれない

19）二〇〇八年七月に、ブラジル南部やアメリカが台風被害に遭う

20）アルゼンチンの銀行で起きる爆弾事件

21）ベネズエラのチャベス政権の動向

22）ブラジル、パラナ州の船爆発事故

項目番号が変則的で22項（二十三件）あるが、原文のまま記載した。

まず注目すべきは、第10項のブラジル大統領選挙だが、当時ジュセリーノ氏は、労働党の不正をさかんに告発していて、反労働党のルーラを支持して当選するだろうといっていたが、予言では破れるとなっていたことは皮肉である。彼の意思と予言が逆になることもあるという例である。分かっていても正義を貫こうとするところが彼にはある。

第12項に、エンパイア・ステート・ビルへのテロ攻撃が出ているが、これに関しては、次の**文書28**（一九九三年）にも出てくる。しかし発生期日はこの**27文書**（二〇〇四年）において更

新され、二〇〇八年の九月に起きるとされることに注意する必要がある。

第13B項の、地下鉄工事現場の事件は、当時ブラジルで大々的に報道されていた。

第14項に出てくる、オサマ・ビン・ラディン逮捕はまだ起きていない。居場所はジュセリーノ氏がアメリカに伝えてあるはずなのだが。

第17項について言うと、アイルトン・セナの事故死（「予言集Ⅰ」事件7文書参照）に関する裁判が、二〇〇七年にイタリアで起きている。イタリアの最高裁判所で判決が下ったのは、二〇〇七年四月十三日であった。犯人としてウイリアムズの元主任技術者が特定されたが、一九九九年に時効となっているため、無罪となっている。

第18項のシャロン暗殺は起きていない。

第19項は、これからの問題である。

これら予言リストは、予知された見出しだけなので、詳細が分からないが、おそらくはほかの文書や、予知した直後にメモされた資料などには、詳しく書かれているはずである。

文書28　ブラジル軍司令長官あて（一九九三年五月十二日）

予知内容――

・ブラジルで起きるＵＦＯ墜落事故とＥＴの回収
・エンパイア・ステート・ビルへのテロ計画
・シカゴのシアーズ・タワーとマイアミのＦＢＩへのテロ計画

文書（28―1～2）は、事件が起きる一年ほど前にブラジル軍の司令長官に送られた手紙（一九九三年）の写し（二〇〇三年）で、これには文書作成日と同日（一九九三年）の郵便発送証明書（28―3下）と、二〇〇六年七月六日に兵舎11区の司令長官室あてに再々送された配達証明書（28―3上）が付いている。内訳には手紙ナンバーと受取人のサインも入っている。また、一九九五年に送られたほかの文書なども添付していることが分かる。

「ブエノ・ブランドン発信　一九九三年五月十二日
二〇〇三年五月十二日　手紙ナンバー００１（二通）

Bueno Brandão,12 de maio de 1993

Carta nº001/12/05/2003-em duas vias

Assunto:Sobre Aparecimento de OVINIS(ET)

Prezado Comandante do Exército,

Venho através dessa missiva colocar que tive um sonho premonitório no dia de 10-05-1993,onde pude observar que em Varginha-M.G. descerá uma Criatura estranha marrom-escuro de pele viscosa em terreno baldio em torno das 15:22 do sábado de 20 de janeiro de 1996.
E um soldado Militar de nome Marco Eli Chereze,será infectado ao tocar a criatura.Essa criatura será capturada em torno das 10:23 do dia 20 de janeiro de 1996,que seguirá para a Escola de Sargento das Armas,em Três Corações-M.G.,onde será pesquisada e depois seguirá para Campinas-S.P.,para exames mais detalhados,
Mas,como há um acordo Internacional,os EUA irã

文書28—1
ブラジルのバルジンニャ市にUFOが墜落することを予知した軍の司令長官あて文書

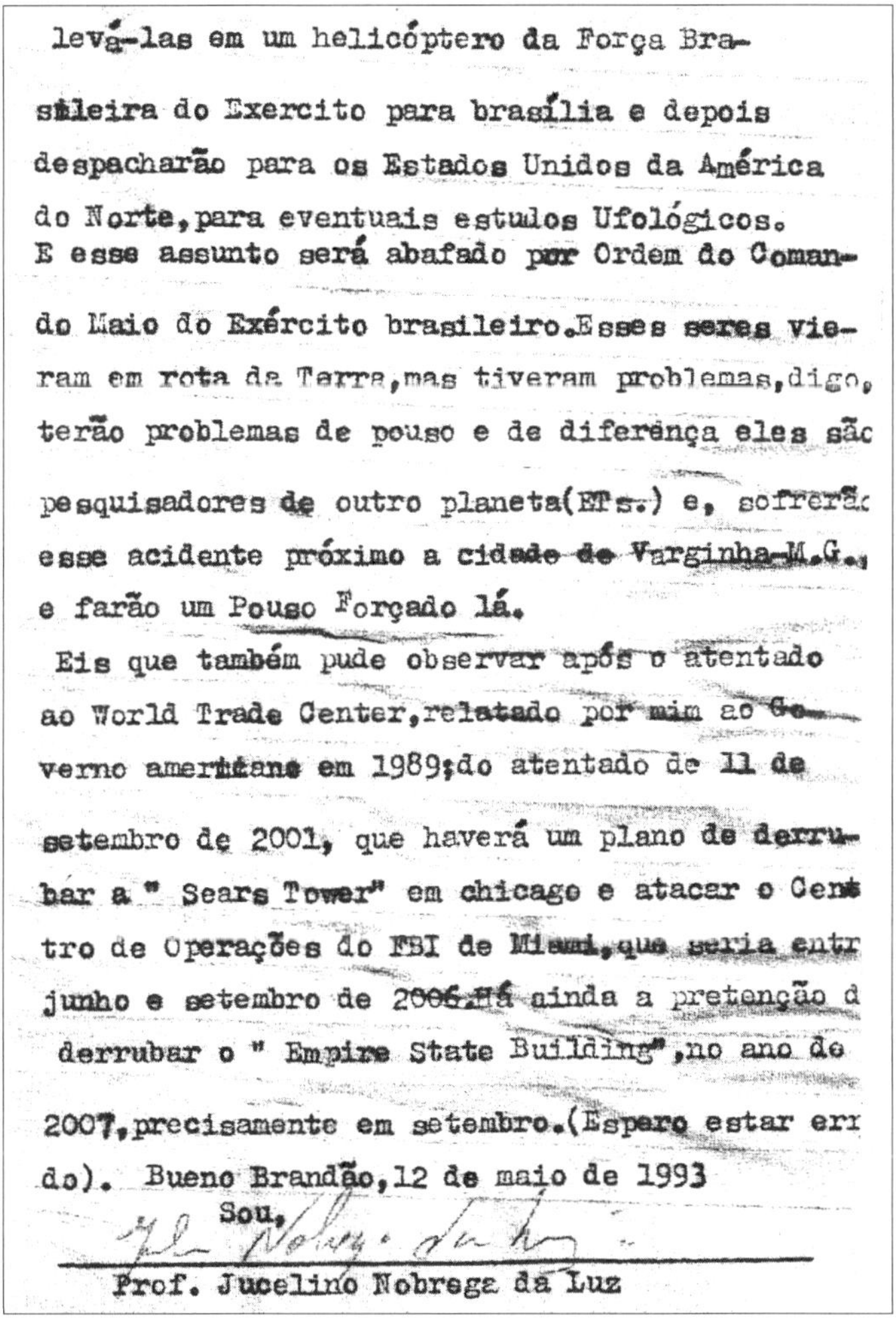

levá-las em um helicóptero da Força Brasileira do Exercito para brasília e depois despacharão para os Estados Unidos da América do Norte, para eventuais estulos Ufológicos.
E esse assunto será abafado por Ordem do Comando Maio do Exército brasileiro. Esses seres vieram em rota da Terra, mas tiveram problemas, digo, terão problemas de pouso e de diferença eles são pesquisadores de outro planeta(ETs.) e, sofrerão esse acidente próximo a cidade de Varginha-M.G., e farão um Pouso Forçado lá.
Eis que também pude observar após o atentado ao World Trade Center, relatado por mim ao Governo americano em 1989; do atentado de 11 de setembro de 2001, que haverá um plano de derrubar a " Sears Tower" em chicago e atacar o Centro de Operações do FBI de Miami, que seria entr junho e setembro de 2006. Há ainda a pretenção d derrubar o " Empire State Building", no ano de 2007, precisamente em setembro. (Espero estar err do). Bueno Brandão, 12 de maio de 1993
Sou,

Prof. Jucelino Nobrega da Luz

文書28—2
マイアミのFBIやシカゴのシアーズ・タワーに対するテロ計画があると警告している

PREENCHER COM LETRA DE FORMA

AR 2ª CARTA

DESTINATÁRIO DO OBJETO / *DESTINATAIRE*

NOME OU RAZÃO SOCIAL DO DESTINATÁRIO DO OBJETO / *NOM OU RAISON SOCIALE DU DESTINATAIRE*

11ª Circunscrição do Serviço Militar- A/C Comandante

ENDEREÇO / *ADRESSE*

Rua Tupis, 723 -Centro

CEP / *CODE POSTAL*	CIDADE / *LOCALITÉ*	UF	PAÍS / *PAYS*
30190-907	Belo Horizonte	MG.	Brasil

DECLARAÇÃO DE CONTEÚDO (SUJEITO À VERIFICAÇÃO) / *DISCRIMINACION*

Cópia da carta sob nº001/12/05/2003,en-
~~viado a este Comando em 1995,01/02/95,~~
do recibo 448279...........

NATUREZA DO ENVIO / *NATURE DE L'ENVOI*
- PRIORITÁRIA / *PRIORITAIRE*
- EMS
- SEGURADO / *VALEUR DÉCLARÉ*

ASSINATURA DO RECEBEDOR / *SIGNATURE DU RÉCEPTEUR*: Matheus Miranda da Cunha

DATA DE RECEBIMENTO / DATE DE LIVRATION: 03/07/06

CARIMBO DE ENTREGA UNIDADE DE DESTINO / *BUREAU DE DESTINATION*

NOME LEGÍVEL DO RECEBEDOR / *NOM LISIBLE DU RÉCEPTEUR*

DOCUMENTO DE IDENTIFICAÇÃO DO RECEBEDOR / ÓRGÃO EXPEDIDOR

RUBRICA E MAT. DO EMPREGADO / *SIGNATURE DE L'AGENT*

ENDEREÇO PARA DEVOLUÇÃO NO VERSO / *ADRESSE DE RETOUR DANS LE VERSO*

75240203-0 FC0463 / 16 114 x 186 mm

EMPRESA BRASILEIRA DE CORREIOS E TELÉGRAFOS

RECIBO DE POSTAGEM

TOTAL PAGO

Cr$ 28370,00

RR 5 8 4 6 4 1 8 4 9 BR

rubrica do funcionário

BUENO BRANDÃO CPA 12 MAI 93

NATUREZA	VALOR DECLARADO	PESO
CR	—	10g

A SER PREENCHIDO PELO REMETENTE SEM RASURA

NOME DO DESTINATÁRIO: Comando do Exército de Varginha - A/C Comandante

ENDEREÇO: R. Lazer Geraldo, s/nº

CEP 37002-901 CIDADE VARGinha UF MG.

Ao Comandante do Exército

文書28—3
軍司令長官室への配達証明書（上）と初期の発送証明書（下）

内容：ＵＦＯの出現とＥＴ（地球外知的生命体）

軍司令長官閣下

一九九三年の五月十日に予知夢で見たことをここに述べます。一九九六年一月二十日土曜日の十五時二十二分に、ミナス・ジェライス州のバルジンニャ市の空き地に、濃い茶色をした粘着性の皮膚の奇妙な生物が降りてくるのを観察しました。

軍警察のマルコ・エリ・チェレーゼがその生物に触れて感染します。この生物は一九九六年一月二十日の午後十時二十三分ごろに捕獲されてから、同州のトレス・コラソエンス市にある士官学校へ送られます。そこで調査されてから、もっと詳細な検査のため、サンパウロのカンピナス市へと移送されます。しかし国際条約があることで、アメリカがブラジル軍のヘリでブラジリアまで運んでから、ＵＦＯ研究のためアメリカ合衆国へと急送されます。そしてこの出来事は、ブラジル軍の最高司令官の命令で隠ぺいされます。この生物たちは地球経路で向かってきたのですが、着陸トラブルと環境の違いで問題を起こしたのです。彼らは他の惑星の研究者たち（複数の宇宙人）ですが、バルジンニャ市の周辺で事故が発生したため、緊急着陸をしようとしたのです。

同じく夢で観察することができましたのは、一九八九年に私がアメリカ政府へ報告した二〇〇一年九月十一日のワールド・トレード・センターへのテロ攻撃の後、シカゴにあるシアーズ・タワーの破壊とマイアミのFBI（アメリカ連邦警察）のオペレーション・センターを攻撃する計画があるということです。それは二〇〇六年の六月と九月でしょう。さらに二〇〇七年の九月にエンパイア・ステート・ビル（ニューヨーク市）を破壊する意図があります。（私が間違っていることを願います）。

ブエノ・ブランドン市、一九九三年五月十二日
ジュセリーノ・ノーブレガ・ダ・ルース（署名）」

「ブラジル版ロズウェル事件」ともいえるこのUFO墜落事件は、国内ではテレビが特別番組を作ったほど有名な事件で、ここにジュセリーノ氏が予知したような経緯で事件が起きたことが知られている。

さまざまな研究者が調査しており、それらの報告によれば、一九九六年一月二十日午前〇時ごろにNORAD（北米宇宙防衛司令部）が、宇宙からブラジルに進入する物体をとらえ、ブラジルの航空防衛司令部に連絡したといわれる。

一方、バルジンニャ市郊外の農村では、夜半過ぎから動物が騒ぎ出し、夜空に灰色でバスくらいの大きさの潜水艦状物体が見られた。その後、物体は白煙を出して揺らぎながら午前五時ごろ墜落したという。そして消防が通報を受けて、八体ほど捕獲した後、各病院に保護された

が、軍が関わった後、一月二十六日にＮＡＳＡ（アメリカ航空宇宙局）の関係者が病院に到着してからは、この事件は闇に葬られてしまった。

しかし、関わった軍人や病院関係者の証言が多く出ており、バルジンニャ市はいまだに多くの宇宙人の人形などが街にあふれ、いわばＵＦＯによる町おこしの様子を呈しているという。

証言によれば、最初宇宙人の一部は生きていたといわれ、この輸送に関わった軍人が数週間後に死亡したことから、宇宙からの毒性物質が疑われたという。あるいは現場を指揮した軍の司令官が、マスコミに証言したので口封じのため殺されているという。またいっぽう、宇宙人の治療に関わった医師が、そのＥＴからテレパシー交信で、「地球人が自己の魂と分離しているのは残念だ」といわれたとの発言もある。ＥＴが歩いているのを目撃した農家の青年によれば、形は人間型ではあるが、頭髪がなく、指は極端に長かったという。目は赤く、肌はジュセリーノ氏の予知にあるように茶色だったと報告されている。

また、予知には「午後三時に空き地に降りてくる」とあるので、「午前八時ごろにＥＴが公園で目撃された」という証言からすると、半日ほど早く事件が起きたことになるが、その他はほとんど一致する。

二〇〇一年に行われた情報公開法に基づく記者会見（弊社刊「ニラサワさん。」参照）で出てきた、ＵＦＯ情報に関わった元米陸軍一等下士官の証言では、「アメリカは地球に来ている五十七種類の宇宙人種を登録しており、その大半は地球人と同種で、街を歩いていても区別がつかないが、他の一部の種は異形をしている」と言っており、バルジンニャ市に現れたETは、異形の種に入ることになる。

次のアメリカでのテロ事件であるが、ワールド・トレード・センターへの攻撃は的中したわけだが、シカゴのシアーズ・センター、マイアミのFBI、そしてエンパイア・ステート・ビルへのテロ攻撃というのはまだ起きていない。この文書による事件発生の期日は、いずれも過去のこととなったが、起きなかったで済むかどうか問題である。前**文書27**にあるように、エンパイア・ステート・ビルの事件は二〇〇八年の九月に更新されたようなので、他の二件もこれから起きないとはいえないのかもしれない。

文書29　心霊治療家アリゴーあて（一九七一年一月六日）

予知内容――
・アリゴーの交通事故死

この手紙（29）のあて先であるアリゴーという人物は、ブラジルの有名な心霊治療家で、消毒もしないナイフで、麻酔も使わずに眼球の治療や癌の腫瘍を摘出したりする驚異の能力者で

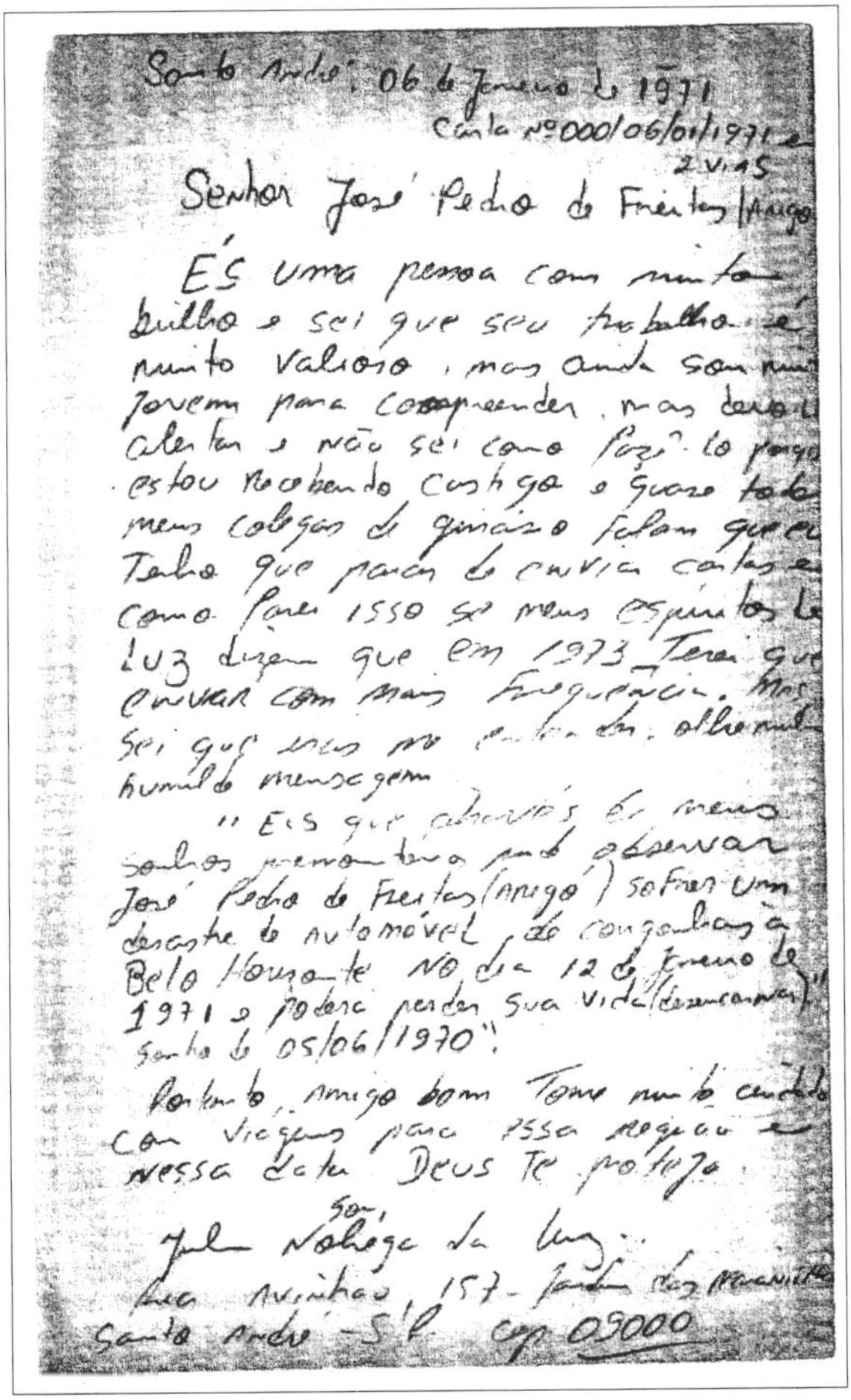
Santo André: 06 de Janeiro de 1971
Carta Nº000/06/01/1971 e
2 VIAS

Senhor José Pedro de Freitas (Arigó)

És uma pessoa com muito brilho e sei que seu trabalho é muito valioso, mas ainda sou muito jovem para compreender, mas devo alertar e não sei como fazê-lo porque estou recebendo castigo e quase todos meus colegas de ginásio falam que eu tenho que parar de enviar cartas e como parar isso se meus espíritos de luz dizem que em 1973 terei que enviar com mais freqüência. Mas sei que vocês me entendem, olhe minha humilde mensagem

"És que através de meus sonhos premonitórios pude observar José Pedro de Freitas (Arigó) sofrer um desastre de automóvel, de Congonhas à Belo Horizonte no dia 12 de Janeiro de 1971 e poderá perder sua vida (desencarnar)"
Sonho de 05/06/1970".

Portanto, amigo bom tome muito cuidado com viagens para essa região e nessa data. Deus te proteja.

Seu,
Jucelino Nóbrega da Luz...
Rua Ivinhas, 157 - Jardim das Maravilhas
Santo André - SP cep 09000

文書29
ブラジルの有名な心霊治療家アリゴーに事故死を警告した、ジュセリーノ氏が11歳のときの手紙

ある。

ジュセリーノ氏はその能力者の死を予知したが、まだ十一歳で、予知能力を拒否する母親と、予知の手紙を出すことに反対する友達との狭間に苦しんでいたことがこの手紙ににじみ出ている。それでも、この手紙に書かれたことは的中してしまっている。

予知は事故が起きる半年ほど前に受けているが、手紙を出したのは事故が起きる約一週間前ということになる。

「サント・アンドレ市発信　一九七一年一月六日　手紙ナンバー000（二通）
ジョゼ・ペドロ・デ・フレイタス（アリゴー）様へ

あなた様はとても輝いているお方です、そしてその活動はとても価値のあることです。けれども、私はそれを理解するにはとても若過ぎます。ですが、私はあなた様に警告をしなければなりません。しかし、どのようにすればいいのかわかりません。なぜなら、私はお仕置きを受けていて、そして中学のほとんどの友達から手紙を送ることをやめなさいと言われているからです。しかし、どのようにすれば私がそれを止められるのか分かりません。光の精霊たちは、一九七三年からはもっと頻繁に送り続けなくてはならないといいます。あなた様はこのことを理解していただけることを知っています。私の謙虚なメッセージを読んでください。

〝私の予知夢を通して、ジョゼ・ペドロ・デ・フレイタス（アリゴー）様が、一九七一年の一月十二日に、コンゴニャスからベーロ・オリゾンテの間で交通事故に遭うことを観察しました。そして命を失う（他界する）かもしれません〟（一九七〇年六月五日の夢）。

ですから、善なるアミーゴ、この日のころに、この地域に行かれるときは、とても気をつけてください。神様があなたを守って下さいますように。

ジュセリーノ・ノーブレガ・ダ・ルース（住所）」

アリゴーが車に乗って豪雨の中、家を出たのは一九七一年一月十一日だったといわれる。近くの町で新車を購入するために友人と出かけたのである。途中、国道一三五号線を走っているとき、アリゴーの車は対向車線にはみ出し、前から来たトラックと激しく正面衝突し、帰らぬ人となった。

一説には、アリゴー自身、死の予感があったといわれるが、それとジュセリーノ氏の警告文書が関係あるのかどうかは、はっきりしない。

文書30　ブラジル・サッカー連盟会長あて　（二〇〇五年十月二十一日）

予知内容――

・二〇〇六年と二〇一〇年のワールドカップ順位

この興味深い予知文書（30―1〜2）は、第一部冒頭に出てきた、共著者のサンドラ女史をはじめ、複数の人たちが確認したというものである。

二枚目の下の部分に、同日付で郵便局が発行した受付レシートが張ってある。

「ポウゾ・アレグレ発信　二〇〇五年十月二十一日　手紙ナンバー００１（二通）

内容：ブラジル代表と、二〇〇六年と二〇一〇年のワールドカップ決勝

ＣＢＦ（ブラジル・サッカー連盟）会長殿

二〇〇六年の決勝に残ることだけでさえ、ブラジルのサポータにとっても、国にとっても、たいへんうれしい気分になります。けれども、二〇〇六年のワールドカップのファイナルでは別の予言的風景があります。そこはパレイラ・コーチ（監督）の勝利の日でもなければ、時期でもありません。それは、彼がいい仕事あるいは悪い仕事をするということではありません。たんに彼にとっての最良の日ではないということです。そのように、私たちに不利な結果があります。私のこのアドバイス（報告）を聞き入れていただけるなら、ブラジル代表は決勝に残ることができますが、そうでなければ、この世界大会を逃します。ご留意いただきたいのは、

Pouso Alegre, 21 de outubro de 2005

Carta nº 001/21/10/2005-em duas vias

Assunto: Seleção brasileira e final da Copa 2006 e de 2010

Ao Presidente da CBF,

Ficar na final da Copa do Mundo 2006, já dá uma sensação de muita alegria tanto para o país quanto para os torcedores da Seleção Brasileira. Embora, tenh uma outra visão premonitória sobre a Copa Mundial de 2006, onde não será o dia e a época do treinador(técnico) Parreira, não que ele vá fazer um bom ou mal trabalho, mas porque não é a data dele e sendo assim, teremos um resultado desfavorável. Mas, se seguirdes o meu conselho(aviso) a Seleção Brasileira poderá ficar n final e de outra forma ficaremos sem a vitória desse campeonato Mundial. Lembro-te que nada tenho contra o técnico porque sei que não será culpa dele.

Se ele vir a ser o técnico da Seleção Brasileira no ano vindouro, o resultado do jogos será o seguinte:

Resultado final:

1º Lugar : Itália
2º Lugar : França
3º Lugar: Alemanha
4º Lugar: Portugal

Bem, o Brasil irá perder o jogo para a França e o resultado será de 1 X 0 .

Nas quartas de finais o resultado será o seguinte: A) Inglaterra 1 x Portugal 3 e será nos penaltis a decisão.

A Alemanha vencerá a Argentina: Alemanha 4 X Argentina 2 (nos Penaltis)

A Itália vencerá a Ucrânia : Itália 3 X Ucrânia 0

E para a Copa de 2010, na África do Sul, se não for escolhido o Felip para comandar a Copa Mundial de 2010, o Brasil não conseguirá de novo o Campeonat

Vide o Verso=

文書30—1
ブラジル・サッカー連盟会長にワールドカップの最終順位を知らせた手紙

E se por acaso o Felipão for o escolhido,mando-lhe o resultado final da Copa Mundial de 2010.

<u>R^e^sultado Final da Copa 2010</u>

1º Brasil

2º Alemanha

3º França

4º Inglaterra

* Lembro-te que a escolha está dentro de livre-arbítrio e não dentro da espiritualidade." O resultado acima expressa a presença do Felipão"

Outrossim,se for escolhido outro técnico,será totalmente diferemente a final.

Não quero de forma alguma influenciar sua escolha,mas o resultado será aquele.E nem tenho ligação profissional com ninguém e muito menos uma procuração para falar em nome de alguém.

Deus proteja a todos.

Sou,

Prof. Jucelino Nobrega da Luz -([redacted]

****

Para CBF - Presidente da CBF

Rua Victor Civita, 66 -B1 Edifício 5(5º Andar) Condominio Rio Office Park

Barra da Tijuca-R.J. Cep:22775-040-R.J.

Ao Presidente da CBF

CBF

ECT - EMP. BRAS. CORREIOS E TELEGRAFOS
20908695 - ACF AVENIDA
AV.DR.LISBOA,126-CENTRO
POUSO ALEGRE - MG - 37550-974
CNPJ 70.998.893/0001-91 - IE ISENTA
DATA: 21/10/2005 HORARIO: 16:19
OPERADOR 905 - ALEXANDRE RODRIGUES
ATENDIMENTO NUMERO: 0088
PROF JUSCELINO N
CEP: 37550-000
RECIBO DE VENDA DE PRODUTOS
SERIE: A - NUMERO: 048152

DESCRICAO	QTD UNIT.	PRECO
CARTA SIMPLES FISICA	1 0,85	0,85
TOTAL:	1	0,85
VALOR A PAGAR		0,85
VALOR RECEBIDO		0,85
TROCO		0,00

PARA CONSULTAS DE PRECOS, PRAZOS E RASTREAMENTO S DE OBJETOS, LIGUE 0800-570 0100 (LIGACAO GRATUITA).

Rua Victor Civita nº 66
B1 - Edifício 5 (5º Andar)
Condominio Rio Office Park
Barra da Tijuca - RJ
Cep 22775-040

文書30—2
2006年と2010年のワールドカップの決勝順位と条件が書かれている

私が監督に対して何か批判をしているということではないということです。なぜなら彼の責任ではないことを私は知っているからです。

もし来年に彼がブラジル代表の監督をつとめれば、結果は次のようになります。

最終順位――

一位　イタリア

二位　フランス

三位　ドイツ

四位　ポルトガル

準々決勝で、ブラジルはフランスに一対〇で負けます。またイングランドとポルトガルは、PK戦となり一対三、そしてドイツとアルゼンチンが、PK戦で四対二となり、イタリアはウクライナに三対〇で勝ちます。

二〇一〇年に南アフリカ共和国で開催されるワールドカップでは、もしフェリペ監督がブラジル代表の指揮をとらなければ、再び優勝はありません。そして、もしフェリペ監督が選ばれれば、二〇一〇年の結果は次のようになります。

二〇一〇年ワールドカップ最終順位――
一位　ブラジル
二位　ドイツ
三位　フランス
四位　イングランド

ご注意いただきたいのは、何かを選ぶということは霊性に関わることではなく、自由意志の範囲にあるということです。右の結果はフェリペ氏の存在にかかっています。ですから、もし別の監督が選ばれたら、完全に違う結果になります。私は皆様の選択に一切影響を与えるつもりはありませんが、結果は右の通りです。私はだれともビジネス的つながりはありませんし、だれかの代理人になっているような委任状も持っていません。

神様がみんなを守ってくれますように。

ジュセリーノ・ノーブレガ・ダ・ルース（署名・電話番号）」


ここに出てくるフェリペ監督というのは、二〇〇二年の日韓ワールドカップでブラジルを優勝に導いた人物だが、現在はポルトガルの代表監督をしており、ＥＵＲＯ２００８（欧州選手権）までは指揮をとることが決定している。しかし、これから氏がポルトガルに残るのか、あるいはブラジルに戻るのか、今後は不明である。

ジュセリーノ氏は夢の中で、二〇一〇年のワールドカップでフェリペ監督率いるブラジル・チームが優勝した情景を見たのであろう。しかし、それをあらかじめ知ったブラジル・サッカー連盟がどう動くのかは当事者の問題である。人間の意志こそが未来のカギをにぎっているという部分は確かに存在するのであろう。

文書31　世界の宗教者あて「ファティマ聖母のメッセージ」（二〇〇三年十一月二日）

「ファティマ聖母のメッセージ」と題されたこの文書（31）は、ジュセリーノ氏のブラジルのホームページに掲げられており、清書して、デザインされている。

「ファティマの啓示」については、「予言集I」の事件9文書にも出てくるが、一九一七年にポルトガルの寒村で起きた、七万人の群集が天から降りてきた巨大な光球（三人の子供は聖母を見た）と遭遇した事件に端を発し、ローマ法王庁が一九五〇年に、聖母被昇天の教義を制定するに至る奇跡である。このとき世界の未来を予言した三つの啓示が下されたといわれ、これを記念し、バチカン宮殿の二倍の百万人を収容できる広場を持つ大聖堂が、事件が起きたファティマ郊外に現在建てられている。

Pouso Alegre, 02 de Novembro de 2.003 **carta nº 001/02/11/2.003**

Psicografia da Mensagem de Nossa Senhora de FÁTIMA aos seres Humanos de todas as denominações religiosas do Mundo.
Psicografada pelo Dr. Prof. Jucelino Nobrega da Luz - 3ª Revelação do Espírito Santo.

MENSAGEM

Um inimigo que põe fogo à casa, administra veneno, ataca subitamente
com armas mortais, saqueia a riqueza ou usurpa os campos agrícolas, destrói
a Natureza e desrespeita as leis de Deus, se fartará de pobreza e de dor;
E todos os homens, que em todas as partes tentam obter a maior
quantidade de gozo dos sentidos através de diversos esforços, estão
espiritualmente
mortos.
Oh! Quão bom e quão suave seria que os irmãos vivessem em união.
Eis aqui, bendizei ao Senhor todos vós, servos do Senhor louvai aquele
que está enviando sinais e prodígios no meio de vós! Ó humanidade, que
estais
contra as leis de Deus!
Parem imediatamente com essas destruições e com todas essas luxúrias,
ferindo totalmente o meio-ambiente. E assim, Louvai ao Senhor, porque a sua
benignidade dura para sempre, inclinar-se-ão pela tua benignidade.
Os corações de todos os homens se exaltarão diante das palavras deste ser
humilde e deixarão o seu próprio trabalho louvá-Lo.
Após chamar a atenção para as muitas coisas que assinalarão ao final deste
sistema iníquo, peço-lhes respeito pela palavra de Deus.
Levanta-se a Sua voz no alerta do que a espécie humana pode estar à
beira da extinção. As sementes das pragas que poderão por fim à espécie
humana
foram plantadas pelas mãos dos próprios homens e uma delas é a destruição da
Natureza, e no término do ano Maia (2012), nascerá grande Nuvem de
Destruição... E a violência ainda impera os corações dos cegos.
Uma grande catástrofe ecológica acontecerá nos próximos três anos e, o
aquecimento global far-se-á sentir a falta de água e sua permanência no
solo e, o mar ocupará vários continentes e assim, novas doenças surgirão.
Atende-me, ouve-me, pois o planeta não sobreviverá mais do que trinta e
um anos após final do ano Maia.
Os governantes humanos, mesmo os bem-intencionados, deixam de
satisfazer as verdadeiras necessidades do povo.
Far-te-ão ver a vereda da vida; na Tua presença há fartura de
alegrias, à Tua mão direita há delícias perpetuamente.
Portanto, exorto a que protegeis e de que mudeis vossas ambições
Na Paz e no Amor,
Poderemos assim, viver em condições paradisíacas.

Nossa Senhora de FÁTIMA

文書31
世界の宗教者に向けた「ファティマ聖母のメッセージ」

「ポウゾ・アレグレ発信　二〇〇三年十一月二日
世界の全宗派の人々へ伝えるファティマ聖母のメッセージ
ジュセリーノ氏による聖霊第三の啓示

メッセージ――
家に火をつけ、毒を与え、致命的な武器で突然攻撃し、富を略奪し、農業のための大地を奪う者。この天の法則を踏みにじり、自然を破壊する敵どもには、ひどい欠乏と苦しみが負わされるだろう
そして、さまざまな策をめぐらし、表面的な自己満足を得ようとする者は、精神的にはすでに死んでいるも同然である
ああ　兄弟たちが仲良く共に暮らせるならば、どれだけすばらしく、そして穏やかであろうここにあって、みなが創造主を崇敬すべきである。創造主のしもべたちよ、あなた方に合図や驚嘆を送り届けている人をたたえなさい
ああ、天の法則にはむかう人類たちよ！
環境をことごとく傷つける、これらの破壊と、これらの贅沢を、直ちにすべてやめなさい。そのようにして創造主を受け入れるなら、主の優しさは永遠に続くのだから、主に近付きなさい

その謙虚な言葉こそ、すべての人の心は賞賛し、その働きをほめたたえる。この不正なシステムの終わりを指し示し、そのことごとくを暴き、神の言葉に対して敬意を求める
人類が絶滅のふちに置かれているという警告に、あなたは声を上げなければならない。人類を滅亡に追いやる災難の種は、人の手によって植え付けられた。そしてその一つが自然破壊である。マヤ暦の終わり（二〇一二年）に、巨大な破壊の雲が生まれる。それでも暴力は無知な人の心をまだ支配する
これからの年々に、巨大な環境破壊による変動が起きる。まず地球温暖化で水が大地にとどまることができずに不足し、そして海は多くの大陸を奪い、かくして新しい疫病が生まれる
注意せよ。聞きなさい。なぜなら、地球はマヤ暦の終わりから三十一年以上は生き残れないからだ
人の政府は、善意の下で懇願する住民の真の求めを満たすことをしない
天の道は、あなたの人生を照らす。あなたの存在には限りない幸福があり、その右手に永遠の美味を持つ
そのためには、あなたたちの強欲を捨て、そして常に気をつけるようにしなさい
平和に、そして愛に
このようにして、人は、天国に生きることができるのだ

ファティマの聖母」

監修者解説

二〇四三年の謎

韮澤　潤一郎

最後の文書「ファティマ聖母のメッセージ」は、現在もバチカンが公表していない「ファティマ第三の予言」に代わるものとして、ジュセリーノ氏は掲げている。

百年ほど前に、三人の牧童に与えられた三つの予言のうち、最初の二つは公表され、それが的中したことが分かっている。一つ目は第一次世界大戦の勃発で、二つ目は第二次世界大戦である。しかし、三つ目は歴代の法王が見て卒倒しそうになるような内容といわれ、いまだに発表されていない。しかし人類の終末に触れていることは間違いない。

そこで、「ファティマ聖母のメッセージ」にうたわれている核心となる言葉として、「地球はマヤ暦の終わりから三十一年以上は生き残れない」が重要になってくる。

マヤ暦の終わりというのは、二〇一二年を指す。中米に伝わる古代のカレンダーは、この年で終わっており、世の終わりを意味しているといわれている。そして、その三十一年目が二〇四三年である。

未公表の重大な要素――

このように、ジュセリーノ氏の予知文書には、「二〇四三年には、人類の八〇パーセントは消える」という意味の言葉がよく出てくる。

しかし、私は当初よりこの言葉に釈然としないものを感じていた。

たとえ、温暖化で気温が多少上がって、海水面がせいぜい数メートル上昇しても、そこまでなるだろうか？

世界のあちこちで地震があったとしても、そんなに大勢の人が死ぬだろうか？

小惑星の衝突は確率の問題があり、途中でコースが変えられるなら回避できるし、危険なウイルスも、防疫次第では大事に至らないこともありえる。

しかし、「二〇四三年、八〇パーセント説」が文書に登場する場合は、断定的なのである。

多くの予知文書に目を通してみるが、どうもそれらの全体には、「何かが抜けているのではないか」という気がしたのである。

そのうち、文書ではなく電話やメールで伝えられる情報の中に、時々とんでもないことが紛れ込んでいるのに気付いた。それらはまだ文書にはなってないか、詳細に表現されたことがないと思われた。だから、人々はまだ気付かず、認識できずにいることなのだと思えた。

幸い二〇〇八年の正月をはさんで、二度の来日の機会があり、何回か挨拶や食事の場で、その辺の疑問について答えてもらうことができた。それは驚くべき内容であった。まるで、これまで出された予言が、単なる伏線にすぎないようにさえ思えたほどである。

予知が起きても誰も証言しない——

よく考えてみると、こうして日本語の印刷物として発表された予知文書の数は、せいぜい百数十枚にすぎない。しかし、これまでジュセリーノ氏が発信してきた文書の総数は、二〇〇八年に入って、トータルで八万九千件を超えたといわれる。発表されているのは、単純に計算して〇・二パーセントである。あとは公表しきれていない。

ジュセリーノ氏が日本に滞在していた間にも、毎日のように予知文書が出され、私も公証役場に登録したり、発送するのを手伝ったりした。

例えばその中に、日本の政府要人に出された、国内で起きる重大事件の警告文があったとしても、それはまだ公表されないのである。気候変動や感染症の問題などに関しても、科学者や担当省庁に出される文書にも同様なことがいえるし、警察署に出される犯罪当事者個人に立ち入っている文書も同じである。

結局、事が明らかになったり、何らかの対応で事件が起きなかった場合に、後になって文書が出されるのだ。それまでは、受け取った側の権利だとして公表しないのがジュセリーノ氏の建前である。そのような文書が私の手元にも存在している。

そして、残念なのは、それらの文書によって何らかの改善なり進展があったとしても、受け取った側は一切触れようとしないのが実情である。だから、氏が、あからさまに証明されたり賞賛されたりすることは、おそらく今後もないであろう。

ジュセリーノ氏は、自分の予知が証明されるために文書を出しているのではない。まず、危険を知らせるのが目的なのである。このことは、氏が予知を書いた手紙を発送している作業に触れて、私自身が実感したことでもある。しかし、このことを「後出し」と誤解し、反対論者の的になる場合があることは、遺憾としかいいようがない。実情として、世界のさまざまな機関や政府、そして研究者たちが、どれほどジュセリーノ氏の警告文書に触発されて、世の先陣を切って貢献してきたか計り知れないといっておきたい。

未来世界の概要――

まず、最終結論に至る前に、予知による世界の未来像を整理しておく必要がある。夢による予知は、ある場所での、ある時点の映像として与えられるために、あまりにもばらばらで、全体の流れが分かりにくいからである。

大体の流れは、入手した主要文書から、巻末の予言年表に要点を記入してあるので、詳しい日時や規模はそちらをご覧いただくとして、テーマごとに主要事項をまとめてみたい。

●日本で起きる地震

まず気になるのは、日本で起きる地震の予知であるが、これは主として関東、中部、大阪に分かれている。個々の詳細は、年表および予知文書を参照願いたい。

関東では、二〇一〇年が問題で、この年は五月のマグニチュード7・7と九月にマグニチュード8・4というのがあり、特に九月は「第二の関東大震災」といわれる規模になると考えられる。

また中部地区で起きる地震は、いわゆる東海地震、あるいは東南海地震になるわけだが、二〇〇八年九月十三日（名古屋ならマグニチュード8・6、中国ならマグニチュード9・1）がまず注意すべきタイミングであろう。その次が二〇一八年のマグニチュード10・6があり、これは大きい。

関西地区では、二〇〇九年一月のマグニチュード8・2と、二〇一二年にマグニチュード8・9という大きい地震が予知されている。

マグニチュードの大きさが、そのまま被害状況に比例するわけではなく、震源の深さによっては、揺れ方が違ってくるので、さらにより詳細な予知情報が出るようであれば、入手したいと考えている。

いずれにしても、予知を甘くみることなく、注意を怠らないことが賢明であろう。

●気候変動

次に重大な問題は、温暖化による気温の上昇とその影響である。

二〇〇八年一月に来日された際、関係者だけの特別セミナーなどで、予知と過去のデータによる気候変動の具体的な数値が示された。それは以下のようであった。

・海面上昇（一八八〇年基点）――二〇〇〇年＝一メートル、二〇一〇年＝三メートル、二〇二〇年＝六メートル

ジュセリーノ氏は、私の聞き取りにおいて「この海面上昇に最も影響するのは地表にある氷河などの淡水の流出であり、その総量を誰も知りません」と強調していたが、科学的予想値より多くなるということであろう。

・最高気温――一九八〇年＝セ氏三六度、二〇〇〇年＝四〇度、二〇一〇年＝四八度、二〇二〇年＝五九度、二〇二三年＝六三度

ブラジル環境大臣に出された**文書25**には、二〇二五年にはさらに、場所によってはセ氏七四度になるという予知が出ている。

・淡水の消失――一九四〇年＝〇・三％、一九九〇年＝七％、二〇〇〇年＝一三％、二〇一〇年＝二二％、二〇二〇年＝三六％、二〇二三年＝四一％

飲料水や農業用水の確保が今後ますます重要になるという。同じ量でも石油より水の方が高価になり、このために戦争が起きるという。

・**森林の消失（砂漠化）――一九四〇年＝〇・一％、一九八〇年＝三％、二〇〇〇年＝八％、二〇一〇年＝一三％、二〇二〇年＝二〇％、二〇二一年＝二三％**

全体の数値を見ると、二〇二〇年ころに、急激な上昇が予感されるのだが、その先がどうなるかは、セミナーでは触れなかった。その後の状況については最後で検証する。

アマゾンの樹林が消えるのは、あと四～五年と思われ、二〇一〇年代には消失すると言っている。

そのほか、エネルギー消費がどのように上昇していくかについての数値が出てきていた（この数値がエネルギーの不足と説明されたこともあるので、何に対する割合なのか不明瞭である）。

・**世界のエネルギー消費――一九四〇年＝四％、二〇〇〇年＝一五％、二〇一〇年＝二五％、二〇二〇年＝三二％、二〇二一年＝四六％**

ここでも二〇二〇年を超えたところで、急激な上昇がみられるが、これは危機的な状況だという。おそらくは、人口増加と、開発途上国の消費動向の急激な上昇が大きな要因になるのであろう。代替エネルギーの活用が大いに考慮されるべきである。しかし原発は危険であり、メタノールは一時的にすぎないという。

ジュセリーノ氏は、「滅亡に向かうこのバビロンの時代にあって、新しい再生のためには、一人ひとりが人間としてではなく、人類として行動するようにしなければならず、それにはなんといっても、愛と調和と平和が重要だ」と述べている。

気候変動による環境難民の問題について、二〇二七年にブラジルで国際会議が開かれるという。

●ウイルス変異の危険

予知で警告されているウイルス性の疫病は、鳥インフルエンザ、デング熱、ノロ・ウイルス、エイズなどが登場するが、基本的には気候変動と関連してくる。まず、温暖化の元凶とされる森林の伐採に端を発している。つまり、これまでは森林など自然界に潜んでいたウイルスが、そこから追われて人間の生活圏に出てくるからである。そして気温の上昇によって広く蔓延していくことになるのだ。

これらの予言も初期のころから与えられていて、特に鳥インフルエンザについては一九七六年に中華人民共和国主席に出した文書に登場している。その文書自体に「H5N1」の文字があることは驚きである。WHO（世界保健機構）がこの疫病に対して、公的に動き出したのが二〇〇四年になってからで、それまでは医学界の特殊用語にすぎなかったこの固有名詞を、彼が十代のころから至る所にばらまいていることは、普通では考えられない。助言者がこの問題を強く彼に印象付けていたということがうかがわれる。

日本でもすでに行政が動いており、危機とされる感染爆発には至っていない。しかしジュセリーノ氏の予知では、この危機は温暖化が続く二〇三〇年に蔓延するタイプ9（H9N2型）まで警戒していかなければならないとされている。

その他のノロ・ウイルスやデング熱も、温暖化のために変異が進み、ひどい出血性となるといわれるし、二〇一一年にはエルスと名づけられる新しい疫病も登場する。これにはワクチンもなく、免疫性が働かないので、感染後四時間で死に至るという恐ろしい病気である。

それらは、油断していると、いつ人類の存続を脅かすような感染爆発を起こすか分からない存在である。

●北アメリカの崩壊

もう一つ注意しなければならないのは、アメリカの西海岸の地震と地殻変動である。

二〇〇九年にマグニチュード8・9という大きい地震がサンフランシスコを襲うが、カリフォルニアにあるサンアンドレアス断層が動き出すのは、二〇二〇年のマグニチュード7・1からといわれる。規模が次第に大きくなり、二〇二三年がマグニチュード8・9であり、二〇二六年のマグニチュード10・8で大きな崩壊を起こすという。

その直後の二〇二七年に、断層に近いイエローストン火山が噴火を始め、間もなく大爆発する。これは二〇三八年まで活動が続き、その後まもなくこの一帯は大地殻変動を起こして海底に沈むことになる。これ以後の状況は最後で取り上げる。

●地球に向かう小惑星

地球は常に小惑星などの隕石落下の危険にさらされているといわれている。もしこれが起きると、地上の生物に甚大な被害が及ぶことになる。

現在ジュセリーノ氏の予知には、三つの小惑星の接近が出ている。

まず「二〇〇八年の月別予言リスト」の一月に、「隕石が火星に衝突する可能性があり、もしこれがそれた場合、二〇一九年に地球に接近する」とある。しかし、二〇〇八年一月に、火星表面に隕石が落ちたという報告はなさそうである。そうすると二〇一九年に地球に落下する危険性が出てくることになる。

もう一つは二〇一四年に近づく2002NT7という小惑星である。その後二〇一八年に、地球衝突の危険性が六〇パーセントで向かってくるという。これは直径が二キロもあり、衝突すれば大災害を引き起こす。

三つ目は少し小さく、直径が四百メートルといわれるアポフィスだが、衝突の確率が高い。二〇二九年に一度接近して、二〇三六年に衝突の確率が八〇パーセントで、ふたたび地球に向かってくる。

おそらくその際には、宇宙ミサイルなどが使われることになるのだろう。

●カナリア諸島の噴火と津波

独立した災害として注目すべきなのは、カナリア諸島のパルマ島にある火山が噴火して、山が海に崩落するために起きる大津波である。

被害が大西洋岸全域に及ぶため、ブラジルでも非常に注目されている予言である。

この災害について最も詳しく出ているのは、日本にも送られている**文書21**である。状況はそちらを見ていただくとして、ここではカナリア諸島そのものについて説明しておく。

（次ページ図参照）

2013年11月1日〜25日に起きる
カナリア諸島（スペイン領）の噴火と津波

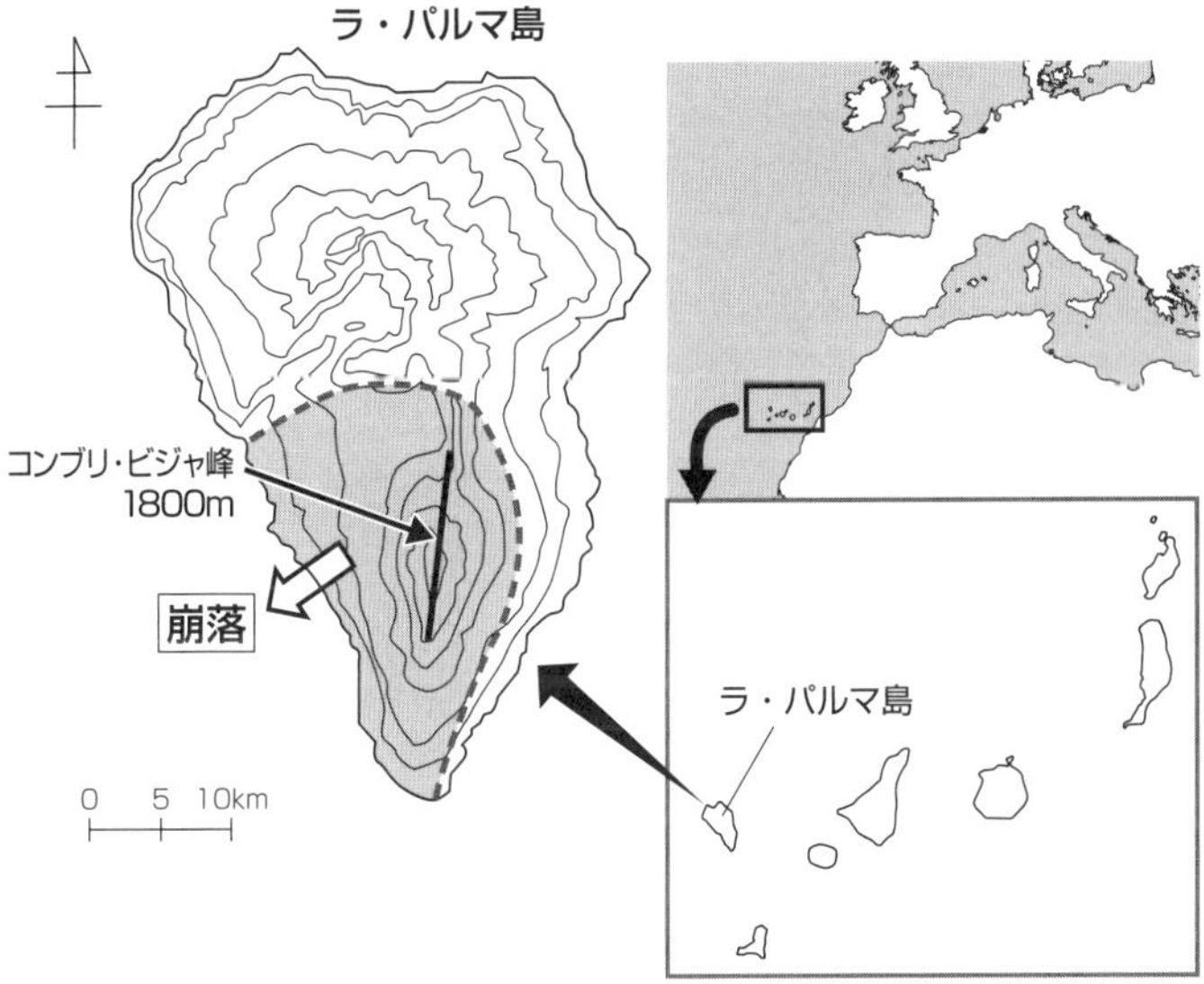

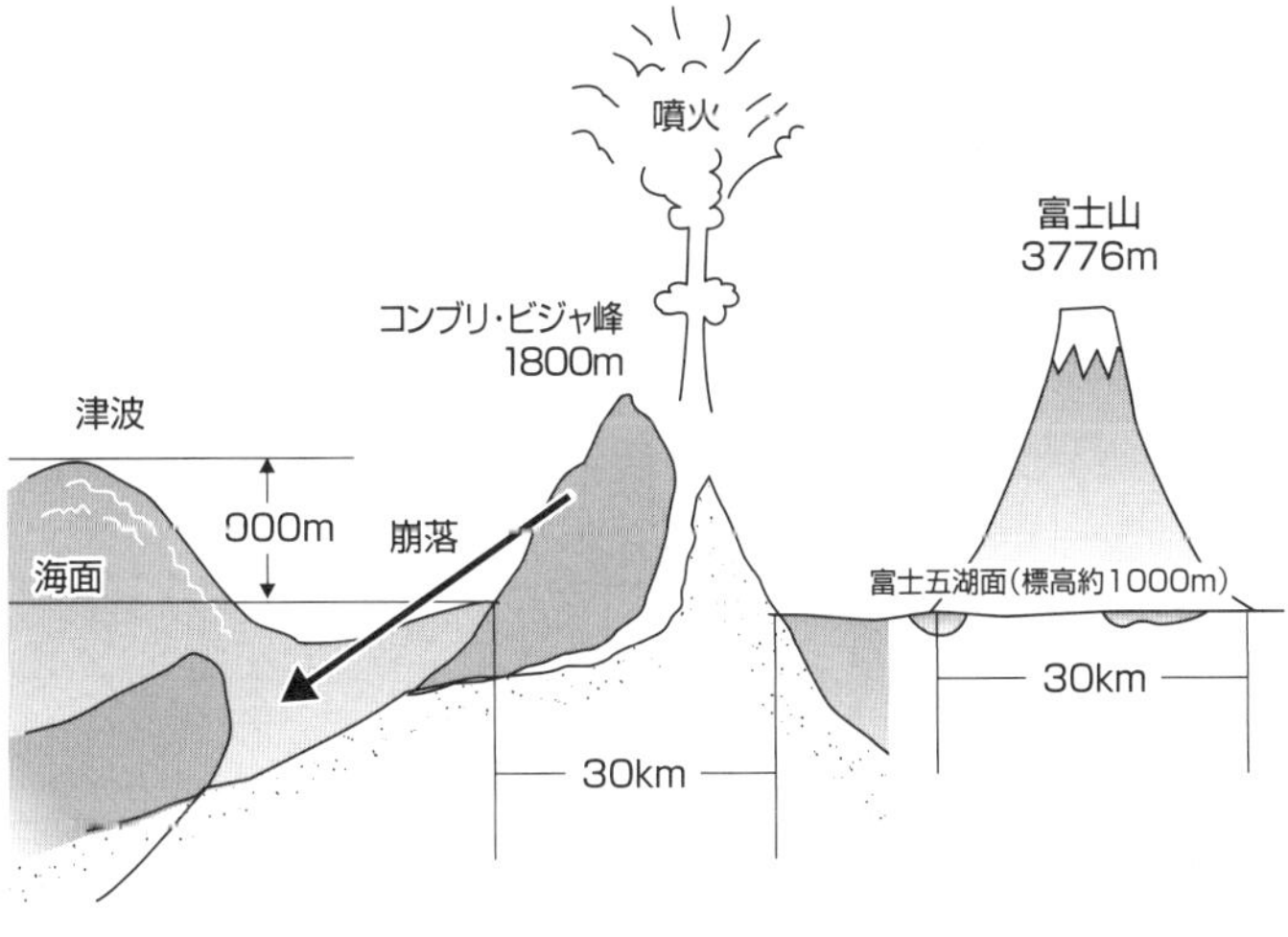

カナリア諸島はアフリカ大陸の北西岸にあり、スペイン領になっている。東西五百キロの海域に、大小九つの島が点在しており、その西の端にあるのがラ・パルマ島である。南北約五十キロ、東西は三十キロほどある。

この島は世界で最も急斜面の島といわれ、海底から突き出た山の頂上部分にあたる形で存在している。

一九四九年に最後の噴火を起こした際、水蒸気爆発のためコンブリ・ビジャの尾根の西半分が数メートル大西洋の方にずり落ちたといわれる。今度はそれが海の底に落ちてしまうということになる。

このとき崩れ落ちる土砂の大きさは、図にも対比して示したように、容積的には、おそらく富士山が一つ海に落ちていくのに近いと思われる。

この大災害の予知は、ずいぶん初期に出ているようで、先の文書から一九七二年には警告書簡を送っているようである。ジュセリーノ氏が十二歳の時だ。

これ以後さまざまな国の政府や科学者に文書が送られ、最近になって、各国のマスコミや研究者が科学的シミュレーションを発表している。

興味深いことに、その内容はジュセリーノ氏の予知に非常に近いのである。その一例は次のようにレポートしている。

最初に発生する津波の高さは九百メートルであるという。これが大西洋に広がっていくのだ。まず一時間後に、アフリカ大陸西岸を、最大百メートルの津波が襲う。三時間後には、スペインの海岸に、回り込んで減衰した五メートルの津波が届く。しかし真正面から大洋に向かった波は、五十~百メートルの高さで南北アメリカ大陸に向かう。

六時間後に、北アメリカの東岸全域に十メートル、南アメリカには十五メートル、そしてまたイギリスにも五メートルの津波が及ぶという。地形によってはさらに高くなるところもでる。これらの波の速さは、ジェット旅客機が飛ぶ速さと同じである。途中の島々は完全に破壊される。これがマンハッタン島に達したときどうなるかは想像に難くない。

この予測は二〇〇四年に、科学者によって計算された数値である。

予知の**文書21**と対比すると、その近似性が分かる。

もう一つ**文書21**で付け加えておきたいのは、これらの警告情報を、アメリカは宇宙人からのメッセージとして、すでに受け取っていると言っていることである。しかもこのことは、非常に初期の文書で、ジュセリーノ氏が書いているとされるが、おそらくその意味するところは、周りの家族や友人はもとより、送り先の誰も理解することができなかったのであろう。だから、これ以外の文書にジュセリーノ氏は一切書かなかったようである。結局誤解を招くだけだと考えたからであろう。

これに関しては最後で触れる。

謎を解く最終的な大変動――

前節の未来展望は、予知文書として明らかにされている事柄の要点を記したものである。

しかしこれだけでは、最初に触れたように、「二〇四三年には人類の八〇パーセントが死に絶える」という状況に直結するには、いささか具体性に欠けるという思いがどうしても残っていた。

二〇〇七年の春ごろから、どのような予知が毎日出ているのかということが、時々訳者の山川氏を通じて、電話連絡で入ってくるようになった。それらがいちいち文書として送られてきたわけではないが、状況を判断するのに非常に参考になった。その日に予知夢で見た衝撃的な情景による、ジュセリーノ氏の感情の動きなどが感じられたからである。

氏も人間であり、悲惨な状況には驚いたり悲しんだりしていた。こちらが受け入れられないようなことは極力穏やかに表現することもあれば、なぐさめ的な言い回しと感じ取れるようなこともあった。しかし、そうしたやりとりで、文書の中に出てきていた言葉の意味を、より理解するためにはたいへん役立ったのである。

例えば、二〇〇八年から現れると言っていた「黒い雲」については、いわゆる前線の発達や爆弾低気圧による巨大な嵐が頻発することだと理解できた。氏はたびたび世界各地で荒れ狂うそのありさまを見て驚いていたのである。「レンガ大の氷塊が落ちてきた!」などと驚嘆していた。

●パンドラの箱が開いた

だが、それまで私の頭の中で構築されていた、ジュセリーノ予言による未来のシナリオには、当てはまらないようなこと、理解できないことが時々、出てくるのである。まるでジグソーパズルを組み立てるような気持ちだった。

その一つが寒冷化のことである。ちょうどテレビで「デイ・アフター・トゥモロー」という映画を見た後のことだが、ジュセリーノ氏は、「あんなものではありません。あの三倍もの寒さがニューヨークには襲ってくるのです」と言うのである。

このころは、私はまだそのような予知文書の翻訳が終わってなかったので、温暖化になるはずなのになぜ寒くなるのだろうと、不思議に思ったものである。しかし、本書に収録されたように（**文書21**参照）、急激に氷河期に入るということが次第に分かってきた。これはまさしく人類の存亡に関わる重大な気候変動である。食料にせよ、住居にせよ、大問題になってくる。

そして、ジュセリーノ氏とのやりとりから、この問題はもう一つの要因をはらんでいると私は考えた。

例えば、この寒冷化は、南北アメリカのエリアだけをみた場合、ジュセリーノ氏は「ニューヨークからアマゾン北部までが人が住めなくなるほど寒くなります」と言うのである。そして南はアルゼンチンも寒くなるという。

そうなると、地球全体が一様に寒くなるのではないということが分かってきた。

そして、「予言集Ｉ」に掲載した、「世界の安全地帯」の地名リストは、このことが考慮されていると思われた。

そこで私は、世界地図に安全地帯を記入してみた。そうすると、その場所は、南米中部、アフリカ中部の北方、ユーラシア大陸中部、シベリア……と、ほぼベルト状になったのだ。（後出「世界の変動未来図」参照）

そしてこのベルト状の部分が暖かいとすると、現在の熱帯エリアというものが移動することになるのではないか、そしてひょっとすると、その中央部分が赤道になるのかなという考えが、頭の中に浮かんできたのである。

これは、有名な予言者エドガー・ケイシーが同じようなことを言っていたからである。


私は地球儀を持ってきて、そのベルトの真中に輪ゴムをかけてみた。

すると輪ゴムはちゃんと地球を一周してしまったのである。

そうすると、南極と北極も移動するのだろうか。

ゴム輪からみると、極点は、北はアメリカ合衆国北部、これはニューヨークに近い。南はアフリカのマダガスカルのはるか洋上になった。これが北極点と南極点になるのだろうか。

この輪ゴムのかかったミニ地球儀は、私の会社の机の上に、もう半年ほども置いたままになっている。

ともかくこのことは、地軸の変動ということを考慮しなければならなくなることを示唆するが、そのうち、ジュセリーノ氏が、ポール・シフト（地軸移動）について、日本の政治家に発言したといううわさが伝わってきた。

かつてエドガー・ケイシーもこのポール・シフトのことを予言していたが、極点を割り出すことはできなかった。

二度目の来日時に、私はこの考えによる、赤道の位置と極の移動を書き込んだ世界地図を、ジュセリーノ氏に示し、意見を聞いてみることにした。

ジュセリーノ氏はそれを見るなり「あなたのこの地図は正しいでしょう！」と答えてくれた。「～でしょう」という答え方は、きわめて微妙である。

そのとき思ったのは、ジュセリーノ氏は、どこかが寒くなり、どこかが暖かいという予知映像は見るが、赤道がどこかとか、極地点がどことというようなことは見ないのだろうという気がした。ただ、大きな変動があり、その際に地軸が変わるという認識は持っているのだと思えた。

いずれにせよ、気候変動というのは、最終的には地球全体の気候が完全に変化し、熱帯、亜熱帯、温帯、寒帯のエリアが、現在の位置とは変わってくるということになるのであろう。そしてその理由として、地球自体の自転が変化する可能性があるのだ。

この大変動に人類はどう対応すればいいのであろうか。場合によっては、世界人口の大半が淘汰されるという状況も考えられるのである。

●もう一つの大変動

もう一つ私にとって、非常に驚いた言葉があった。

これは二〇〇七年の初夏のころだったと思う。

「アフリカ大陸が真っ二つに裂けてしまいます」というのである。

これについては、多くの警告文書が出されていて、すでにブラジルの科学者がその文書に基づいて現地調査し、兆候を確認しているとのことだった。

関連文書が、ソフトバンク・クリエイティブから出された「未来予知ノート」に、ブラジル環境大臣あての手紙として掲載されている。そして、二〇〇七年一月に裏付けを取った二人の科学者からの返礼も出ている。

しかし、ジュセリーノ氏がはっきりとした状況の予知を得たのは、私たちに切迫した驚きをもって電話をしてきた、二〇〇七年の夏ごろだったのであろう。

これらの文書のキーワードは、「セアラー州のフォルタレーザ」という地名である。

私が電話で聞いたのは、「フォルタレーザ沖の海底にある巨大な地割れが確認された」ということと、「アフリカ大陸が二つに割れる」ということだった。

セアラー州というのは、アマゾン河口から東へ一〇〇〇キロほど海岸線をたどった、南米大陸東端に近い場所で、アフリカとははるかにかけ離れており、最初はどうもピンとこなかった。

そして「アフリカが真っ二つになる」というから、はじめ私は、紅海からエチオピアを通って、ケニアからザンビアあたりに至る、縦に走る大地溝帯が裂けるのかと思ったら、「横に裂ける」との話である。

そして分かっているのは、予知で見た、大西洋をブラジルからアフリカに真横に走るラインに、科学者によって海底断層が発見されたということである。

これについても、直接ジュセリーノ氏に会って確かめることにした。二〇〇八年一月十九日に東京のホテルで行われたレセプションの後であった。出席者たちが帰ってから、ロビーの片隅にあったテーブルで、私は地図を持ち出して、ラインを入れてもらうことにした。

氏はいつも落ち着いており、こちらが親しみをもって話すことができるのは、私には本当に驚きである。氏はほとんど英語では会話をしないが、目を見ていると私には一瞬で分かるような気がするのだ。

氏が持ったペンは、最初ブラジルのフォルタレーザの沖に置かれた。そして一直線に大西洋を横切り、アフリカのガボンのあたりに達した。そしてそのまま一直線にアフリカ大陸を横切り、モガディシオまで伸びていったのである。だから、一部はケニアあたりの大地溝帯とクロスしている。

そして、そこで終わるのかと思ったら、ラインはインド洋に入り西に進んでいくのである。とうとうインドの先端に及んだから、びっくりした。これでは地殻の大変動になってしまうことは間違いない。

そしてすぐさま、ジュセリーノ氏は、アフリカ大陸を横切ったラインの南側に×印をつけ、「ここは沈む」と言った。つまりアフリカ大陸の南半分が海底に沈むということである。

さらにブラジルのフォルタレーザから、エスピリトサント州に及ぶラインを引いて、その東側に斜線を入れた。つまりは南米大陸東部も海底に沈むことになるということなのだ。

私が提示した地図には、予言に基づいて私自身が、大きな地殻変動の起きる場所に印をたくさん書き込んでいた。

私の目は、その印をたどった。

すると、インドに達したラインは、そのまま中国、日本、カムチャッカを通り、カリフォル

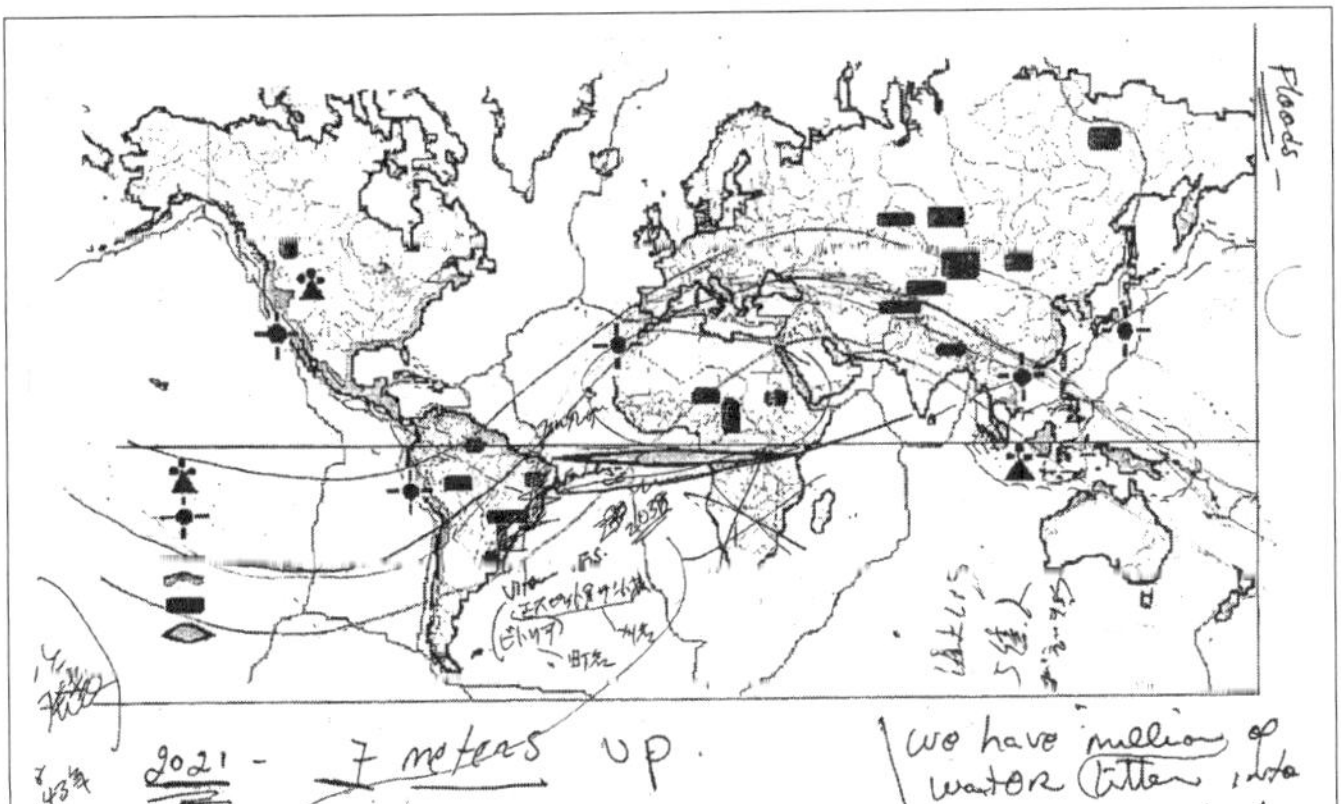

ジュセリーノ氏が海面上昇数値を書き込んだ世界地図

ニア、中米をめぐり、ふたたびブラジルのフォルタレーザに戻った。

それは、地球を一周するラインとなり、これも後で地球儀にやってみたら輪ゴムがはまり、私は改めて背筋が凍るような気がした。

インドの先端までラインを書き込んだジュセリーノ氏は、次に、世界地図の下の余白にいくつかの英文を書き加えた。

ここでまた、大変なことが出てきたのだ。

まず、「多くの淡水が海に流れ込む」と書いて、その次に、「二〇二一年には海面が七メートル上昇する」と記した。これはセミナーで公表されていた数値以後の状況ということになる。ここまでは、南極大陸や高山などの氷河の溶解による海面上昇ということである。

そして、その次に「二〇三九年には海面が約三百メートル上昇する」と書き込んだのである。

三百メートルという数値を見たとき、私はびっくりしたが、すぐにその理由を理解した。アフリカ大陸の半分と南米大陸東部が海底に沈むことで、その容量の海水が世界的に上昇するのだと分かったのである。その海水面の上昇というのが三百メートルに達するということである。

そして、ジュセリーノ氏は「この海面上昇で、五億人の人が影響を受けるでしょう」と言った。

「影響を受ける……」という言葉の含みは微妙である。死者数なのか負傷者を含むのか、あるいはそれ以上に間接的な影響がないのか分からない。**文書12―3**では、「移住を余儀なくされる」となっている。

このときの話では出てこなかったが、地殻変動のラインは、ここだけではない。ラインの先にあった環太平洋の地殻変動がある。ニュージーランドからインドネシア、日本、カムチャッカ、そしてカリフォルニアから中米に至る地帯だ。この地域も海中に消えるといわれるほどの、変動が予知されている。

この地殻の大変動が起きるのが、二〇三八年までということになる。もうそんなに時間はない。これらの大変動によって二〇四三年までには、人類の人半が死滅するのだとすれば、おおよその状況が見えてきたことになる。

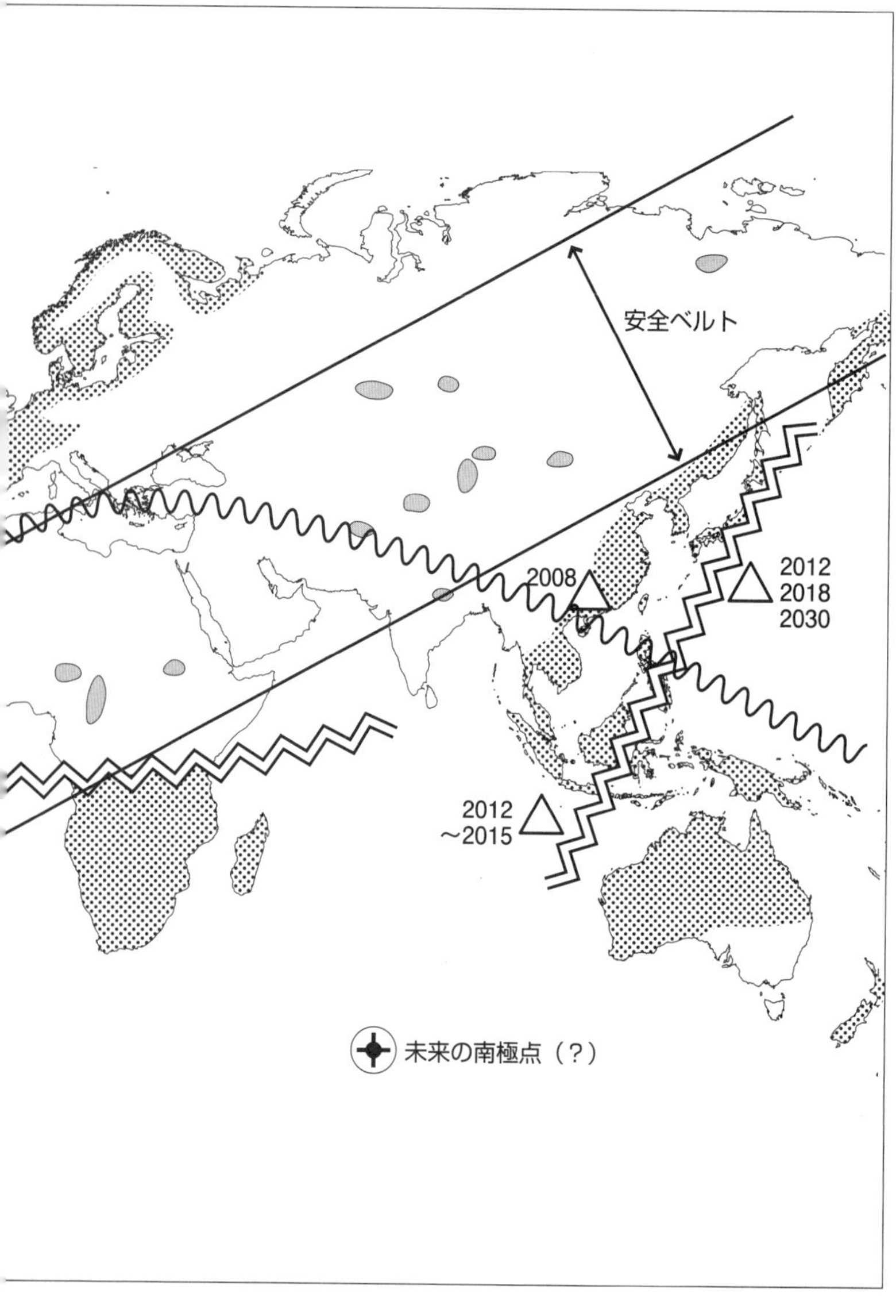

安全ベルト
2008
2012
2018
2030
2012
～2015
未来の南極点（？）

世界の変動未来図

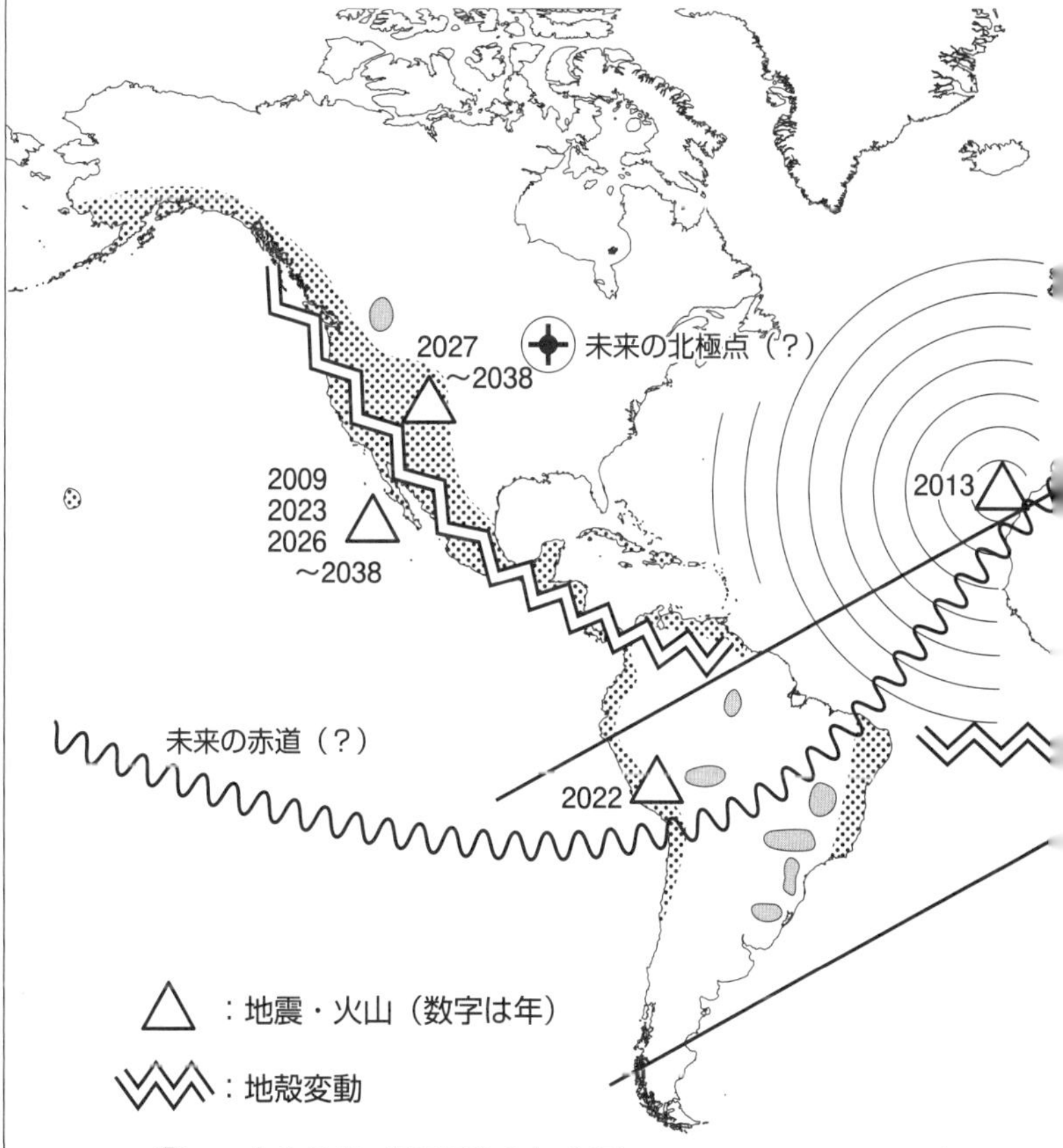

2027
〜2038
未来の北極点（？）
2009
2023
2026
〜2038
2013
未来の赤道（？）
2022
：地震・火山（数字は年）
：地殻変動
：安全地帯（「予言集Ｉ」参照）
：海没地域（監修者推定）

●初期からある強烈な警告の意志

温暖化の次に急激に襲ってくる寒冷化、そしておそらく地軸傾斜、大陸規模の陸地の沈降と隆起、あるいは巨大隕石の落下、そして疫病の蔓延……。

一連の現象の、最初の発端である地球温暖化に現在は直面しているだけなので、まだ私たちには実感がわかない。しかし、この未来の大要と結論は、ジュセリーノ氏には最初からはっきりと投影されていたように思われる。氏は、常に人々に恐怖心を与えないように穏やかに話すよう心がけている。特に多くの聴衆の前では、比喩的な話しかしていない。

だが、非常に明快に状況を把握していることは間違いない。

この変動は、一惑星全体をおおう宇宙的規模になる。それほどの大変動が間近に迫ってくることを、何らかの知性体が俯瞰《ふかん》的に予測できたとするならば、彼らがその惑星の住人に知らせようとすることは自然であろう。

あるいは何千年も前からそのことは分かっていて、古い歴史の年代記の中に、知らせようとした痕跡が残っているのかもしれない。つまり、それが各地の聖典の中に残されているとしても不思議ではない。

ジュセリーノ氏が八歳の時（一九六八年）に光球に遭遇して以来、指導し続けている「助言者」とは何者なのか。時が迫りくる前に、メッセンジャーとしてマークされ、まずは身近に起こる予知を出して人々が注目するにつれ、いよいよとなると、事の本題に迫るかのようである。氏は「人々はもうじき分かってきますよ」と言う。

氏が来日した初期に、一緒に食事をしていたとき、私が「人類は、もっと早く回収したUFOのテクノロジーを使って宇宙に移住すべきだったのですよ」と言ったら、即座に「もう遅すぎますよ」とにべもなく返された。現在の地球が置かれているこのような現状に関し、ぜひ参照していただきたいのは、『UFOテクノロジーの隠蔽工作』（めるくまーる刊）である。そして、この本の著者の体験から、ジュセリーノ氏を導く助言者の実体が読めてくるはずである。

私の研究では、一九六四年に各国の首脳に対し、地球の来るべき大変動に備えるよう宇宙からの働きかけがあったことが分かっている。このための国際会議が実際に開かれていたにもかかわらず、この警告が公表されることはなかった。だからその後、ジュセリーノ氏がメッセンジャーに選ばれたのかもしれない。

そして二〇〇八年一月八日に、米国中部で巨大な矩形《くけい》UFOの目撃事件が発生し出すとともに、現実に異星人から地球救済の意思が伝えられたと思われ、国連で二月十二日に、厳重なセキュリティーチェックの下に、G8など二十八カ国代表者が集められて対応会議が開かれたといわれる。ここでは各国それぞれの宗教観や食糧自給状況について、具体的な条件に対応するための協議がなされている。私が一月にこの事件についてテレビでコメントした際に、イメージとして出された映画「インデペンデンス・デイ」に準ずるような巨大なUFOの存在が、二〇〇九年から二〇一三年に開示され、二〇一七年に現われると国連の会議では示されたという。

このように、すでに予兆が始まっているので、逐次報告する機会があれば、これについて触れていきたい。

二〇〇八年　月別予言

一月――

・年初にリオデジャネイロで暴動が起こります。

・イラクが攻撃され、バグダッドで二十五人以上が殺されます。さらに北部も攻撃され、数十人が負傷します。

・猛吹雪が日本を襲い、空港は閉鎖に追い込まれるかもしれません。

・一月から二月にかけて、日本でインフルエンザの患者が約三五パーセント増加します。

・ブラジルで、休暇の後の空港と道路に多くの問題が生じ、昨年に比べて事故が増えるでしょう。

・日本の川崎を地震が襲います。

・パキスタンで紛争の数が増加し、ムシャラフ政権は苦しみます。同国は危険な状況に入り、国中に抗議の声が上がります。そして、ベナジル・ブットの息子が、二〇〇八年の三月末まで暗殺の危険に脅かされるでしょう。

・スマトラ島で地震が発生し、マグニチュード6・7に達する可能性があります。

・年の始めから、コロンビアでは多くの抗議行動が暴力をともなって起こります。

・ベネズエラでは、チャベス大統領をも巻き込む政治家による犯罪に対して、多くの抗議と暴動が起こる可能性があります。
・オーストラリアでは干ばつと猛暑になり、給水が行われるでしょう。
・流星が火星と衝突するかもしれません。そして、もし方向がそれたなら、その流星は二〇一九年に地球に衝突する可能性があります。
・ブラジルのいくつかの地方（パラン、サンパウロ、リオデジャネイロ、および他の地方）で、クモ類動物（黄色くて黒いサソリ）が大量発生します。
・カンピナス地方（?）のゲールズ、およびサンパウロで出血性のデング熱が流行します。それはブラジルの他の地方にも広がるでしょう
・アフリカのケニア（?）で暴動の数が増加します。大統領選の開票不正により、負けた大統領の候補は生命の危険にさらされます。
・中国、韓国、日本、およびタイで、大きな経済成長が始まります。二〇〇八年の終わりまで、その成長は関係国にも好影響を及ぼします。
・ブラジルのブラジリア、ゴイアス、マトグロッソ、そしてミナスジェライスで、黄熱病が流行し始めます。

二月——

・出血性デング熱がリオデジャネイロや他の地方に波及し、患者数が前年を六五パーセント上回ります。
・長雨でサンパウロ、リオデジャネイロ、およびミナスジェライス（ブラジルの州）が被害を受けます。また、高温が深刻な問題をもたらします。
・ヨーロッパでは大洪水と猛吹雪が各地で起こります。
・アフリカのソマリアで紛争が起こり、多くの死者を出すでしょう。
・日本の川崎で地震が起こる可能性があります。
・フィリピン、中国、インドネシアで大洪水が発生し、多くの死者と負傷者が出ます。
・ブラジルでは、前年の干ばつのため、五十以上の自治体が苦しめられます。そして、国の南部でも温暖化が始まります
・ブラジルでは、土地を失った人の移動により、国の南北で紛争が起こります。

三月——

・スペインへの攻撃がマドリードで起こります。そして、グループ「E」が新たな攻撃を仕掛けるでしょう。
・ブラジルでは、厚生省を巻き込むスキャンダルが発覚します。

・日本では、マグニチュード6・8の地震が、東京から二〇〇キロメートル離れた所を直撃します。
・アフリカのコンゴでは、地震が多発して噴火が起こり、いたる所に噴煙が広がるでしょう。
・アメリカのオハイオ州とカンザス州では、竜巻が直撃して多くの被害をもたらし、多数の死者が出る可能性があります。
・ブラジルのカンピナスのいたる所で強風が吹き荒れ、それによる破損によって大打撃を受けます。
・ブラジルでは、出血性のデング熱がサン・ジョゼー・ド・リオ・プレットやカンピナス、そして リベイロン・プロットで他に先立って流行します。
・イギリスでは、ロンドンでのテロ攻撃で多くの命が奪われます。そして、温暖化という気象問題も重大な事態を迎えます。
・ブラジルの自動車産業の経営危機は工場閉鎖をもたらし、それによってブラジルの有名な工場や関連企業も閉鎖になります。
・ブラジルでは、いくつかの企業が国税庁をだまして脱税しようとします。その件数は二〇パーセント増加します。

四月――

・ブラジルでは、厚生省、文部省、財務省を巻き込むさらなるスキャンダルが生じ、違法な製品が市場に出回るでしょう。
・イタリアにおける（テロ）攻撃が多くの対立をもたらすでしょう
・パレスチナ人とイスラエル人が対立を始め、二十人以上の死者をもたらします。
・アフリカのニジェール共和国（？）で大きな反乱、対立、死者が生じます。
・レバノンにおいて複数の（テロ）攻撃があり、五十人以上の死者をもたらします。
・ブラジルでは、雨によってリオデジャネイロ、ミナスジェライス、そしてサンパウロが崩壊し、高熱は出血性デング熱の新しい症例をもたらします。
・ブラジル北東部のセルトンでは、大洪水と干ばつによって多くのものが失われ、混乱と困難をもたらします。
・ポルトガルにおける大火事と水の不足が深刻な問題をもたらします。
・ロシアで地震が発生し、数名の死者が出ます。場所は首都（モスクワ）から百キロメートルで、マグニチュードは6・8です。

五月――

・ブラジルにおいて、仕事の権利および採択された政策への不合意に関して、大きなマニフェストが掲げられます。
・日本の千葉（？）でマグニチュード7・2の地震が起こります。
・ノロ・ウイルス対策が日本政府の最重要課題になります。
・ブラジルでは、警察センターや警察署に対する暴力が引き起こされます（攻撃計画）。
・強風がサンタ・カタリーナ州のツバロン（？）とブラジルの南部地区に吹き荒れ、大きな問題を引き起こすでしょう。
・ブラジルのアクレ州は、豪雨と猛暑による洪水、およびそれによって派生する多くの問題で苦しみます。
・FMD（口蹄疫）がブラジルのマトグロッソ州とマトグロッソ・スール州で発生します。
・ブラジルで、航空機がサンタ・カタリーナ州のフロリアノポリス（？）へと向かう途中で墜落し、多くの犠牲者をもたらす可能性があります（会社にはすでに警告されました）。
・太陽の噴火が増加し、天候に問題をもたらす可能性があります。火事がいたる所に広がるでしょう。
・交通戦争はリオデジャネイロで多くの犠牲者を出すでしょう。そして、罪のない人々が命を失うかもしれません。
・ブラジルには不法にテロリスト・グループが住み、彼らはアマゾンとパラグアイから入ってきます。

・パラグアイでは、出血性デング熱が五五パーセントの増加となり、いたる所で多くの犠牲者が出ます。

六月――

・ブラジルの北東部のサンパウロやリオデジャネイロの医療機関で、ひどい医療サービスや管理体制の問題が噴出するスキャンダルが起こります。多額の基金横領等の問題も発覚します。
・大阪でマグニチュード6・3の地震が発生し、多くの問題が生じます。
・台風が日本を直撃。大問題が生じます。
・インドネシアのジャカルタで、マグニチュード7・2の地震が直撃します。
・中国で台風による大洪水が起き、何千人もの死者を出します。そして、それはバングラデシュとフィリピンも襲います。
・カリブ海では、ハリケーンが大きな問題になります。メキシコ、ジャマイカ等で多くの死者が出ます。
・米国では、三つの竜巻がテキサス州などを襲い、重大な問題をもたらします。
・インドでは、洪水によって何十人もの人々が犠牲になり、千人以上のホームレスを生み出します。
・アフリカのエイズ感染者の数が人口の四〇パーセント以上に達し、あらゆる地域で死者が出ます。

七月――

・ブラジル南部でホームレス間の対立が生じます。各地で侵略と抗議運動が起こります。
・強い台風が日本を襲って大混乱を招き、多くの死者を出します。
・オーストラリアを大型サイクロンが襲い、住宅が破壊されるなど多くの問題が出てきます。
・チリではマグニチュード6・9の地震が直撃します。その揺れはサンパウロでも感じられるでしょう。
・フランス、ドイツそしてモルドバを襲う大洪水が、何千人ものホームレスと死者をもたらします。
・トルコでは、(イラクと隣接する)クルド人との紛争がいたる所で増加します。
・イラク北部での爆破テロが起こり、百人以上の命が奪われます。
・アフリカのアルジェリアでの反乱と紛争は、国中を血に染めます。マグニチュード7・1の地震が首都を襲います。
・日本では消費が四・二パーセント増加し、経済成長が加速します。
・マグニチュード3・1の小さな地震がアマゾンで観測されます。

八月——

・ブラジルのフォルタレーザでは、マグニチュード4・2の小さい地震が観測されます。そして、アフリカからブラジルへとつながる海底に隣接した地下の裂け目が、さらに開き始めます。
・イスラエルの首都でマグニチュード5・3の地震が起き、警戒態勢が敷かれます。
・ペルーのリマでマグニチュード7・8の地震が起き、何十人もの死者と何千人ものホームレスが出ます。
・ブラジルの首都ブラジリアの連邦区（?）で黄熱病が増え、厚生省に警戒態勢が敷かれます。病原菌の突然変異があり、流行するおそれがあります。
・台風が日本を直撃。多くの犠牲者と家屋を失う人が出ます。
・台風は中国にも被害を与え、何千もの家が倒壊します。さらに、豪雨による洪水で多くの死者が出ます。
・韓国にも台風が直撃。多くの家が破壊されます。
・レバノンにおける（テロ）攻撃は、いたる所で反乱と紛争へ発展します。そして六十三人以上が亡くなります。
・ブラジル南部で干ばつが始まり、リオグランデ・ド・スール州ポルト・アレグレ（?）は大地震によって洪水が起こり、大雨で孤立します。

・パキスタン・カシミール地方をマグニチュード8・2の地震が襲い、何千人もの死者と家屋の破壊をもたらします。

九月――

・インドネシアのジャカルタの南西で飛行機が墜落し、消息を絶ちます。六十人以上の死者が出ます

・地震が中国を直撃し、百万人に達する死者を出す可能性があります（もしその地震が中国で起こらない場合は、日本の東海地方で起こり、多くの死者を出す可能性があります）。

・ブラジルのペルナンブーコ州ガララペス（？）にある二つの建物は、倒壊の恐れがあり、多くの犠牲者を出すかもしれません（原因は構造上の問題と使用された材料によるものです）。検証のためすでに安全局には手紙を送ってあります。

・ブラジルのバイシャーダ・サンチスタでは、海が荒れて最高六メートルの高波が襲い、人々がパニックに陥ります。

・ウルグアイでの紛争は、多くの犠牲者を出す結果に終わる可能性があります。

・アクレおよびアマゾン、パラーにおいて、紛争によって違法に森林が伐採され、材木が運び出されますが、それは監査官の利益供与によるものです

・インドでは列車事故によって何百人もの命が失われます

・インドネシアのスマトラ島でマグニチュード6・4の地震があります
・キューバのフィデル・カストロ国家評議会議長（?）の健康問題がぶり返します。そして、生命の危険にさらされます
・ブラジルの川の支流の減少と雨の不足は、大都市サンパウロに給水活動をもたらすかもしれません

十月――
・米国は二〇〇七年平均の汚染度を一五パーセント増大させました。
・経済発展にともなう問題で、中国を水不足が直撃し、中国は干ばつによる経済崩壊に直面します（問題の始まり）。
・エジプトでの（テロ）攻撃によって四十三人が死亡し、多数の負傷者を出します。
・南アフリカでの大きな紛争は、政治体制と民族主義に対する暴力によるものです。
・マグニチュード6・6の地震が起こり、柏崎刈羽原子力発電所内で放射性物質が漏れる可能性があります。
・パキスタンのイスラマバードで、急進的なイスラム教徒による反乱時の暴動によって百十三人が死亡します。
・オランダは海面上昇によって損害を受けます。また、降雨が堤防に損害を与える可能性があ

ります。
・アルゼンチンのクリスティーナ・キルチネル新大統領の新政策に対する反政府運動が起こります。国民の彼女への支持は八〇パーセント以上もあるにもかかわらずです。
・マグニチュード7・5の地震がチリを直撃し、何十人もの死者が出ます。
・インドネシアのスマトラ島ブンクル州とジャカルタに隣接する地方で、マグニチュード7・3の地震があります。

十一月――
・ジェラルド・アルキミンがブラジルのサンパウロ市（？）の新市長になります。
・マデリン・マッカンちゃんはポルトガルから連れ出されてはいません。彼女が国外に連れ去られたと発表した警察は捜査ミスで、彼女はホテルに隣接した所（またはホテル内）にいます。彼女が失踪した場所とすぐ間近です。マデリンちゃんを連れ去ったのは、（犠牲者の親戚のような）彼女の身近な人物です。
・ウルグアイでは、兵器の大規模な横流し、政府職員間の危機、不正資金浄化の疑い、武器の輸送、等々があります。
・ブラジルにおける、いくつかの省が危機に見舞われます。文部省、厚生省、その他の省における基金の横領です。

・ブラジルでは、公共の安全に対する投資がほとんどなされていません。また、基金の横領という大スキャンダルが発覚するでしょう。ＣＰＭＦ（ブラジル暫定金融取引税、通称小切手税）の撤廃によって（金融取引上の臨時措置で二〇〇七年の十二月に終了）、再び基金着服・入札・横領が発覚するでしょう。

・ブラジル各地の刑務所で反乱が起こります。

・ブラジルの多くの刑務所で、燃料に不純物が混入していたことが明らかになります。また、いくつかの食品に偽造があり、消費者をだまし続けます。

・日本でインフルエンザが増加します。そして、インドネシア、韓国、および中国にサブタイプ９も現れます。

・狂犬病がブラジルのサンパウロ、ミナスジェライス、マット・グロッソ、マット・グロッソ・ド・スールおよびゴイアスといった都市の中心部に現れます。

・デング熱がブラジルで流行し、干ばつや嵐によってさらにひどくなる傾向があります。流行の火の手はいたる所に見られます。

・マグニチュード６・５の地震が、東京から六〇キロメートルの地域を襲います。

・ＨＩＶウイルスに対する最初の実験的なワクチンが現れ、この進捗が希望をもたらします。この病気にかかっていない人に、免疫処置がなされることになるでしょう。

十二月――

・リオデジャネイロのスラム街で起きる対立によって、通行人や警官に多くの死者が出ます。

・米国の大学が襲撃され、二十人以上の死者と負傷者が出ます。ノルウェーでも同様の問題が起こるでしょう。

・ポール・マッカートニーに健康上の問題が生じます。彼は入院し、そこでの生活を余儀なくされるかもしれません。

・カリフォルニアで大火事が発生して熱波をもたらし、被害が広がります。また、ニューオーリンズではハリケーンの脅威にさらされます。

・メキシコ湾流と北大西洋海流の動きが崩れ、それによる大きな季節変動を受けて、ヨーロッパでは「局地的な氷河期」の原因となる、温暖化の異常な結果をもたらすでしょう。

・コロンビアではマグニチュード6・6の地震発生。

・メキシコではマグニチュード7・9の地震が起こり、首都には何千もの死者があふれるでしょう。

・インドネシアのスマトラ島で、マグニチュード7・4の地震が起こり、何百人という負傷者が出ます。

・バングラデシュでハリケーンが発生し、いたる所に何千人ものホームレスと死者があふれます。

・フランスでの反政府運動が年末に起こります。
・リオで暴動が起こり、多くの犠牲者を生みます。それは鎮静化できません。
・日本と韓国では、インフルエンザ対策が最重要課題になります。
・ヨーロッパでは、猛吹雪のためにいくつかの空港が閉鎖されます。いっぽう、米国は災難を免れます。
・イスラム教過激派グループは、アフガニスタン、パキスタン、イスラエル、そしてレバノンで多くのテロ攻撃を引き起こします。

世界の予言年表――たま出版・編

★マグニチュード（**M**）の目安
新潟県中越地震＝**M6・8**
阪神淡路大震災＝**M7・3**
関東大震災＝**M7・8**
スマトラ沖大地震＝**M9・0**
＊Mが1増えるとエネルギーは三十二倍になる

二〇〇七年

・ブラジル、アジア、EUで**鳥インフルエンザ**が流行
・三月に日本で**地震**（能登半島地震）
・七月十三日に新潟地方で**地震**（三日遅れで発生）
・アメリカ、ブラジル、フィリピンで台風や**竜巻**被害が多発
・ゴア元米副大統領が**ノーベル平和賞**を受賞する
・十月～十一月に大阪で弱い**地震**（十一月六日にM4・0発生）
・十一月二十五日に千葉で**M7・3の地震**があり、死者百二十五人

二〇〇八年

・十二月二十三日にインドネシアで**M8・5の地震**
・地球温暖化対策の**最終期限**
・年末以降、**黒い雲**が世界中に広がる
・北米、インド、中国、タイ、アフリカが**猛暑**になり、水不足のため数千人が命を落とす。アフリカは水争いの暴動による死者も多い
・五月ごろに**太陽面活動**が活発化し、温暖化が加速され、それ以後、火災がより多発するようになる
・フィリピンで七月十八日に**M8・1の地震**が起きて、数千人が死亡
・東京で八月六日に**M6・5の地震**が起きる
・エイズとデング熱の**ワクチン**が開発される
・ニューヨークのエンパイア・ステート・ビルで、九月に**テロ事件**が起きる。犯人集団はアリゾナから来る
・中国の海南島付近で、九月十三日に**M9・1の大地震**が起きる。三十メートルの津波が発生し、百万人の犠牲者が出る。前兆地震が発生し、住民に不安が広がる。ただし、この日に日本の名古屋で**M8・6の東海地震**が発生する危険性があり、その場合は六百人の死者と三万人が家を失う

二〇〇九年

・日本で九月から**鳥インフルエンザ**が拡大し、死者が出る
・十月に前年と同規模の地震で、柏崎刈羽原子力発電所で放射性物質が漏れる
・ブラジル南部で、十月から**大干ばつ**が始まる
・アル・ゴアが立候補すれば**アメリカ大統領**になる
・大阪や神戸で一月二十五日に**M8・2の地震**があり、五十万人の死者
・サンフランシスコで二月に**M8・9の大地震**
・インドネシアで**鳥インフルエンザ**が拡大
・ブラジルで経済危機のため**暴動**が起きる
・トルコ西南部で八月二十四日に**M8・9の大地震**が起き、イスタンブールが崩壊
・中国の麗江で八月二十五日に**M8・2の地震**が起きる
・ニューオーリンズを九月三日に**最大級のハリケーン**が襲い、市全体が大洪水になる
・日本で十一月に**地震**があり、数千人の死者
・インドネシアで十二月十六日に**M7・8の地震**があり、数千人の死者
・世界的に暴力事件と疫病が拡大

二〇一〇年

・コロンビアで一月二十日に**M7・1の地震**

・東京で五月十四日に**M7・7の地震**があり、多大な被害が出るが、九月十五日にさらに**M8・4の大地震**があり、新たな関東大震災となる

・アメリカで六月十五日に**株式市場が崩壊**し、世界経済に深刻な打撃を与える。また竜巻によって**大停電**になり、多数の死者が出る。そして**鳥インフルエンザ**が拡大する

・アフリカがセ氏五九度になり、**水不足**が深刻化する

・中国経済は、**水不足**のために崩壊する

・アルジェリアで十一月二日に**M7・9の地震**

・**海面上昇**で、世界各地の海岸に人が住めなくなる

・意識変革が起き、精神性が重視されるようになって、経済や文化における**価値観**が変わり始める

・この年に南アフリカ共和国で行われる**ワールドカップ**は、ブラジルがフェリペ監督ならば優勝する

二〇一一年

・アフガニスタンで二月十七日に**M7・8の地震**

二〇一二年

・**日本経済が破綻**
・中東で水不足のために**戦争**が始まる
・十月八日に**癌の治療法**が発見されるが、ワクチンが効かず四時間で死亡する新疫病エルスが発生する
・コスタリカで九月二日に**M7・6の地震**
・**鳥インフルエンザ**が世界的に拡大し、二〇一三年までに七千三百万人の死者
・インドネシアのクラカタウ火山が七月三十一日に**噴火**を始める。（二〇一五年に大爆発する）
・大阪で**M8・9の大地震**が起き、死者多数
・イスラエルのテルアビブで**テロ事件**が起き、八十人の死者
・ブラジルは経済が逼迫《ひっぱく》し、さらに**干ばつ**が暴動に拍車をかける
・アマゾンの森林が焼かれ**砂漠化**が始まる。二〇一五年〜二〇年までに樹林が消える
・十二月六日から**気象異変**が激しくなるとともに、疫病が蔓延し、人類滅亡の始まりとなる

二〇一三年

・脳腫瘍以外の**癌の治療法**が完成する
・**鳥インフルエンザ**で七千三百万人が死亡する可能性がある
・カナリア諸島で、十一月一日〜二十五日の間にラ・パルマ島が**火山爆発**を起こし、高さ百五十メートルの津波が大西洋岸全域を襲う
・カリブ沿岸は百五十メートルの**津波**が直撃し、フロリダは壊滅する
・津波によって、リオデジャネイロの原子力発電所で**放射能漏れ**事故が起き、被害が出る
・アメリカでは、**海面上昇**と津波で東海岸に大きな被害が出る
・アメリカ各地で**山火事**が多発し、牧畜業ができなくなる

二〇一四年

・エクアドルで三月十二日に**M6・8の地震**で洪水が起き、治安が悪化する
・アフリカやアジアで水不足のため紛争が絶えず、**環境難民**があふれる
・アフリカからの環境難民がブラジルに流れる
・ブラジル北部で、**海岸侵食**や洪水のため建物に被害が出る
・十一月二十六日にサンパウロのビルに飛行機が**墜落**する
・**小惑星**（2002NT7・直径二キロメートル）が地球に接近する

二〇一五年

・ブラジルのサンパウロで三月十五日に**M5・4の地震**が起き、被害が出る
・四月までヨーロッパ全域が**大干ばつ**になり、水不足が深刻化する
・日本の**夏季気温**がセ氏五八度に達する
・インドネシアのクラカタウ火山が**大爆発**し、世界の気象に深刻な影響が出る
・十一月二十六日に世界の**平均気温がセ氏五九度**になり、パニックが起きる
・イタリアのナポリで十一月二十八日に**M7・7の大地震**が起き、数千人が死亡する

二〇一六年

・中国にチャンチュー（真珠）という**台風**が襲来し、大都市で数千人の死者が出る
・ブッシュ（元）大統領が入院し、**命の危機**に陥る

二〇一七年

・ヨーロッパとフィリピンで大雨による**洪水**が発生し、数千人の死者と難民が出る
・世界各地で**干ばつ**が激しくなり、水利権による国家対立が起きる
・アジアやアフリカで、七月十四日に干ばつによる**飢餓**が拡大し、疫病がはびこる

二〇一八年

・アフリカでは十月四日に**気温がセ氏六〇度**になる
・日本と中国で、資本主義経済に代わる**新しい経済システム**が稼動し始める
・小惑星2002NT7（直径二キロメートル）が**地球に衝突する**危険性が出る（六〇パーセントの確率）
・世界各地で**大気汚染**が激しくなり、数千人の死者が出る
・イランで五月十六日に**M7・6の大地震**があり、四千人の死者が出る
・日本の東海地方で、六月二十一日に**M10・6の巨大地震**が起きる
・エルサルバドルで十月十九日に**M8・1の大地震**が起き、数千人の死者が出る

二〇一九年

・**小惑星**を科学の力で回避できなければ、世界人口の三分の一は滅びる
・**鳥インフルエンザ**で、世界中で七千三百万人が命を失う
・ロシアで五月二十三日に**M7・8の大地震**が起き、千人の死者が出る
・中央アメリカでは**豆類**の収穫が減少する。また、沿岸の**サンゴ**が死滅する

二〇二〇年

・アフガニスタンで五月十四日に**M7・3の大地震**が起き、数千人の死者と難民が出る

・カリフォルニア州ボナリスで八月十五日に**M7・1の大地震**が起き、数千人の死者が出る。これがサンアンドレアス断層崩壊の**前兆**となる
・ハイチで少雨のため飲料水がなくなり、**観光客**が九〇パーセント減少する

二〇二一年

・コロンビアで六月十日に**M6・3の地震**がある
・メキシコで十月七日に**M8・7の大地震**が起き、二万人の死者が出る
・ペルー、エクアドル、ボリビア、コロンビア、ブラジル北部と南部、ポルトガル、イギリス、ドイツ、ポーランド、オーストラリア、ロシアは水不足のため**飲料水**がなくなり、**農業**ができなくなる
・アンデスに**水**がなくなる
・中南米の**氷河が消失**し、飲料水の不足が起きる

二〇二二年

・ペルーで六月七日に**M9・1の巨大地震**が起き、海岸線が崩壊する

二〇二三年

・サンフランシスコで二月九日に**M8・9の巨大地震**が起き、死者が数千人にのぼり、全市民に影響が出る
・サモアで三月二十六日に**サイクロン**「オファァ」がウポルル島を直撃する

二〇二四年

・フィリピンとバリで七月二十七日に**同時爆弾テロ**が起きる
・ニューヨークやサンパウロに**巨大な**黒雲が出現し、ブロック大の雹《ひょう》が降り、都市に被害が出る
・バングラディッシュに七月二十六日、**サイクロン**が襲来し、数千人の死者が出る
・インド南部で十月六日に**M7・4の地震**が起きる
・ロシアで十二月十一日に**M7・5の地震**が起きる
・**最高気温が七氏七四度**に達するところが出る

二〇二五年

・ギリシア南東部で八月十九日に突然**M6・8の地震**が起き、大混乱になる

二〇二六年

・ルアンダで**干ばつ**のため、二月十三日、民族対立が激化する
・アメリカの西海岸で七月十七日に**M10・8の巨大地震**が起き、サンアンドレアス断層が動いてカリフォルニアが崩壊する。多くの**火口**が開き、百五十メートルの**津波**が発生する。大地が割れ、多量の**土砂**が海へ流れ込む。断層破壊が広大なため、数百万人が命を落とす

・リオデジャネイロ近郊に九月七日、**ハリケーン**「ヒューゴ」が襲来し、農園を破壊し、多数の死者が出る

二〇二七年

・アメリカのイエローストンで十一月二十六日に噴火が始まり、その後の**大噴火**によって数百万人が死亡する。そしてアメリカ合衆国の**氷河時代**が始まる
・アマゾンは乾燥化が進み、気温が六度上昇し、**砂漠化**が拡大する
・カリブ沿岸では、**巨大ハリケーン**の発生が六〇パーセント増加する
・世界の海岸の侵食で避難民が増えるため、ブラジルのサンパウロで十二月二十七日、**環境会議**が開かれる

二〇二八年

・イタリアのベニスが**水の下**に消える
・北極海の**氷が半分**になり、魚類や動物が減少する
・ブラジルのセアラー州など四州では、八月二日には潮流による**砂丘の侵食**で、海岸に人が住めなくなる

二〇二九年

・世界各地で**火山爆発と地殻変動**が頻発し、島国や半島地域が海中に沈む
・四月十五日午後三時に日本の**新幹線が事故**を起こし、五百人が死亡する

・六月に**小惑星**アポフィス（直径四百メートル。衝突衝撃は広島型原爆の十万倍）が地球に接近

・オランダは九月二十四日、**海に没する**

二〇三〇年

・日本列島は九月二十八日、**火山噴火とM9・8の大地震**によって崩壊する

二〇三三年

・メコン川の洪水により、インドシナ半島地域で**農作物**の収穫が極端に減少する

二〇三六年

・ヒマラヤ山系にある五十万平方キロの氷河が三十万平方キロに減少する。このため、中国とインドで**雪崩**《なだれ》が頻発する

・アジアにおける降雨のパターンが変化し、農業に影響するため、**飢え**が広がる

・十一月にアポフィスが大接近し、八〇パーセントの確率で地球に衝突する可能性が出る。**人類の危機**が叫ばれる

二〇三七年

・オーストラリアとニュージーランドでは生態系が破壊され、サンゴ礁が三五パーセント減少する。この後、二年間で大洋州の**大河は消える**

二〇三八年

・南極の氷が八〇パーセント減少し、このため世界の**海面上昇**が激しくなる
・アフリカは**砂漠化**が拡大して生態系が破壊され、飢えと渇きのため、国中で対立が起きる
・ヨーロッパは高温で**山火事**が多く、アルプスの氷が消える
・九月十七日、南米東岸のアマゾン沖合いからインドに及ぶ断層に亀裂が走り、**アフリカ大陸が二つに割れて、高さ八百メートルの津波**が時速八百キロで合衆国東岸を襲い、数百万人の死者が出る。その結果、**アフリカ大陸の南半分が海底に沈むことにより、世界の海水面が約三百メートル上昇し、多くの島や半島が消失する**（世界の変動未来図参照）
・十一月二十六日、アメリカ西岸のサンディエゴからシアトルに及ぶ**大地震**が起きる。大津波が陸に上がり、カリフォルニアは海に消える
・日本からハワイ、オーストラリアまでの島国は、地震と火山噴火で**海中に沈む。**その後、人々は海底から隆起した**新しい陸地**に住むようになる

二〇三九年

・各地で気温が**七氏六三度**になり、低地国は消える
・トランスポーテーション（物体の**瞬間移動**）の技術が実用化する

二〇四二年　・世界の最高気温がセ氏七四度に近づいた後、北米から中央アメリカを中心に世界は**氷河期**に入り、激しい寒冷化のため、一部を除き、地上での生存に適さない地域が多くなる

二〇四三年　・世界人口の八割以上が**消える**

二〇四七年　・新しい**電源システム**が完成し、ワイヤレス電力が実用化する

二〇五〇年〜　・地軸が変動し、赤道が変わる（ニューヨークの近くに北極、マダガスカルの沖合に南極か？＝監修者推定）

訳者あとがき

山川　栄一

「未来からの警告～ジュセリーノ予言集Ｉ」がたま出版から発売されてから一年がたちました。読者の皆様を含め、今まで温かく見守ってくれた方々に深くお礼申し上げます。昨年の十二月、そして今年の一月にジュセリーノ氏の来日を成功させることができたのは、たま出版の韮澤社長をはじめ、ソフトバンク・クリエイティブ、日本テレビ、テレビ東京、その他の雑誌や新聞社など、ジュセリーノ氏のアジア代理人としての責任を私が果たしていけるように協力してくださった多くの方々のたまものです。

ジュセリーノ氏も私も、ニュートラルな立場に立ち、先入観なく、職業、地位、宗派、党派などに関係なく平等に多くの方々と接触してまいりました。日本や地球を救うためには、個人的なプライドや今までのスタンスを横に置いて、積極的に行動に移していかなければ手遅れになることを理解しているからです。つまり、ささいなことで争っている余裕はもうないのです。地球崩壊を食い止めるために一人ひとりができることを、今、それぞれの人が実践していかなければ、私たちも、そして次の世代にも明るい未来はありません。

人間は、自分たちがこの偉大なる地球を支配しているかのように思い込んでいるのですが、それは大きな勘違いです。我々は、生かされているのです。母なる大地は生きています。そして病んでいます。

当然ながら、バランスを取り戻すために地球は浄化プロセスを始めています。そこに住む私たちは、大きな代償を支払わなければならないところまで来ています。自然との融合した社会ではなく、自然破壊のもとでつくられた私たちの社会は、崩壊の危機を迎えています。信じるか否かは自由ですが、この現実に背を向ける権利は誰にもありません。もし地球自体が浄化能力を失えば、〝宇宙法則〟によって、小惑星のような外部からの強制的な浄化が起きるでしょう（実際にジュセリーノ氏は、地球へ向かっている小惑星について警告しています）。

人間は、地球に対して感謝の気持ちを忘れかけています。人間の命を維持していくことが、動物や森林をはじめ、多くの犠牲の上に成り立っているということに気付いていない人々が大勢いるでしょう。私たちは、食事の時に感謝を込めて食べ物を口に入れているでしょうか。食べ物が目の前にあることが当たり前だと思い込んでいないでしょうか。すべてが母なる大地から生まれているにもかかわらず、我々はその大地を破壊しているのです。

もし宇宙人が観察していたら、「地球人は片手に愛を語る書物をもって、もう片方には武器を持つ、矛盾した不思議な生物だ！」と思うことでしょう。

さて、今年（二〇〇八年）はブラジルへの日本人移民開始から百周年を迎えました。さまざまなイベントが予定されているのですが、残念ながら日本からの協力的参加は乏しいと聞きました。もしジュセリーノ氏の予知夢が現実になれば、日本国民の多数が外国へ避難することを余儀なくされるでしょう。その意味で、この百周年イベントは、将来に向けて日本とブラジルの交流を深める大きなチャンスではないでしょうか。歴史は繰り返すと言われているように、再び日本人がブラジルへ移住する必要が出てくるかもしれません。そのときには、〝執着〟という幻想や〝人種差別〟とどう向き合うかが運命を左右することになるでしょう。現時点で世界の状況を見る限り、ジュセリーノ氏が警告しているとおりになりつつある感が否めません。

ジュセリーノ氏は、二〇〇七年十二月三十一日が人類が過ちに気付く最後の期限だと警告しています。考える時間はもう終わりました。これから私たちに残されている時間は、わずか五年しかないと言っています。一人ひとりができることを実践していかなければ手遅れになる、と。

今年、北海道で開かれる【洞爺湖サミット】に世界中が注目している中で、政府任せではなく、日本人が世界にアピールするには絶好のチャンスではないでしょうか。地球温暖化により最初に沈むと言われている南太平洋のツバル、そして、忘れてはならないのは、ジュセリーノ氏の警告によれば日本も同じく地図から消える可能性があるということです。ですから、我々は洞爺湖サミットで世界中の当局者たちにこの地球温暖化問題に対する真剣な姿勢を要求しなければなりません。

予言に関しては、日付だけではなくその内容にも注目すれば、時間の差そこあれ、ほぼそのとおりの現実になっていることに読者は気付かれると思います。日付のずれが起きているのは、おそらく“Resonance Schumann”（シューマン共鳴）によるものではないかと思われます、つまり、地球の共振の影響で時間が加速しているようなのです。一日二十四時間が十六時間ほどに短縮しているような感じです。もちろん、氏も生身の人間ですから、時にはその日の体調も夢の鮮明度や記憶の残り具合に影響してくるでしょう。しかし、それを差し引いても彼が特殊な能力の持ち主だということは疑う余地がありません。

また、夢の内容の変化に関しては、人々の意識の変化に伴って現実が変化し、喜ばしくも状況が変わったというようなことが往々に起きてきているようです。例えば、昨年末のインドネシアの災害のように、ジュセリーノ氏の手紙によって政府が動き、国民の被害を未然に防げたというような例も幾つかあります。

ジュセリーノ氏の予知夢をみても分かるように、日本が世界の教育リーダーとしての役割を果たすべき時期が来ています。そのためにも、日本人が本来持っている素晴らしい心の特性（誠実さ、賢さ、自然との融合、責任感、細やかな感性など）を全面的に出す必要があるのではないでしょうか。

これまで、地球温暖化問題というテーマをテレビや雑誌、新聞が取り上げても、どこか危機意識が薄かったのが、ここへきてジュセリーノ氏の出現で一気に危機意識が高まったこともただの偶然ではないと思います。

〝ではどうしたらよいのですか？〟と聞く人がいます。読者の皆さまは、どうしたらよいと思われますか？

［予言］は、変えられないとしたら、聞いてもあまり意味がありません。

［予言］を聞いたら、そこからアクションを起こすことが必要です。

［予言］を伝える人間と、［予言］を変えるチーム。この二つのチームが、別々に存在し活動することが必要だと思います。

未来を変える人は、この本を読んだ皆様方です。

その警告を胸に聞いた人々です。

それぞれの人が、それぞれの道（分野）でのプロフェッショナルであり、その人でなければ持ち得ない人脈や才能があるとすれば、自身の分野において、これらの予言が当たらない未来へと方向をシフトさせるべく意思と力を持ったなら、未来は変わる可能性が高いと思います。

そして、悲惨な未来を胸に描くのでなく、いつまでも美しい清らかな水がわき続けるような地球になってほしいと願うならば、自分が生まれた時よりも綺麗な地球にして子供たちに残そうと思えば、人類の叡智と情熱、そして私たちの意思と行動を未来を変える力に集約できたら、きっとこれらの悲惨な状況は変わるに違いありません。

予言というのは、暗くて起こらない方がいいような内容が多いのですが、未来を先に知るということは、未来を変えられるという自由意思を授かったことに他なりません。恐怖におののくのではなく、意識を開いて受け止め、人類の叡智と情熱、そして我々の意思を強くもって未来を変える力にできたら、きっと状況は変わるでしょう。

この本を残りの人生に生かすことも、恐怖におののいて人生を死んだように生きることも、受け止め方次第でどちらでも選択できます。この本を手に取った方は、ぜひ意識の炎を燃やして未来を変えるエネルギーにしていただければと思います。日本から始まる意識の炎は、世界に熱く広がっていくに違いありません。

この機会に、意識の変化が地球規模に拡大され、行動に移され、地球崩壊が食い止められて、それが全人類の存続につながることを祈るばかりです。私たちは、明るい未来を子孫に渡すことで大人としての責任を果たすことになります。

ジュセリーノ氏の願い（起きてほしくない未来を未然に防ぐこと）と、日本人の意識の炎を、日本からアジアへ、アジアから世界へ広めていくことを望みつつ、同じ気持ちを持った仲間が増えていくことを期待してこのあとがきを書かせていただきました。

<著者紹介>

ジュセリーノ・ノーブレガ・ダ・ルース

1960年ブラジル生まれ。9歳のころから光球に遭遇後、夢による予知能力を発揮し、次第に地球規模の天災や大事件を世界各国に手紙で知らせるようになる。現在は塾の語学教師をしながら、啓蒙活動を続ける。3男1女の6人家族。

サンドラ・マイア・ファリアス・ヴァスコンセロス

フランスのナント大学で理科教育博士号取得。現在セアラ州連邦大学言語学教授。健康、人間関係、言語に関する数冊の著作がある。ホスピス全国ネットワークと医療人権委員会のメンバー。

<監修者紹介>

韮澤 潤一郎（にらさわ じゅんいちろう）

1945年新潟県生まれ。法政大学文学部卒業。科学哲学において量子力学と意識の問題を研究。現在、たま出版社長。小学生時代にＵＦＯを目撃して以来、内外フィールド・ワークを伴った研究をもとに雑誌やテレビで活躍。1995年にＵＦＯ党から参議院選挙に出馬。tamabook.comでコラムやニュースを発信中。

<訳者紹介>

山川 栄一（やまかわ えいいち）

ブラジル、サンパウロ州生まれ。ブラス・クバス大学法学部中退。日本人向け会計事務所で会計士をしながら語学を学ぶ。1996年に来日し、会社や工場の通訳の仕事をしている。現在、ジュセリーノ氏のアジア地区代理人を務め、ジュセリーノ日本公式ホームページ（http://www.jucelinodaluz.jp）を開設中。

続・未来からの警告～ジュセリーノ予言集Ⅱ

2008年4月15日　初版第1刷発行

著　者　ジュセリーノ・ノーブレガ・ダ・ルース
　　　　サンドラ・マイア
監修者　韮澤 潤一郎
訳　者　山川 栄一
発行者　韮澤 潤一郎
発行所　株式会社 たま出版
　　　　〒160-0004 東京都新宿区四谷4－28－20
　　　　☎ 03-5369-3051（代表）
　　　　FAX 03-5369-3052
　　　　http://tamabook.com
　　　　振替　00130-5-94804

印刷所　図書印刷株式会社

ISBN978-4-8127-0251-2　C0011